MA VIE
AUTOBIOGRAPHIE ANNOTÉE

JÉRÔME CARDAN

Traduction par
JEAN DAYRE

TABLE DES MATIÈRES

INTRODUCTION par Jean Dayre (traducteur)	I
Ma vie	25
I. PATRIE ET ANCÊTRES	28
II. MA NAISSANCE	31
III. QUELQUES PARTICULARITÉS DE MES PARENTS	34
IV. BREF RÉCIT DE MA VIE DEPUIS SON DÉBUT JUSQU'AU JOUR PRÉSENT	36
V. STATURE ET FORME DU CORPS	44
VI. MA SANTÉ	46
VII. DE L'EXERCICE	50
VIII. RÉGIME ALIMENTAIRE	52
IX. MÉDITATIONS SUR LES MOYENS DE PERPÉTUER MON NOM	56
X. RÈGLE DE VIE	59
XI. PRUDENCE	64
XII. DISCUSSION ET ENSEIGNEMENT	66
XIII. CARACTÈRE, DÉFAUTS, ERREURS	70
XIV. VERTUS ET CONSTANCE	75
XV. AMIS ET PROTECTEURS	79
XVI. ENNEMIS ET RIVAUX	83
XVII. CALOMNIES, DIFFAMATIONS ET EMBÛCHES TENDUES PAR MES ENNEMIS	84
XVIII. MES GOÛTS	88
XIX. LE JEU ET LES DÉS	89
XX. LE VÊTEMENT	91
XXI. DÉMARCHE ET MÉDITATION	93
XXII. RELIGION ET PIÉTÉ	94
XXIII. RÈGLES PRINCIPALES DE MA CONDUITE	96
XXIV. MES MAISONS	99
XXV. PAUVRETÉ ET PERTES DANS MA FORTUNE	101
XXVI. MON MARIAGE ET MES ENFANTS	103
XXVII. SORT MALHEUREUX DE MES ENFANTS	106
XXVIII. PROCÈS INTERMINABLES	110
XXIX. VOYAGES	111

XXX. DANGERS, ACCIDENTS ET EMBÛCHES NOMBREUSES, DIVERSES, CONTINUELLES	115
XXXI. BONHEUR	126
XXXII. HONNEURS QUE J'AI REÇUS	130
XXXIII. DESHONNEURS ; PART QU'Y ONT EUE LES RÊVES. D'UNE HIRONDELLE DANS LES ARMES DE LA FAMILLE	137
XXXIV. MES MAÎTRES	143
XXXV. MES ÉLÈVES ET MES DISCIPLES	144
XXXVI. MES TESTAMENTS	146
XXXVII. DE QUELQUES MERVEILLEUSES PRÉROGATIVES NATURELLES ET, ENTRE AUTRES, DES SONGES.	148
XXXVIII. CINQ PRÉROGATIVES QUI M'ONT SERVI	159
XXXIX. ÉRUDITION OU SON APPARENCE	162
XL. CURES HEUREUSES	166
XLI. MERVEILLES NATURELLES MAIS RARES, À PROPOS DE MA VIE ET DE LA VENGEANCE DE MON FILS	177
XLII. APTITUDE À PREVOIR DANS MON ART ET DANS D'AUTRES DOMAINES	185
XLIII. CHOSES ABSOLUMENT SURNATURELLES	188
XLIV. DÉCOUVERTES IMPORTANTES QUE J'AI FAITES DANS LES DIVERSES SCIENCES	196
XLV. LIVRES QUE J'AI ÉCRIT ; À QUEL MOMENT, POURQUOI. CE QUI EST ARRIVÉ	200
XLVI. DE MOI-MÊME	214
XLVII. MON GÉNIE FAMILIER	216
XLVIII. TÉMOIGNAGES D'HOMMES ILLUSTRES SUR MON COMPTE	222
XLIX. MON JUGEMENT SUR LES CHOSES DE CE MONDE	229
L. PROPOS FAMILIERS, QUI SONT EN DÉFINITIVE, DES OBSERVATIONS. CHANT FUNÈBRE QUI ÉCARTE UNE OPINION FAUSSE	234
LI. EN QUOI JE ME SENS INSUFFISANT	244
LII. CHANGEMENTS APPORTÉS PAR L'ÂGE	246
LIII. MES RELATIONS	250
LIV. ÉPILOGUE	254

INTRODUCTION

PAR JEAN DAYRE (TRADUCTEUR)

I

De toutes les œuvres sur lesquelles Cardan comptait pour éterniser son nom, il n'en est guère qu'une de nos jours qui trouve encore des lecteurs, et ce sont les mémoires de sa vie, sur lesquels certainement il n'avait pas mis les plus grands espoirs. Le reste est désormais du seul domaine des spécialistes de l'histoire des sciences ou de la philosophie.

Après avoir joui, de son vivant et pendant le siècle qui suivit sa mort, d'une large renommée[1], il est à peu près oublié ; après avoir été célébré comme un inventeur incomparable, il n'a laissé son nom qu'à

---

1. Sur le succès de ses divers ouvrages cf. *De libris propriis* III (*Op. omnia* I, 130) : « *Galenus uero, cum principalem causam conscribendorum operum praetermisisset, honestiorem quidem... subiunxit : scilicet preces amicorum, quae tamen nec nobis defuit, nam praedictiones ab Anglis, mathematica a Germanis, medica ab Italibus postulabantur, naturalia uero ab omnibus. Gallis moralia placuere, quae forsan usui multis fuerunt. Si epistolas omnes clarorum uirorum, qui ut ederem nostros labores suadebant, in unum congessissem, integra arca contineri non possent. Sed pertaesus multitudinis, maximam partem earum ignibus tradidi.* » Voir aussi note 21.

une invention (la suspension de Cardan[2]) et à une découverte (la formule de résolution des équations du troisième degré) auxquelles il avait peu de droits. Lui que Naudé et ses contemporains admiraient, non pas seulement comme un « preux de pédanterie », mais comme un des moralistes les plus pénétrants et du plus précieux conseil, il est devenu aux yeux de certains psychiatres un type de déséquilibré et de demi-fou.

Curieuse destinée, mais moins curieuse assurément que l'homme lui-même et que l'œuvre où il s'est mis à nu. Pour la hardiesse de la sincérité, pour l'ingénuité orgueilleuse dans l'aveu des faiblesses, son autobiographie ne le cède pas aux *Confessions* de Rousseau ; pour la richesse de la personnalité qui s'y montre, le pittoresque et l'imprévu de certaines aventures, c'est à la *Vie* de Cellini qu'elle ferait penser. Mais au lieu d'avoir atteint, comme Benvenuto et comme Rousseau, l'ample succès et la gloire durable, Cardan n'a trouvé que l'audience d'un cercle étroit d'érudits et de curieux. Cela tient à des causes diverses.

L'homme de science n'a jamais provoqué la même curiosité que l'écrivain ou l'artiste. De lui, on ne veut connaître que son œuvre, un sommaire grossier de son œuvre. On le résume en un trait, un mot, associés parfois à une découverte : si Archimède n'avait pas pris un bain, il serait moins célèbre. Ou bien on compose une sorte d'image sainte où il apparaît dépouillé des passions humaines : la main au scalpel, l'œil rivé au microscope, il semble avoir traversé le monde sans avoir vécu, sans avoir été éprouvé par les troubles agitations des mortels ignorants.

Quand un romancier ou un peintre se racontent, ils ont une autre supériorité : ils savent offrir d'eux-mêmes un portrait si bien composé ! Leurs aventures s'organisent si parfaitement ! Tout, en eux et autour d'eux, prend un charme, un éclat qui vient, non de la réalité, mais de leur art.

C'est là que la faiblesse de Cardan est grave et justifierait presque la négligence des lecteurs : il n'a aucun souci ni de composer ni

---

2. On en trouverait déjà un exemple chez Philon. (Feldhaus, *Die Technik der Antike und des Mittelalters*, Potsdam 1931, p. 144).

d'écrire bien, ou mieux son souci de composition est à contre-sens. Il a toujours tiré fierté, plus encore que de l'étendue de son savoir, de l'excellence de sa méthode et de ses procédés d'exposition. Il se confesse, mais il continue, croit-il, à faire œuvre de savant. Aussi jugerait-il indigne d'exposer bonnement les aventures de sa vie dans l'ordre des événements. À cette besogne suffit un chapitre, le quatrième. Par ailleurs il constitue des rubriques où il groupe, avec quelle fantaisie et avec quel arbitraire, tout ce qu'il croit digne d'attention dans ses habitudes, ses mœurs, les accidents ou les succès d'une longue existence. Un fait, grâce à cet ordre prétendu, peut être rappelé trois ou quatre fois sans être jamais raconté complètement. Ce qui lui est arrivé le jour même où il compose un chapitre se trouve rapproché d'un souvenir de sa plus lointaine enfance. Et c'est par moments un écheveau de dates qui découragerait l'attention.

Que d'incidents pittoresques escamotés en quelques lignes, que d'hommes rencontrés dont l'originalité perce à travers la sèche brièveté de ses mentions, sans qu'il croie à propos de nous en offrir un croquis. Il abandonne presque toujours le réel, le concret, la vie pour ses déductions, ou ses méditations philosophiques, hélas ! Et pourtant il ne manque pas de dons : s'il se laisse aller, s'il oublie ses ambitions, la scène s'anime, la conversation se fait vive, les êtres prennent une consistance et une physionomie. Parfois son extrême naïveté d'écrivain (l'homme n'est point naïf quoi qu'on en ait pu dire) rejoint le raffinement du moins ingénu de nos contemporains. On pourrait le soupçonner de procédés. Il entremêle caractères physiques et moraux dans un lacis où l'auteur de *Suzanne et le Pacifique* semble annoncé.

La langue dans laquelle il écrit a été dommageable à la diffusion de son œuvre : c'était celle que lui imposaient les idées régnantes dans son milieu. Le latin était alors l'instrument général de l'expression des idées scientifiques ; pendant longtemps encore il allait rester le moyen le plus commode de propager livres et idées à travers toute l'Europe. Mais les cercles où il était en usage, répandus dans l'espace, enfermaient un public toujours plus restreint. Rares sont les œuvres latines modernes qui n'ont pas été condamnées à un demi-oubli, lorsque leur contenu idéologique n'en imposait pas la connaissance et n'en provoquait pas des traductions renouvelées d'âge en âge. Elles n'avaient point la puissante source de rajeunissement continuel que constitue l'école : être classique est encore pour un écrivain le plus sûr moyen de survivre, mais y a-t-il des classiques latins du XVIe siècle ? En fût-il même, Cardan n'aurait pu atteindre à cet honneur, tant son style est terne, confus, obscur, son vocabulaire abstrait, pauvre, plein d'impropriétés venues du jargon médical ou scolastique. Il n'avait pas dédaigné parfois de recourir à l'idiome vulgaire. Ce fut seulement pour composer de ces recueils plaisants qui l'occupaient pendant « le temps de sa réfection corporelle », et qui sont aujourd'hui perdus[3].

Mais malgré tant de défauts, malgré toute son insuffisance littéraire, cette Vie reste une lecture passionnante. Le lecteur hausse parfois les épaules, fait avec humeur le mouvement de refermer le livre, mais il ne saurait se détacher de ces pages maladroites où peu à peu s'anime un homme qui, sans dissimulation, vit sous nos yeux une vie moins intéressante par les accidents et les aventures que par les tumultes d'une âme inquiète, d'un esprit passionné. Et autour de lui, mêlé comme il le fut à des milieux divers dans des temps si agités, si profondément troublés, où la bataille des idées n'était pas moins ardente que les luttes de la politique, si riches de tous les mouvements humains, c'est une image de l'époque qui dessine quelques aspects de la société, la vie universitaire par exemple, la profession médicale et aussi la lutte pour les idées nouvelles, leurs répercussions, leurs réactions.

II

Né le 24 septembre 1501 d'une union peut-être irrégulière entre un homme déjà âgé et une veuve beaucoup plus jeune, Cardan eut longtemps à souffrir de l'incertitude de sa condition et de la tyrannie, diverse mais également pénible, de ses parents. Son père, prodigieux érudit à l'esprit trouble et confus, ne s'occupe de lui que pour le réduire à une sorte de servitude et semer dans son cerveau des supersti-

---

[3]. Voir chap. XLV, note 4. Les volumes II et IV de ses œuvres complètes contiennent quelques pages d'un caractère assez différent, écrites en italien. Si elles sont bien de lui, leur style pourrait nous faire regretter davantage qu'il n'ait pas écrit plus souvent dans sa langue maternelle.

à jamais indéracinables ; sa mère, capable d'admirables sacrifices, ne savait lui épargner les sautes d'une humeur d'abord colère, plus tard dolente.

Une enfance malheureuse, du fait de maladies continuelles et des mauvais traitements subis, n'arrêta pas le développement de son esprit avide de connaître et, sans autres études que les entretiens de son père, il donna de bonne heure des preuves de son intelligence qui frappèrent les familiers de la maison.

Avant même d'avoir obtenu par supplications et presque par menaces de partir pour l'université de Pavie, il était déjà en certaines matières — les mathématiques et la dialectique — capable d'enseigner à ses camarades. À Pavie, puis à Padoue où les temps troublés le contraignirent ensuite à passer, il se jeta ardemment à la conquête de toutes les sciences ; la passion du jeu seule le détourna parfois du travail.

Reçu docteur en médecine, il exerça d'abord pendant des années de demi-misère dans des villages, à Piove di Sacco où il se maria vers la trentaine, ayant enfin recouvré sa virilité qu'il pleurait depuis dix ans. Bien que le Collège des médecins de Milan, considérant sa naissance comme illégitime, refusât de le recevoir, il revint en 1536 dans sa patrie où une chaire de mathématiques lui fut confiée. Il y resta six ans, — six ans d'un labeur productif, qui n'écartait cependant pas de son esprit le souci d'être agréé par le Collège. Les échecs ne le rebutent pas ; de puissants amis qu'il se concilie font pour lui fléchir la rigueur des règlements. Une première concession lui est faite : on lui accorde de pratiquer la médecine dans Milan sans jouir cependant de tous les droits des autres médecins. Deux ans plus tard son triomphe est complet.

De ce temps datent aussi les débuts de sa production médicale, par où, dès lors, il s'attire de nombreuses inimitiés du fait de son humeur combattive et de son goût de la nouveauté. Il entre en rapports avec le mathématicien brescian Nicolò Tartaglia qui, peu d'années auparavant, avait découvert les premiers éléments de la résolution des équations du troisième degré, et le voilà engagé dans une des aventures les plus retentissantes de sa carrière.

Mais sa renommée qui s'étend lui a valu des offres honorables : du pape Paul III, du lieutenant pour le roi de France en Italie, Brissac, qui voudrait se l'attacher ; Pavie et Pise lui offrent une chaire. Tout est repoussé jusqu'au jour où, les écoles platiniennes l'ayant chassé, sa clientèle s'étant clairsemée à cause de sa négligence de joueur acharné, il accepte d'enseigner la médecine à Milan où on a transporté, tant bien que mal, quelques cours de l'Université de Pavie fermée à cause des guerres. Là commence sa carrière de professeur, plusieurs fois interrompue parce que le traitement était payé irrégulièrement et que, cependant, il fallait faire vivre une famille accrue de trois enfants, deux garçons et une fille. Durant une de ces interruptions, il est prié de donner ses soins à l'archevêque de Saint-Andrews, John Hamilton, primat d'Écosse et frère du régent, qui lui propose de venir jusqu'à Lyon. Il s'y laisse entraîner, puis de là à Paris et enfin jusqu'à Édimbourg. Les résultats de ses soins sont heureux, la récompense reçue est royale, et sa curiosité intrépide trouve dans près d'un an de voyage un aliment toujours renouvelé.

Dans cette période, entre quarante et soixante ans, il donne l'essentiel de son œuvre : après la polémique médicale il est passé à l'arithmétique, dont un traité paru en 1539 attire sur lui l'attention des grands libraires allemands, les Petri, qui éditeront les principaux de ses ouvrages. Son traité d'algèbre, l'*Ars Magna*, plein de découvertes nouvelles, les siennes et celles d'autrui, provoque la colère de Tartaglia et déclenche une longue polémique. Ensuite se succèdent ses encyclopédies, le *De Subtilitate* (1550) que Scaliger essayera d'écraser sous une massive critique, plus volumineuse que l'œuvre originale, et que Cardan complète à son retour d'Écosse par le *De rerum Varietate*, et enfin ses Commentaires de Ptolémée où il expose les doctrines astrologiques en les éclairant par les exemples empruntés à sa pratique. Quelques échecs retentissants — son horoscope d'Édouard VI par exemple — ne le découragent ni le démontent.

Il est maintenant à l'apogée de sa fortune : célèbre, heureux dans ses cures, recherché de ses compatriotes comme des étrangers qui viennent en foule auprès de lui, il retourne encore une fois à Pavie où la destinée semble l'accabler. Son fils aîné, mal marié, tente d'empoisonner sa femme et, condamné à mort, est exécuté le 10 avril 1560. Le cadet, joueur, débauché, vagabond, l'afflige par ses vices et le terrorise par ses menaces. Ses collègues, jaloux, s'acharnent à lui nuire. Son esprit se trouble ; il voit partout des embûches, en tous des ennemis. Cette névrose grandit de plus en plus et empoisonne ses jours.

Pour fuir Pavie, il demande au cardinal Charles Borromée de l'appuyer à l'université de Bologne. Sa candidature soulève des oppositions résolues. Il faut toute l'autorité, tout l'entêtement du légat pour en venir à bout. Sa présence ensuite triomphe des préventions et Bologne pendant quelques années l'honore et l'admire.

Mais l'air était étrangement vicié dans cette ville pontificale : l'Inquisition y déployait plus qu'ailleurs une activité soupçonneuse qui s'insinuait jusque dans l'intimité, et elle apportait à défendre la religion contre les moindres atteintes une vigueur effrayante. Pour y vivre en paix il fallait de la prudence et de la souplesse : la première qualité, à tout le moins, manquait à Cardan. Ses propos qu'il ne surveillait pas toujours, semble-t-il, prêtaient à des interprétations que son œuvre imprimée confirmait au besoin. Des pages d'orthodoxie douteuse pouvaient être relevées dans tous ses livres. Dans le *De Subtilitate*, une discussion sur la valeur comparée des croyances n'affirmait pas très clairement la supériorité du christianisme ; le *De rerum Varietate* proposait des explications trop rationnelles de la sorcellerie et critiquait sans ménagement les procédés des inquisiteurs dominicains ; le Commentaire de Ptolémée contenait un horoscope du Christ qu'il paraissait soumettre ainsi à l'influence astrale, comme tout mortel.

Le danger était grand. Quand Cardan pouvait croire sa vieillesse assurée d'une fin paisible, il fut arrêté, emprisonné et, après de longs interrogatoires et de diligentes enquêtes, condamné à ne plus enseigner et à ne rien publier désormais. Il plia sous l'orage ; puis, le temps ayant passé, il essaya de reprendre sa place. Ni son infatigable insistance, ni le bienveillant appui des cardinaux ses protecteurs, Morone, Alciati, n'eurent d'effet, non plus que l'accès au trône pontifical d'un pape d'esprit plus large. Il se vit contraint de quitter Bologne pour se fixer à Rome où, pensionné par le pape, agréé par le Collège des Médecins, il termina sa vie le 21 septembre 1576.

III

En rapportant cette mort dans son histoire universelle[4], de Thou l'accompagnait des commentaires suivants : « Cette année, mourut à Rome un homme d'un grand nom, mathématicien célèbre ou médecin fameux tel qu'on voudra l'appeler, en un mot Jérôme Cardan, natif de Milan. Jamais caractère ne fut plus sujet à mille contradictions, ni vie plus remplie d'inégalités ; soit simplicité, soit grande liberté d'esprit, il a écrit de lui-même des choses qu'on n'attendrait jamais d'un homme de lettres et il en apprend plus lui seul que le plus habile historien ne pourrait en faire comprendre. Je le rencontrai à Rome quelques années avant sa mort, habillé d'une façon toute extraordinaire. Je lui parlai même et je ne pouvais assez m'étonner de ne trouver dans un homme si fameux par ses ouvrages rien qui répondît à la haute réputation qu'il avait. C'est ce qui me fit admirer davantage la pénétration de Jules-César Scaliger. Car dans la critique que ce sublime esprit entreprit de l'ouvrage que Cardan intitule *De Subtilitate*, il a marqué avec une justesse merveilleuse toutes les inégalités de cet auteur. Ici c'est un génie divin, dans cet autre endroit il semble qu'il ait moins de sens qu'un enfant. Cardan travailla beaucoup sur l'arithmétique et y fit plusieurs découvertes. Il était d'ailleurs très versé dans l'astrologie judiciaire. Ses prédictions, dont l'événement parut souvent au-dessus de toutes les règles de l'art, infatuèrent bien des gens de cette espèce de science. Mais le comble de la folie ou plutôt de l'impiété fut de vouloir assujettir le créateur lui-même aux lois chimériques des astres. C'est pourtant ce que Cardan prétendit en tirant l'horoscope de Jésus-Christ. Il mourut âgé de 75 ans moins trois jours, l'an et le jour qu'il avait prédit, c'est-à-dire le 21 septembre. On crut que pour ne pas en avoir le démenti il avança sa mort en refusant de prendre aucun aliment. Son corps fut mis en dépôt dans l'église de St-André et transporté ensuite à Milan où il fut enterré à St-Marc dans le tombeau de ses ancêtres. »

Négligeons l'étonnement de de Thou à ne point trouver le grand homme semblable à l'image qu'il s'en était faite, à ne point voir jaillir

---

4. *Histoire universelle... depuis 1543 jusqu'en 1607* traduite sur l'édition latine de Londres. Londres 1737, t. VII, pp. 361-2.

à chaque mot un trait de génie. Plus tard il devait être à son tour victime de la même illusion déçue : des visiteurs étrangers, allemands ou anglais, s'étonnaient de sa conversation et *quaerebant Thuanum in Thuano*[5]. Mais son témoignage est un reflet de l'opinion moyenne des contemporains et laisse percer un peu de la légende qui s'était constituée dès le vivant de Cardan pour se cristalliser à sa mort, supposée volontaire parce qu'il n'aurait point voulu décevoir encore une fois une science dont les prédictions étaient si souvent démenties.

La légende, Cardan était pour une large part responsable de sa naissance, par l'insistance avec laquelle il avait étalé les étrangetés de sa vie et de son caractère, par sa volonté bien affirmée de se présenter différent et isolé des autres. De tout cela il a donné un bon raccourci dans une page de ses exemples de nativités.

« Le ciel m'a fait habile aux travaux manuels, doté d'un esprit philosophique et apte aux sciences ; fin, honnête, de bonnes mœurs, voluptueux, gai, pieux, fidèle, aimant la sagesse, méditatif, fertile en idées, d'un esprit remarquable, enclin à apprendre, prompt à rendre service, jaloux d'égaler les meilleurs, découvreur de nouveautés et progressant sans le secours d'un maître ; de caractère modéré, studieux de médecine, curieux de merveilles, inventeur, captieux, rusé, mordant, instruit des arcanes, industrieux, laborieux, diligent, ingénieux, vivant au jour le jour, impertinent, contempteur de la religion, rancunier, envieux, triste, traître, magicien, enchanteur, exposé aux malheurs fréquents, haïssant les miens, adonné à de honteux plaisirs, solitaire, désagréable, rude, prédisant naturellement, envieux, lascif, obscène, médisant, humble, se plaisant à la conversation des vieillards, changeant, irrésolu, impudique et voué aux tromperies des femmes, chicanier, et, à cause des oppositions de ma nature et de mon caractère, inconnu de ceux même que je fréquente assidûment[6]. »

IV

C'est parce qu'il continue à se sentir inconnu et incompréhensible

---

5. *Patiniana* (2ᵉ éd. Amsterdam, 1703) p. 19.
6. *Liber de exemplis C. Geniturarum* (V, 523).

qu'il emploie les deux dernières années de sa vie à composer ses mémoires. Il ne veut, affirme-t-il, que raconter sa vie pour le seul amour de la vérité ; une sincérité totale, une humilité vraie donneraient un démenti à ses calomniateurs qui avaient douté de la bonté de son cœur et de la pureté de sa conscience. En vérité, si grande que soit son ardeur dans l'aveu de ses erreurs et de ses vices, son but n'est pas là, et l'auditoire qu'il veut atteindre est bien plus étroitement déterminé. On a accusé sa religion ; le tableau de sa vie va être tout éclairé de sa croyance profonde, dévote, superstitieuse. Il n'a jamais oublié ou négligé les enseignements de l'église : elle n'a pas eu de fils plus docile ni plus confiant, et, médecin, il a gardé plus de confiance dans les prières que dans les remèdes de son art.

Là-dessus se greffe l'ambition de retrouver sa place dans une université, de reprendre la carrière brutalement interrompue par les accusations qu'il prétend effacer et que, tout au long du livre, il néglige de préciser — au point que longtemps on a fait les plus étranges suppositions sur leur vraie nature. D'où l'autre face de ses mémoires, faite d'orgueil qui s'étale et de réclame sans vergogne. En mettant en relief sa valeur comme médecin, ses succès comme professeur, l'importance de ses découvertes, la richesse de ses livres et l'originalité, l'étrangeté même de son esprit et de son caractère, n'espère-t-il pas écarter les scrupules auxquels il se heurte pour remonter dans sa chaire ?

Dans ce double souci réside l'explication de ses apparentes contradictions : il avoue toutes ses faiblesses, toutes ses erreurs, sauf en matière de religion, il reconnaît qu'il fut malheureux partout, sauf dans la médecine, où la faveur divine peut seule expliquer ses triomphes.

Ajoutez à cela les dispositions d'esprit où il se trouve quand il écrit, seul, vieux, malade, contraint à résider dans Rome où lui sont fermés les exutoires ordinaires de son activité, l'enseignement et la publication des livres. Le pessimisme, produit naturel de pareille situation, trouble le souci d'apologie qui l'a inspiré dans la rédaction de ses souvenirs. De plus, ces deux caractères — pessimisme et panégyrique — ne sont pas adroitement fondus ou alternés ; ils se juxtaposent et le ton change brusquement d'une page à l'autre suivant la dominante de l'instant. Et comme assurément il n'eut pas le temps de mettre la dernière main son livre et de pratiquer une révision attentive, les disparates éclatent ; et on a fait état de ces disparates pour porter sur son caractère et sur la véridicité de son livre une condamnation excessive. À l'appui de leurs dires, les critiques apportent en preuves, outre les contradictions que fournit aisément une lecture superficielle, quelques témoignages de contemporains et, souvent, des inductions tirées de difficultés apparentes ou réelles, offertes par le récit de certains événements[7]. Quelques-uns ont même pris argument des rêves étranges et des interventions prétendues surnaturelles où Cardan se complaît.

Il n'est pas hors de nos moyens de vérifier bon nombre de ses affirmations. Les sources de sa biographie ne manquent pas. Il a passé sa vie à se confesser publiquement. Pour ce qui nous occupe ici son œuvre comporte trois groupes importants :

1° Les livres de publicité, si l'on peut dire, par exemple le *De libris propriis libellus*[8], où il fait connaître ses travaux, publiés ou en projet, en indiquant rapidement pour chacun d'eux les circonstances de la composition, le sujet et la manière dont il l'a entendu et traité. Qui s'étonnerait qu'en de telles conditions l'esprit de réclame, malaisément conciliable avec la modestie, l'ait entraîné à des exagérations favorables à sa renommée ?

2° Un certain nombre de traités à tendances moralisantes, où sa propre existence lui fournit des exemples vécus : *De consolatione, De utilitate ex adversis capienda*... Presque toujours il les écrivit dans des circonstances critiques, à des moments d'abattement ou de désespoir, pour se donner à lui-même le réconfort de la philosophie[9]. L'entrain qui anime le premier groupe cède ici la place à la tristesse, au découragement, à la misanthropie ; une vie toute de malheurs semble avoir été la sienne.

3° Les thèmes de nativités qu'il apporte dans *Liber XII Geniturarum* et *Liber de Exemplis C. Geniturarum* à l'appui de ses doctrines

---

7. De ce nombre sont quelques difficultés de chronologie qui ne tiennent qu'à des négligences de Naudé éditeur.
8. Il en existe trois rédactions successives de plus en plus développées : 1543, 1554, 1562.
9. À propos du *De consolatione* : *quasi dolorem leniturus* (*De lib. prop.* [I, 66, 203]) ; pour *De util. ex. adv. cap.* : *tanquam leuamen quoddam doloris scribam.* (*Util.* III, 2 [II, 112]).

astrologiques et où il rapproche les événements des prédictions faites d'après les astres. Il y fait figurer son thème astral, ceux de son père, de son fils, de ses amis et les accompagne d'un commentaire riche de détails précis. Là son souci est, non d'arranger les faits, mais de faire concorder avec eux ses calculs et ses déductions.

Mais il y a plus : pas un seul de ses livres qui ne nous fournisse quelque indication sur sa vie, sur sa personne, sur son esprit. La science a été profondément mêlée à son existence ; c'est son souci perpétuel. Il vit pour observer et pour savoir ; il n'est rien du plus intime de son être qu'il n'offre au public comme sujet d'étude. C'est alors, n'y ayant plus dessein d'apologie ni parade de souffrance, que sa parole mérite le mieux notre confiance.

Ainsi, certains événements, il les a racontés plusieurs fois ; et parfois l'écart entre les différentes versions a une telle netteté que le défendre serait impossible s'il n'avait pris soin de nous avertir de ses procédés. « Ce que j'ai déjà raconté ailleurs en détail, dit-il quelque part[10], je le passerai rapidement ; quand mes précédentes narrations auront été brèves, je m'étendrai longuement. » Et, de fait, il est à peu près toujours facile de concilier ses divers récits. Quand ils sont inconciliables, c'est généralement par les interprétations qu'il en propose — interprétations toujours arbitraires, très souvent surnaturelles, choquantes pour des esprits positifs.

Par ailleurs, il n'est pas inutile de s'efforcer de comprendre quelles conditions psychologiques variables ont pu colorer diversement, suivant les temps, le souvenir d'un même fait. Toute son attitude mentale est faite du jeu excessif d'un rythme reconnaissable même chez l'être le plus normal et le mieux équilibré : sans cesse il passe de l'exaltation à la dépression.

Or, nous l'avons déjà remarqué, deux au moins des textes importants cités plus haut ont été composés dans cette phase dépressive où l'esprit se laisse aller à n'admettre que le malheur, la maladie, la persécution, tandis que d'autres, au contraire, ont été écrits dans l'entrain du travail aisé et aimé ou avec une volonté d'optimisme contagieux et

---

10. *De util.* III, 2 (II, 112).

traduisent bien le niveau passagèrement plus élevé de son tonus psychique.

V

Malgré tout, on peut observer à l'égard de tout ce qui vient de Cardan une attitude de réserve prudente. Plus sûre et plus concluante sera la comparaison des sources qui offrent soit l'impartialité passive de l'indifférence officielle et administrative, soit le contre-témoignage de ceux qui ont été mêlés à sa vie, spectateurs ou adversaires.

Les documents d'archives, dont un certain nombre ont été publiés depuis quelques années, peuvent être groupés d'après les résidences successives de Cardan : ils proviennent de Milan, de Pavie et de Bologne, Pavie n'étant à cet égard qu'un prolongement de Milan puisque le Sénat milanais était l'autorité dont dépendait l'université.

À la période milanaise se rapportent les différends de Cardan avec le Collège des médecins dont nous connaissons les délibérations[11]. Les procès-verbaux rédigés par le secrétaire sont sans aucun doute défavorables à Cardan, candidat indésirable et obstiné, qui pendant cinq longues années met en œuvre tous les moyens pour parvenir à ses fins. La concordance foncière entre les affirmations de Cardan et celles du Collège n'est donc que plus digne d'intérêt. Lui s'attache surtout aux sentiments de ses adversaires, aux motifs individuels qui le font rejeter de la corporation, et glisse sur ce qu'il y a de douloureux pour lui et pour les siens ; le porte-parole des médecins fait surtout étalage de raisons juridiques ou formelles. Les conditions du succès, Cardan les place bien en évidence dans la protection de quelques personnages. Cette protection, on la devine dans le compte-rendu officiel qui cependant attribue à pure bonté, à un sentiment élevé de la justice, ce que l'on n'a accordé que par contrainte. La preuve en est surabondamment fournie par les entorses successives que l'on donne au statut fort strict

---

11. Ces procès-verbaux ont été conservés par une copie qui figure dans les collections de la bibliothèque universitaire de Pavie (fonds Gianorini, *Coll. Ticinese*, ms n° 252, busta S, fasc. V). L'original qui se trouvait au commencement du xixe siècle à la bibliothèque ambrosienne est, paraît-il, actuellement disparu. Cf. Dante Bianchi, *G. C. e il Collegio dei fisici di Milano*. Archivio stor. lombardo, XVIII (1912).

de la compagnie. En 1537 on crée pour Cardan une catégorie spéciale : des praticiens qui n'ont pas tous les droits des membres du collège. En 1539, pour le recevoir, on assimile les bâtards légitimés aux fils légitimes.

À Pavie, les archives de l'Université[12] confirment les dates des nominations et des années d'exercice de Cardan. Nommé pour la première fois en 1536, il n'occupe pas sa chaire, et il est alors remplacé par Boldone. À partir de 1543 il figure sur les *rotuli dei lettori*, avec les interruptions qu'il a marquées. Quant aux motifs qu'il invoque pour suspendre ses fonctions, ils sont bien réels : le trésor accuse une constante misère et les traitements sont irrégulièrement payés, si bien qu'il n'en résulte pas seulement des démissions, mais une tentative de grève collective en 1552[13]. Parmi les actes qui nous portent les échos de toute la vie des Facultés, discussions, jalousies entre collègues, chahuts d'étudiants, succès bruyants, les doléances de Cardan ont laissé des traces : il invoque son âge et sa santé pour déplacer son cours fixé à une heure trop matinale, mais le Sénat trouve le prétexte mauvais et repousse sa demande[14] ; il se plaint de son éternel rival Giulio

---

12. *Memorie e documenti per la storia dell' Università di Pavia e degli uomini più illustri che vi insegnarono. — Parte prima : Serie dei Rettori e Professori, con annotazioni.* Pavie, 1878. — On a tiré aussi de ces Archives, aux xviie et xviiie siècles, des copies d'actes dont on a constitué des recueils aujourd'hui conservés dans les collections de manuscrits de la Bibliothèque de cette Université. Il faut citer comme particulièrement intéressants pour notre sujet le fonds Gianorini et les n°s 67 (Parodi, *Syllabus lectorum papiensium*) et 202 (*Gymnasium ticinese, Acta varia*) des *Manoscritti ticinesi*.

13. Lettre du Sénat de Milan, 21 janvier 1552 (Ms 202 cité, p. 61) : *Intelleximus lectores qui in ista Academia publica... ius canonicum et ciuile, artesque liberales profituntur, animo parum aequo ferre, quod debita stipendia praeter eorum expectationem et necessitates illis differantur et ex iis aliquos esse qui de lectura intermittenda iam cogitent...*
— Une lettre de Pavie (8 mars 1532) expose les bien modestes prétentions des professeurs : *...habitis inter se consultationibus, ita mihi responderunt ut saltem ea pars salarii quam hoc anno hactenus meruerunt de praesenti soluatur, ut interea facilius se possint sustentare, asserentes eam non magnam esse summam... Existimant ut, apocha recepta, facilius se a mercatoribus pecuniarum mutuo, ipsa apocha ueluti loco pignoris oblata, inuenire posse...* — Le 5 mai une lettre de l'empereur promet le paiement à brève échéance.

14. Lettres du 2 décembre 1561, 27 avril 1562 (ms 202 et Parodi *Elenchus* p. 75) : *Cardanus medicus qui ab initio Gymnasii ad celebritatem Diuae Catherinae quo tempore non erat intempestiuior legit sine querela, nunc quod hora legendi facta est*

Delfino[15] qui, tracassier et avide, s'est attribué les redevances payées par les nouveaux docteurs, alors qu'elles lui revenaient à lui comme premier professeur. Ce Delfino devait être un collègue difficile, toujours en querelles ; Cardan n'est pas le seul à avoir maille à partir avec lui[16], et d'autres sont ses victimes pour les prétextes les plus futiles. On finit par admettre qu'il s'est acharné contre celui dont il convoitait la place — et il l'eut en effet aussitôt Cardan parti — et que les persécutions qui empoisonnèrent les dernières années du séjour de Cardan à Pavie ne sont pas tout à fait les rêveries d'un maniaque.

Pour quitter Pavie, Cardan fait appel à son puissant protecteur le cardinal Borromée[17], légat du pape à Bologne. Les difficultés soulevées contre sa candidature à l'université de Bologne, les défiances des Bolonais, les négociations interminables, les rapports de l'enquêteur envoyé à Pavie n'ont pas existé dans sa seule imagination troublée par la mort de son fils. Presque jour par jour on peut les suivre dans la correspondance et dans les registres des Quarante[18].

Puis Cardan, qui a réussi à faire taire les jalousies et les suspicions, se voit décerner par le Sénat des privilèges accompagnés de hautes louanges. Beau triomphe que suit sa ruine ourdie par la Sainte Inquisition. Les lettres reçues de Rome par l'Inquisiteur bolonais en 1571 nous montrent le procès de Cardan près de son terme : une première sentence terrible, puis un adoucissement qui reste encore fort rude et au bas duquel Cardan signe d'une main tremblante[19].

Des dernières années il nous reste, outre ses testaments[20], une longue lettre où il plaide sa cause une fois de plus. Il voudrait

---

productior, intermisit munus profitendi de quo facto non mediocriter miratus est Senatus, cum hora qua nunc legitur, non sit, ut ipse dicit, ante solis exortum.
15. Lettre du 13 mars 1552 (ms 202).
16. 1549, conflit avec le Recteur des Artistes *an sint legendi Aphorismi Hippocratis necne* ; 1552, *altercatio excitata inter DD. Branda Porrum et D. Delphinum*, où les étudiants et le vice-chancelier de l'Université se prononcent en faveur de Porro, etc.
17. Lettre du 21 avril 1500 (*Epistolario Borromeo*, Bibl. ambrosienne, F. 100 p[te] inf., t. 50, vol. 64, n° 152) publiée dans les *Annales de l'Université de Grenoble*, 1927, p. 324 n. 1.
18. Cf. chap. XXXII n. 2 et XVII n. 1.
19. Cf. chap. IV n. 9. Voir aussi *I rotuli dei lettori legisti e artisti dello Studio bolognese dal 1384 al 1799 pubblicati dal* Dr Umberto Dallari, Bologne 1889, vol. II, p. 179 n. 1.
20. Voir chap. XXXVI n. 1.

persuader que rien ne s'oppose plus à la reprise de son enseignement, que le feu pape — celui-là qui l'a fait condamner — était dans ses derniers jours disposé à le lui permettre et que la mort seule l'aurait empêché d'effacer complètement la sentence de 1571[21].

Dans les grandes lignes, tout ce que nous venons d'énumérer confirme les dires de Cardan ; entrer dans le détail serait ici superflu. Que ses testaments par exemple fassent ressortir une situation de fortune plus large qu'il ne le dit, que les temps de misère se soient terminés plus tôt qu'il ne le laisse supposer, qu'on puisse en déduire que sa femme n'a pas été tout à fait pauvre mais lui a apporté une modeste dot, ce sont choses peut-être instructives sur son humeur, mais qui ajoutent peu à ce que nous pouvons deviner par la seule lecture de la Vie. C'est, plus marquée, une touche de son pessimisme plaintif de vieillard malheureux.

Enfin, que nous apprennent ses contemporains ? Dans un des derniers chapitres, Cardan a dressé une longue liste de ceux qui ont fait mention — bonne ou mauvaise — de sa personne et de ses œuvres. Il en a trouvé soixante-quatorze et son énumération semble incomplète ; elle nous suffit pour juger de l'ampleur de sa renommée.

La plupart de ces témoignages se bornent à une phrase, à un rappel de travaux et de découvertes. Mais trois sont d'importance par leur étendue et leur caractère. Ils viennent d'adversaires bien armés qui ont été aux prises avec Cardan sur des points essentiels de ses doctrines ou à propos de l'attribution de ses plus importantes découvertes. Ce sont chronologiquement Tartaglia, Scaliger et Camuzio. De ces polémiques dont on trouvera un résumé dans les notes des chapitres XLV et XL-VIII, il est évidemment impossible de dégager une conclusion très nette : il nous manque la déposition d'un témoin impartial qui nous aurait transmis le sentiment des spectateurs. Chaque fois, suivant l'habitude, chacun des deux adversaires s'est proclamé vainqueur. Dans le duel Tartaglia-Cardan, les historiens des mathématiques se sont rangés d'un côté ou de l'autre. Il n'était pas besoin de prendre parti.

L'origine du désaccord n'est pas honorable pour Cardan : il a

---

21. Lettre à Annibale Osio, *segretario del Reggimento*, en date du 28 avril 1573, publiée par Costa, *loc. cit.*, p. 432 n. 2.

manqué à sa parole. Mais il se rachète ensuite grâce aux services qu'il rend à la science par sa faute même. Sa dignité, son détachement, l'honnêteté avec laquelle il reconnaît ses dettes, tout contraste avec l'acharnement haineux, les accusations excessives, l'entêtement égoïste du mathématicien brescian.

Scaliger comme Camuzio se sont dressés contre lui pour défendre Aristote et Galien avec l'espoir de faire rejaillir sur leur personne un peu de la gloire de l'adversaire illustre qu'ils provoquaient. L'un regrettait hypocritement plus tard d'avoir par ses critiques impitoyables tué Cardan. Le second affirmait l'avoir réduit au silence. Cardan survécut longtemps à ces coups prétendus mortels et gardait la conviction d'avoir contraint Camuzio à se taire.

Est-ce sur des bases pareilles que nous fonderons une accusation de mensonge ? Mais est-ce à dire d'autre part que nous tenions Cardan pour toujours vrai ? Comme tous, plus que d'autres si l'on veut, il est sujet à l'erreur, à la partialité, aux affections comme aux rancunes et aux haines ; sa mémoire l'a parfois trahi, mais on sent la volonté d'atteindre à la vérité jusque dans les aveux les plus douloureux. Il ne déforme pas délibérément les faits et s'applique à une chronologie exacte sans dissimuler la part d'incertitude qui se trouve dans certaines données. S'il n'est pas toujours véridique, il est le plus souvent sincère, même dans celles de ses assertions qui sont pour nous le moins croyables. Tout le mystère, le surnaturel, les interventions divines rentrent pour lui dans les conditions presque normales de la vie universelle. Il y a recours pour expliquer les menus faits auxquels tout autre homme n'aurait pas prêté attention, ou, les ayant remarqués, n'aurait pas cru nécessaire de les interpréter. Il ne cherche pas à en imposer, il est victime de ses croyances et, pourrait-on dire aussi, de l'excès de sa curiosité et de sa foi scientifiques. C'est de là que lui vient son souci de tout expliquer ; et, suivant les méthodes ordinaires, il explique au moyen de ce qu'il estime assuré et définitivement connu. Pourquoi faut-il qu'il tombe presque toujours dans la naïveté et l'invraisemblance ? Est-ce déséquilibre mental, comme on l'a dit ? Peut-être, mais c'est plus probablement insuffisance de méthode et obnubilation d'un esprit critique qui se manifeste d'autre part fort vif et fort net dans certains domaines. Il ne serait pas le seul savant qui, en dehors du champ où il est véritablement grand, reste l'esclave de son éducation : il en avait reçu une si étrange que son vaste esprit abritait d'innombrables superstitions.

VI

Le *De vita propria liber*, composé en 1575-1576, traîna en manuscrit pendant plus d'un demi siècle, passant de main en main pour parvenir enfin (1632) entre celles de Gabriel Naudé, fervent admirateur de Cardan[22]. Pendant ses tournées en Italie, le bibliothécaire de Mazarin n'achetait pas seulement par piles les volumes pour son illustre patron, il chassait aussi pour son propre compte et en particulier les inédits de Cardan. Il reçut la Vie « escripte de sa propre main » du « medico Croce, en reconnaissance de ce qu'il luy avoit dédié la première de ses questions, et pour luy il l'avoit eue du cardinal Bevilacqua qu'il avoit longtemps servi[23] ». En 1643 il la publiait à Paris avec une importante préface[24].

Comment fut faite cette édition ? À la simple lecture, elle paraît peu soignée ; les coquilles sont assez abondantes, la ponctuation insuffisante et capricieuse jusqu'à prêter à confusion ; quelques dates dont l'inexactitude apparaît dès qu'on les compare avec celles connues par ailleurs, laissent dans l'incertitude sur la confiance que l'on peut accorder aux autres. Quant à l'obscurité du style qui est pour une

---

22. Sur l'admiration de Naudé pour Cardan, voir *Iudicium de Cardano* (en tête des diverses éditions de la Vie) : *Adeo semper mihi arrisit uaria illa, multiplexque Cardani doctrina, ut nihil intentatum reliquerim quo etiam aut in suis, aut in Camutii, Tartaleae, Duni, Scaligeri et aliorum libris inuestigarem ; et sine Medica, sine Moralia, Philosophica, Mathematica, Historica, Politica, Philologica, alteriusue generis esset, exploratam habuerim.*
23. Lettre à Peiresc du 26 mai 1636. (Tamizey de Laroque, *Les correspondants de Peiresc*, XII, Gabriel Naudé, Paris 1887, p. 71).
24. *Hieronymi Cardani Mediolanensis, de Propria Vita liber. Ex Bibliotheca Gab. Naudaei*. Parisis, apud Jacobum Villery, in Palatio sub Porticu Delphinali, M.DC.XLIII., 48 ff. n. num. (comprenant la dédicace, *De Cardano indicium* et la table), 374 pp.. La Vie occupe les pages 1-322. De 323 à 374, *Testimonia praecipua de Cardano*.

bonne part le fait de l'auteur[25], elle est encore aggravée par toutes ces négligences.

Le texte donné par Naudé fut reproduit deux fois, en 1654 par les soins de l'éditeur Ravenstein d'Amsterdam[26] et en 1663 en tête du recueil des œuvres complètes[27] réunies par Charles Spon et publiées à Lyon aux frais des libraires Huguetan et Ravaud. Ces éditions successives ne présentent avec l'édition originale d'autre différence qu'une plus ou moins grande correction : à cet égard celle de 1663 qui est la plus répandue est franchement mauvaise.

Le manuscrit original dont s'est servi Naudé semble perdu. Mais la Bibliothèque Ambrosienne de Milan possède une copie manuscrite du XVIIe siècle[28], indépendante de l'édition imprimée et dont la provenance est inconnue. Il est permis de supposer qu'elle fut faite sur les ordres de Frédéric Borromée, qui, à l'égal de beaucoup d'autres collectionneurs du temps, avait eu un moment la pensée d'acquérir les manuscrits de Cardan et s'en était fait envoyer le catalogue. Découragé sans doute par les prétentions excessives de leur possesseur, il se contenta peut-être de faire exécuter la copie déposée dans sa bibliothèque.

Dans l'ensemble cette copie est encore plus mauvaise que le texte

---

25. Cf. *De libris propriis*, II (I, 128) : *Non absque re erit (quod plures in nobis damnant, alii uero queruntur) rationem nunc reddere, cur scilicet difficilis admodum omnibus in meis operibus uidear : cum in profitendo summa laus, quae mihi nullo negotio auditorium semper frequens reddidit, fuerit, sitque facilitas et claritas summa in docendo.*
26. *Hieronymi Cardani Mediolanensis, de Propria Vita liber. Ex Bibliotheca Gab. Naudaei. Adiecto hac secunda editione de Praeceptis ad filios libello.* Amstelaedami, apud Ioannem Rauesteinium. CIƆ DC LIV, in-12, 3 cahiers n. num., 288 pp. (la Vie pp. 1-228).
27. *Hieronymi Cardani Mediolanensis, Philosophi ac Medici celeberrimi Opera omnia tam hactenus excusa, hic autem aucta et emendata ; quam numquam alias uisa, ac primum ex Auctoris ipsius Autographis eruta : cura Caroli Sponii, doctoris medici Collegio medd. Lugdunacorum aggregati...* Lugduni, Sumptibus Ioannis Antonii Huguetan, et Marci Antonii Ravaud, 1663, 10 vol. in-fol.. — L'édition ne répond pas aux promesses du titre, elle n'est ni complète, ni soignée. Parmi les inédits rassemblés par Spon il en est quelques-uns dont l'attribution à Cardan est au moins douteuse.
28. *Hieronymi Cardani Mediolanen(sis) Ciuisq(ue) Bonon(iensis) De propria uita liber unus.* 124 ff. 22 × 29,5 cm, papier. (coté I. 218 inf.) — Argelati, (*Bibl. Script. Mediol.*, I, 2, p. 309) en avait déjà signalé l'existence : *De uita propria. Extat etiam MS in cod. Bibliothecae Ambrosianae, sign. G. num. 55 in-fol. paginar. 249.*

de Naudé. Le copiste devait être un demi ignorant, peut-être habile à transcrire des écritures lisibles, mais qui, en présence d'un original comme celui-ci, probablement confus et d'un déchiffrement difficile, a été souvent embarrassé et quelquefois découragé. D'où des lacunes, des confusions, des non-sens. Mais telle qu'elle est, cette copie permet de juger les libertés prises par l'éditeur parisien et elle accuse le caractère d'inachevé de l'ouvrage. Naudé en a fait la toilette, il a supprimé les phrases incomplètes, omis celles qui lui paraissaient inintelligibles, éliminé les références et les dates inscrites dans les marges (quelques-unes ont été incorporées dans le texte) et il a lu intrépidement là où le scribe italien a parfois jugé illisible. Voici à titre d'exemple deux phrases typiques parce que dans le texte de Naudé elles ont provoqué discussions et hypothèses :

1°. Au chapitre II on lit dans les éditions imprimées : *Ortus sum anno MDVIII calend. Octobris...*, et on a longuement épilogué sur l'étrange énoncé de cette date. La copie de Milan donne... *anno MDI, Viij calend. Octobris*, ce qui s'accorde avec toutes les autres indications chronologiques fournies par Cardan.

2°. Au chapitre XXXVI, Naudé a lu : *testamenta plura condidi ad hanc usque diem, quae est Calendarum mensis Octobris anni MDLXXVI*. On avait été entraîné par cette mention à supposer fausse la date de la mort de Cardan fixée par de Thou (*Hist. univ., an.* 1576) au 21 septembre 1576. Dans la copie de l'Ambrosienne, le nom du mois est laissé en blanc, preuve d'une difficulté de lecture. Le dernier testament que nous connaissons est du 21 août 1576.

Mais une statistique montrerait aisément que les cas où le texte du scribe inconnu est préférable à celui de Naudé sont infiniment moins nombreux que les preuves de son incompréhension. Nous savions par d'autres exemples que Naudé n'avait pas comme éditeur les scrupules des modernes, qu'il se croyait autorisé à collaborer discrètement aux œuvres auxquelles il donnait ses soins[29]. Par la copie de l'Ambrosienne

---

29. Voici ce qu'il dit de son édition du *Syntagma de libris propriis* de Campanella dans une lettre à Peiresc du 28 septembre 1635 : « M'estant mis à le revoir pour la première fois, je trouvé que c'étoit *stabulum Augiae*, tant pour la diction que pour l'extravagance du jugement. C'est pourquoi je le rescrivis tout entier et l'accomodé en forme aucunement plus passable. »

nous connaissons la mesure assez précise des droits qu'il s'attribuait. Il supprime, mais n'ajoute pas. Du sien il n'a presque rien mis : au chapitre II on trouverait une phrase de lui pour éviter la transcription d'un thème astrologique. Pour la forme, il se borne à de légères retouches grammaticales, à quelques allègements en effaçant un synonyme qui fait pléonasme, un mot ou un membre de phrase obscur.

La méthode de Naudé est évidemment discutable, et certainement inadmissible s'il s'agissait d'un classique ou d'un écrivain soucieux du style, de la suite et de l'enchaînement exact de ses idées. Mais on voit assez que Cardan n'eut jamais de grands scrupules de ce genre — il écrivait trop et trop vite — et, pour quelles raisons que ce puisse être, vieillesse et affaiblissement progressif de ses facultés, absence de mise au point définitive, ses mémoires sont pleins de désordre et de confusion : allusions à des idées dont il n'a jamais été question, rappel de faits qui seront racontés plus tard ou qui ne le seront point, digressions, retours en arrière, tout a été accumulé pour décourager le lecteur hâtif.

Naudé, admirateur convaincu de Cardan, dont il connaissait bien les idées et les tendances, a en somme, malgré des négligences, été respectueux de sa pensée et de son style.

Son but fut certainement avant tout, de donner un texte lisible. Il n'y est point parvenu. Il sera toujours difficile d'y arriver. Trop d'obstacles s'y opposent. Outre ceux qui ont été déjà indiqués, qui viennent des circonstances matérielles de composition, de transmission et de reproduction du livre, il en est un qui tient à l'auteur. Cardan remâchant une dernière fois ses craintes, ses souffrances, ses désillusions, ses rancunes, faisant encore une révision de ses idées et de ses croyances, étalant ses triomphes et ses prérogatives, prend le ton et la manière de quelqu'un qui parle à un ami déjà informé de ce dont il est question. Un mot, une allusion, un geste doivent suffire au confident pour comprendre et se souvenir. En tout lecteur il voit un confident. Ces aventures, ces rêves, ces douleurs et ces gloires, il les a dites si souvent qu'il les croit connues de nous comme de lui. Aussi à chaque instant, des « je l'ai dit », « je l'ai déjà raconté », « j'en ai parlé ailleurs », qui ne renvoient pas toujours à un autre chapitre des mémoires[30]. Un Naudé n'en était point trop embarrassé. Depuis lui, Cardan n'a plus trouvé de lecteur aussi enthousiaste et intrépide.

VII

Ce sont de telles difficultés qui, je le suppose, ont empêché le *De Vita propria* d'être plus souvent traduit. À ma connaissance il n'en existe que deux traductions[31] :

1. — Celle de Vincenzo Mantovani en italien, parue à Milan en 1821, qui ne se pique point d'exactitude ni de fidélité[32].

2. — Celle d'Hermann Hefele en allemand, publiée à Iena en 1914, infiniment plus scrupuleuse et attentive. Mais même cette dernière, malgré ses qualités, ne saisit pas toujours la pensée, en raison, semble-t-il, du peu de familiarité du traducteur avec le reste de l'œuvre de Cardan[33].

J'ai eu trop tardivement connaissance d'une nouvelle traduction italienne, qui marque un progrès considérable sur celle de Mantovani :

L'autobiografia di Gerolamo Cardano (De propria vita). — Traduzione, introduzione e note di Angelo Bellini. — Milano, La famiglia Meneghina editrice, 1932-X, in-8, 487 pp.

Dans la présente traduction, on s'est efforcé d'éclairer Cardan par Cardan. Toutes les fois qu'on l'a pu, on a rapproché la *Vie* des autres ouvrages de Cardan pour trouver des vérifications de faits et de dates, soit des similitudes de pensée.

Cette préoccupation explique pour une part la forme et l'étendue

---

30. Voir entre autres le chap. XLVII et n. 4 et 5.
31. J'ai eu trop tardivement connaissance d'une nouvelle traduction italienne, qui marque un progrès considérable sur celle de Mantovani : *L'autobiografia di Gerolamo Cardano (De propria vita). Traduzione, introduzione e note di* Angelo Bellini. Milano, La famiglia Meneghina editrice, 1932-X, in-8, 487 pp.
32. *Vita di Girolamo Cardano, milanese, filosofo, medico e letterato velebratissimo, scritta per lui medesimo in idioma latino e recata nel volgare dal Sig. dottore Vincenzo Mantovani*, Milano, Tip. G. B. Sonzogno, 1821. — 2e éd. dans la collection *Scrittori Milanesi : Girolamo Cardano, L'autobiografia. Prefazione e note di* Lavinia Mazzuchelli. Milano, L. F. Cogliati, 1922, in-16, XVI-399 pp.
33. *Des Girolamo Cardano von Mailand (Buergers von Bologna) eigene Lebensbeschreibung, uebertragen und eingeleitet von* Hermann Hefele. Jena, verlegt bei Eugen Diederichs, in-8, XXXVIII-224 pp.

des notes. Elles veulent, dans certains cas, justifier la traduction quand le texte est douteux, et pour le reste apporter les éléments d'un jugement sur la véridicité de Cardan. Au total il reste encore des doutes à éclaircir, des phrases dont l'interprétation laisse place à la discussion, des allusions incompréhensibles. On espère du moins en avoir diminué le nombre.

Sur un point l'annotation a été systématiquement réduite. Il n'y a, au bas des pages, aucun renseignement biographique sur les innombrables personnages dont parle Cardan, à l'exception des données peu connues qu'il a fournies lui-même sur certains d'entre eux[34]. Les horoscopes, particulièrement, renferment des dates précises ou des traits de caractère qu'ignorent les dictionnaires biographiques. À cela près, les détails de cet ordre ont été rejetés dans l'index des noms propres, où, le cas échéant, il sera plus facile de les trouver que d'aller les chercher au bas d'une page quelconque, lorsque le même individu est rappelé plusieurs fois.

Il aurait été facile de multiplier la bibliographie, car on a abondamment écrit sur Cardan. L'histoire des sciences lui fait une place dans chacune des disciplines que l'on cultivait de son temps. Sa personnalité est assez attachante pour avoir attiré des curiosités psychologiques et il se prêtait à bien des divagations : il s'y était tant abandonné lui-même qu'il n'aurait pas le droit de se plaindre d'en avoir provoqué. Dans les notes nous avons limité nos références de cette catégorie aux travaux documentaires. Il ne sera pas mauvais de citer ici quelques biographies, à l'exclusion des études spécialement consacrées à son rôle philosophique ou scientifique. Aussi bien, de ce point de vue, reste-t-il encore à faire.

La fortune posthume de Cardan a été redevable d'abord aux Français. Naudé avec son *Judicium de Cardano* a mis en circulation bien des faits et bien des remarques que l'on n'a cessé de reprendre depuis. C'est grâce à Spon et aux éditeurs lyonnais qu'on trouve dans la

---

34. Sur la fin de son ami et protecteur, le chanoine Francesco Gaddi, par exemple, il donne des détails ignorés d'Argelati. Cf. chap. XL n. 5. Argelati (*op. cit.* I, 2, p. 649) dit seulement : *Erat adhuc in uinis M D XLII... Dolendum est quod de tanto uiro parum memoriae posteritatis suae seruauere.*

plupart des bibliothèques l'ensemble, commodément accessible sinon toujours correct, des œuvres de Cardan. Mais depuis, tout en mettant à sa juste place l'ingénieux article que Bayle lui a consacré dans son dictionnaire, malgré Niceron, Sardou et quelques autres, ce sont surtout les Italiens — comme il est naturel — et les Anglais qui se sont occupés de lui. Voici donc, sans reprendre ici ce qui est cité à d'autres pages, quelques titres parmi un grand nombre :

J. Crossley, *The life and times of Cardan*, 2 vol., Londres, 1836.

H. Morley, *The life of Girolamo Cardano of Milano, physician*, 2 vol., Londres 1854.

Fr. Buttrini, *Saggio psicobiografico su Girolamo Cardano*, Savona, 1884.

W. G. Waters, *J. Cardan. A biographical study*, 2 vol., Londres, 1898.

E. Rivari, *La mente di Girolamo Cardano*, Bologna, 1906.

J. Dayre, *Jérôme Cardan, esquisse biographique*. (Annales de l'Université de Grenoble, 1927).

Florence, mai 1933.

MA VIE

De[1] tout ce qu'il est donné au genre humain d'acquérir, rien ne paraît plus agréable ni plus important que la connaissance de la vérité. Aussi, et puisque aucune œuvre des mortels ne peut être par faite et encore moins rester à l'abri de la calomnie, ai-je suivi

---

1. Le texte pris pour base est celui de Naudé (N) qui est en quelque sorte traditionnel depuis près de trois siècles.

Il était cependant possible de l'améliorer. Dans quelques passages la copie milanaise (M) donne une leçon plus claire, plus cohérente et, surtout, confirmée par les ouvrages publiés du vivant de Cardan. C'est cette leçon qui a été introduite dans le texte et celle de N reportée en note.

Entre deux variantes également obscures ou pareillement indifférentes c'est N qui a eu la préférence. Mais, à l'exception des détails d'orthographe (italianismes comme a*cc*ademia, ing*i*urias, Genev*r*a ; particularités de la prononciation dialectale du copiste : gra*ss*a, etc. ; habitudes graphiques comme Fa*t*ius, nun*t*ius ou Fa*c*ius, nuncius, etc.), de grossières erreurs de lecture ou des non-sens, assez nombreux (nondum *m*ulgatis libris [c. 3] ; *n*ixi [uixi, c. 3] ; pare*s*ga [parerga, c. 10] ; re*c*toris [rhetoris] ; etc., etc.), toutes les différences entre M et N ont été signalées dans les notes. — On y trouvera en particulier ce que Naudé a coupé et que M a conservé : à la lecture il sera aisé de comprendre pourquoi on n'a pas jugé nécessaire de le réintroduire dans le texte.

Les corrections conjecturales sont en petit nombre et se justifient graphiquement ou par des rapprochements avec d'autres textes de Cardan.

Les variantes qui ne sont suivies d'aucun sigle viennent de M.

La pagination de l'édition originale a été reproduite en marge.

l'exemple du philosophe Antonin[2], considéré comme très sage et excellent, et j'ai entrepris d'écrire le livre de ma vie.

Rien, je l'affirme, n'y est ajouté par vanité ou pour l'ornement du récit : le livre est composé, autant qu'on a pu, du récit des événements auxquels eurent part mes élèves — particulièrement Ercole Visconti, Paolo Eufomia et Rodolfo Silvestri — ainsi que des notes déjà rédigées. L'entreprise avait été tentée, il y a quelques années, par Gaspare Cardano, un de mes parents et de mes élèves, médecin de profession, qui, surpris par la mort, ne put l'achever. Un particulier, un juif même[3], a pu agir pareillement sans en être repris. Ma vie, pourtant, ne compte point de circonstances aussi grandes ; mais il s'en trouve, assurément, plusieurs dignes d'admiration. Je n'ignore pas que Galien fit un essai analogue, bien qu'il lui parût plus modeste de le disperser parmi ses autres ouvrages ; — et telle est l'apathie des savants que personne n'a essayé de l'ordonner en un tout. Le nôtre, sans fard et sans prétention d'instruire, se satisfait d'un simple récit et ne contient qu'une vie et non des révolutions comme celles de Sylla, de César et d'Auguste qui, cela ne fait aucun doute, écrivirent leur vie et leurs exploits. Tout ceci suit donc l'exemple des anciens, loin d'être nouveau et imaginé par moi.

---

2. L'édition princeps des *Pensées* de Marc-Aurèle fut publiée en 1559 par Xylander sous le titre suivant : *M. Antonini imp. de se ipso seu vita sua libri XIII*.
3. Il s'agit de Flavius Josèphe qui a composé son autobiographie (βίος) pour justifier sa conduite lors de la défense de la Galilée contre les Romains.

Portrait de provenance inconnue en tête du t. I des Opera omnia, Lyon, 1663.

I. PATRIE ET ANCÊTRES

Ma patrie est Milan : le bourg d'où est sortie la famille des Cardan est à vingt-quatre milles de cette ville et à un seulement de Gallarate. Mon père était Fazio, jurisconsulte ; mon grand-père Antonio, mon bisaïeul un autre Fazio et mon aïeul Aldo. Fazio I eut pour fils Giovanni, Aldo II et Antonio mon grand-père. Antonio eut Gottardo, Paolo qui fut jurisconsulte et évêque, Fazio mon père[1] et un bâtard nommé lui aussi Paolo. De la même souche vivent encore une trentaine de mes parents. Que la famille des Cardan soit autonome ou que, comme d'aucuns le pensent, elle ne constitue qu'une branche de celle des Castiglione, il est certain qu'elle est noble et ancienne. À partir de 1189, Milone Cardano gouverna notre ville pour les affaires sacrées comme pour les profanes pendant quatre-vingt-douze mois. Il ne jugeait pas seulement les causes civiles, mais aussi, comme les autres princes, les affaires capitales. Il avait les mêmes prérogatives dans les autres villes soumises à la même autorité et dans toute la province, entre autres à Côme. Ce pouvoir avait été confié à Milone par l'archevêque Crivelli lorsqu'il devint pape sous le nom d'Urbain III. Quelques-uns voudraient rapporter à notre famille Francesco

---

1. Fazio naquit le 16 juin 1445 (*Liber de exemplis C. Geniturarum*, V, 460.)

Cardano, chef de la milice de Matteo Visconti. Mais si nous faisons partie des Castiglione, nous sommes encore plus nobles, puisque le Souverain Pontife Célestin IV était issu de cette famille.

Nos ancêtres vécurent très vieux : les fils de Fazio I atteignirent respectivement 94, 88 et 86 ans. Giovanni eut deux fils : Antonio qui vécut 88 ans et Angelo qui parvint à 96 ans et que, enfant, je connus décrépit. Le fils unique d'Aldo, Giacomo, dépassa 72 ans ; mon oncle Gottardo, que j'ai connu, vécut 84 ans et mon père 80. Du reste, Angelo eut vers 80 ans des enfants à l'air vieillot en naissant (l'un d'eux pourtant vit encore à plus de 70 ans) et, passé 80 ans, il recouvra la vue. On dit qu'ils furent de taille élevée — ce que j'ai vu pour quelques-uns.

(Le tableau généalogique de Cardan s'établirait ainsi :)

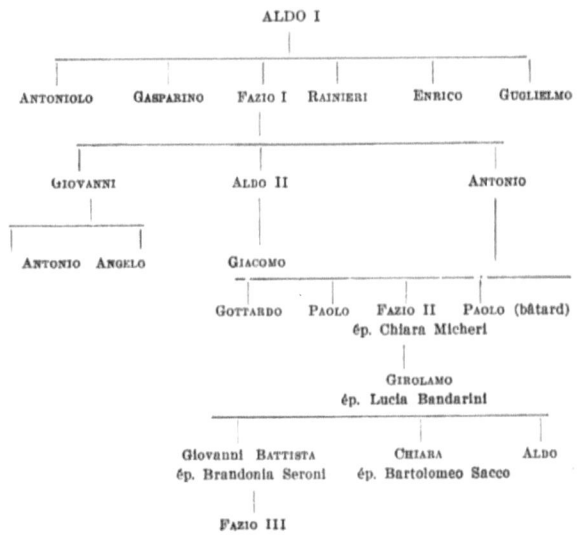

Ma famille maternelle était celle des Micheri. Ma mère s'appelait Chiara. Mon grand-père Giacomo vécut 75 ans ; quand j'étais tout enfant son frère Angelo en avait 85, à ce qu'il me disait lui-même. Mon père, mon oncle paternel et mon aïeul maternel eurent en commun une érudition et une intégrité hors de l'ordinaire. Mon père et mon grand-père maternel parvinrent à la fois à une grande vieillesse et à une profonde connaissance des mathématiques. Ce même aïeul fut emprisonné environ au même âge que moi, à 70 ans. D'Aldo notre ancêtre sont sorties cinq autres branches des Cardan : Antoniolo en 1388, Gasparino en 1409, Rainieri en 1391, et la plus ancienne, celle d'Enrico, en 1300, dont les descendants Berto et Giovanni, fils de Faziolo, sont à peu près du même âge, enfin Guglielmo, dont l'époque est incertaine, mais qui eut pour fils Zolo, Martino et Giovanni, lequel habita Gallarate.

II. MA NAISSANCE

Après qu'on eut essayé inutilement, à ce que j'ai entendu dire, des médicaments abortifs, je naquis le 24 septembre 1501[1], vers la fin de la première heure de la nuit, un peu après la demie, mais avant les deux tiers de l'heure. Les principales situations de la figure étaient telles que je les ai décrites dans le huitième horoscope, à la suite de mon commentaire du quadripartite de Ptolémée[2]. J'ai donc considéré que les deux luminaires tombaient sous les angles, et aussi aucun d'eux ne regardait l'ascendant, car ils étaient dans les sixième et douzième maisons et pouvaient sous cette condition être aussi dans la huitième. Celle-ci, en effet, parce qu'elle descend, sans être un angle, on peut dire qu'elle tombe de l'angle, et, bien que les maléfiques ne fussent pas dans les angles, Mars cependant condamnait ces deux luminaires à cause de l'opposition des lieux et de la quadrature avec la Lune ; aussi pouvais-je être monstrueux ; mais comme le lieu de la précédente

---

1. Le texte donné par Naudé a provoqué de longues discussions sur cette date, bien inutilement puisque Cardan l'avait indiquée ailleurs et à plusieurs reprises avec précision : *1501 die 24 septembris ho. 6 min. 40 a meridie.* (V, 468, 517 ; cf. V, 53.)
2. *In Cl. Ptolemaei Pelusiensis IIII de Astrorum indiciis, aut, ut vulgo vocant, quadripartitae constructionis libros commentaria... Practerea... Geniturarum... XII exempla...*, Bâle, 1554, in-fol. et plusieurs rééditions.

conjonction fut le vingt-neuvième de la Vierge auquel préside Mercure, qu'il n'est pas le même que le lieu de la Lune ni que celui de l'ascendant, qu'il ne regarde pas l'avant-dernière région de la Vierge, j'aurais dû être monstrueux ; bien mieux, il pouvait se faire que je ne sortisse qu'en morceaux du sein maternel, ce qui manqua de peu. Je naquis donc, ou mieux je fus tiré au jour comme mort, avec des cheveux noirs et frisés, et ranimé par un bain de vin chaud qui aurait pu être funeste à un autre. Ma mère souffrit trois jours entiers en travail. Je survécus pourtant.

Mais je reviens à mon sujet : le Soleil et les deux maléfiques ainsi que Vénus et Mercure étant dans les signes humains, je ne déclinai pas de la forme humaine. Mais, parce que Jupiter était dans l'ascendant et que Vénus dominait toute la figure, je n'eus aucune lésion sauf dans les parties sexuelles : cela fit que, de vingt-et-un à trente-et-un ans, je ne pus avoir commerce avec les femmes ; et je déplorai souvent ma destinée, enviant celle de tout autre. Vénus dominant, comme je l'ai dit, toute la figure et Jupiter étant dans l'ascendant, mon sort fut humble, avec un léger bégaiement et un tempérament entre le frigide et l'harpocratique, comme dit Ptolémée, c'est-à-dire irrésistiblement enclin à présager sans réflexion ; dans cet art, qu'on appelle, d'un mot plus distingué, pressentiment, j'ai fait mes preuves non sans éclat, de même que dans d'autres genres de divination. Et parce que Vénus et Mercure étaient sous les rayons du Soleil, auquel ils abandonnaient toute leur force, je pouvais ainsi devenir quelqu'un, bien qu'avec une genèse (suivant l'expression de Ptolémée) misérable et infortunée, si le Soleil ne s'était pas trouvé tout à fait bas, tombant au sixième lieu, de sa hauteur. Il ne me resta donc qu'une certaine finesse d'esprit et une âme fort peu exempte de passions mais pleine de desseins téméraires et impossibles. En un mot, dépourvu de forces physiques, ayant peu d'amis, une mince fortune, beaucoup d'ennemis dont la plupart me sont inconnus de nom et de visage, sans aucune science humaine, avec une mémoire mal assurée, je n'avais de supériorité que pour la prévoyance. Aussi ne puis-je savoir pourquoi ma condition, qui paraît misérable eu égard à ma famille et à mes ancêtres, est jugée glorieuse et digne d'envie.

Ce même jour naquit autrefois Auguste ; une nouvelle indiction commença pour tout l'empire romain ; Fernand, le magnanime roi d'Espagne, et son épouse Élisabeth[3] envoyèrent pour la première fois la flotte qui leur acquit tout l'Occident.

---

3. Isabelle.

III. QUELQUES PARTICULARITÉS DE MES PARENTS

Mon père[1] s'habillait de pourpre, mode inaccoutumée dans notre ville, tout en portant un bonnet noir. Il bégayait en parlant, se plaisait à diverses études. De teint rouge, les yeux blancs, il voyait pendant la nuit, et jusqu'à la fin de sa vie il n'eut pas besoin de lunettes. Il avait toujours à la bouche cette parole : « Tout esprit doit louer le Seigneur qui est la source de toutes les vertus. » Il était jeune quand une blessure lui avait enlevé des fragments d'os de la tête, à cause de quoi il ne pouvait rester longtemps sans bonnet. À cinquante-cinq ans il avait perdu toutes ses dents. Il faisait son étude des œuvres d'Euclide. Il était voûté. Mon fils aîné lui ressemblait parfaitement par le visage, les yeux, la démarche, les épaules, mais avec la langue plus

---

1. Cardan a souvent parlé de son père dans ses autres œuvres et surtout dans *Geniturarum XII exempla* (V, 519), *Liber de exemplis C. Geniturarum* (V, 460-1), *De utilitate ex adversis capienda*, etc. Partout il met en relief ses qualités morales et son immense appétit de savoir. Fazio, docteur en droit, médecin, mathématicien, passionné des sciences occultes, abandonna la pratique de sa profession (il était procureur du fisc) pour se consacrer à l'enseignement (voir chap. X). Il figure en 1479 sur les rôles de l'Académie de Pavie, en 1502 il enseigne la géométrie aux écoles platiniennes. Ses connaissances lui valurent l'estime de Léonard (*Codex atlanticus*, f° 222a et 293a). Esprit singulier et confus il mêlait dans ses goûts sciences exactes et pseudo-sciences, et se vantait d'avoir un démon familier (*De rerum varietate*, III, 320).

déliée — peut-être à cause de l'âge. Il n'avait qu'un seul ami et qu'un intime dont les occupations étaient bien différentes : Galeazzo Rossi[2] (c'était le nom de sa famille) qui mourut avant lui, et le Sénateur Gio. Angelo Salvatico, d'abord son élève, puis son collègue. La similitude des caractères, et des études avait provoqué cette amitié avec le premier qui était forgeron : c'est lui qui avait découvert la vis d'Archimède avant que les œuvres d'Archimède fussent publiées ; il avait fait des épées flexibles comme du plomb et capables de couper le fer presque comme si c'eût été du bois ; qui plus est, il fabriquait des cuirasses de fer à l'épreuve des balles (j'en ai vu assez souvent l'expérience dans ma jeunesse), au point que l'une d'elles supporta cinq coups de feu sans autre dommage qu'une éraflure.

Ma mère, petite, grosse, pieuse, colère, était douée d'une mémoire et d'un esprit supérieurs[3].

Le penchant à la colère fut commun à mes parents qui, aussi, furent peu constants dans leur amour pour moi, mais indulgents pourtant, si bien que mon père permettait, ou mieux ordonnait, que je ne me levasse pas avant la fin de la deuxième heure du jour, ce qui fit grand bien à ma vie et à ma santé. Et, s'il est permis d'ainsi parler, mon père parut meilleur et plus aimant que ma mère.

---

2. Sur ce personnage souvent cité dans la *Vie*, voir aussi *De subtilitate*, I (III, 366), *De rerum varietate*, X, 50 (III, 202), etc.
3. La mère de Cardan, née vers 1464 (plus jeune que Fazio de 19 ans, elle avait 37 ans à la naissance de Girolamo, *XII Genitur.*, V, 522), était veuve d'Antonio Alberi. De son premier mariage elle avait eu trois enfants (Tommaso, Giovan-Ambrogio et Caterina) qui moururent de la peste quand Cardan avait trois mois (*XII Genitur.*, *ibid.*). Cardan en a parlé diversement suivant les temps mais il rapporte de sa tendresse et de son dévouement pour lui des preuves admirables. C'est elle qui, à l'insu de Fazio, lui fournit les moyens d'apprendre la musique ; ses prières firent beaucoup auprès de Fazio quand Girolamo voulut aller à l'université. Fazio mort, c'est elle qui *diligentia et sollicitudine incredibili* subvint à tous les besoins de son fils *cum patrimonium, quod minimum erat, non sufficeret* (*De consol.*, I, 619. Cf. *De util. ex advers. cap.* II, 112, *De lib. prop.* I, 61). Elle avait de précieuses qualités d'intelligence et de caractère : *Quia est mulier*, dit son fils, *non amplius me extendo, nisi quod fuit ingeniosa, sapiens, liberalis, proba* (*XII Genitur.*, V, 520). Elle mourut le 26 juillet 1537 à plus de 70 ans (*C. Genitur.*, V, 470).

IV. BREF RÉCIT DE MA VIE DEPUIS SON DÉBUT JUSQU'AU JOUR PRÉSENT

Peut-être, si Suétone y avait réfléchi, aurait-il ajouté un bref résumé à ses biographies pour la plus grande commodité de ses lecteurs ; car, comme disent les philosophes, rien ne peut être qui ne constitue en soi une unité.

Donc, je naquis à Pavie. Le premier mois, à ce que j'ai entendu dire, je perdis ma nourrice de la peste, le jour même où elle tomba malade. Ma mère revint : mon visage était marqué de cinq boutons disposés en croix, l'un étant au bout de mon nez. Aux mêmes endroits, trois ans plus tard, reparurent en même nombre des pustules de variole. Avant la fin du second mois, Isidoro Resta, gentilhomme de Pavie, me plongea dans un bain de vinaigre chaud et me confia à une nourrice qui me porta à Moirago. (C'est un village situé à sept milles de Milan sur la route directe qui mène à Pavie par Binasco.) Là, mon ventre se gonfla et durcit, je maigris. La cause, on le comprit, était une grossesse de ma nourrice. On me confia à une autre, meilleure, qui me sevra à trois ans.

La quatrième année, je fus emmené à Milan, où je fus traité avec plus de douceur par ma mère et par sa sœur, ma tante Marguerite — une femme qui, je pense, n'avait pas de bile. — Cependant j'étais battu sans motif par mon père et par ma mère, et chaque fois j'en étais malade à mourir. Enfin arrivé à l'âge de sept ans, quand j'aurais pu à bon droit mériter des coups, mes parents — qui n'habitaient pas ensemble — décidèrent de ne plus me battre.

Mais la mauvaise fortune ne m'abandonna pas pour cela : mon malheur changea sans s'adoucir. Ayant loué une maison, mon père m'y logea auprès de lui avec ma mère et ma tante. De ce jour, il m'ordonna de l'accompagner, sans égard pour ma faiblesse et pour mon âge. En passant du repos complet à un exercice excessif et continu, je contractai au début de ma huitième année une dysenterie fébrile ; cette maladie était alors épidémique en notre ville ou peut-être même était-ce une sorte de peste ; et j'avais dévoré en cachette beaucoup de raisins verts. On fit appeler Bernabone Croce et Angelo Gira. Je ne revins à quelque espoir de guérison que lorsque mes parents et ma tante m'avaient déjà pleuré comme mort. Alors mon père, homme d'un cœur pieux, fit un vœu pour demander ma guérison à saint Jérôme, préférant mettre à l'épreuve la puissance de ce saint plutôt que celle de ce démon dont il se vantait d'avoir la familiarité : je n'ai jamais pensé à lui demander le pourquoi. J'étais convalescent lorsque les Français, vainqueurs des Vénitiens sur les bords de l'Adda[1], célébrèrent leur triomphe que je pus regarder de ma fenêtre. J'eus alors un peu de répit dans le soin, dans la peine incessante d'accompagner mon père.

Mais la colère de Junon n'était pas encore apaisée. À peine convalescent, je tombai dans l'escalier de la maison que nous habitions via dei Maini. Je tenais un marteau qui me blessa au haut du front, du côté gauche, entamant l'os.

La cicatrice est demeurée jusqu'à ce jour. Je me remettais à peine de cette blessure et j'étais assis sur le seuil : un éclat de pierre, long et large comme une noix mais mince, tomba du faîte d'une maison voisine très élevée et m'atteignit au sommet du crâne à gauche, à un endroit où les cheveux étaient touffus.

Au début de ma dixième année mon père quitta cette maison, qu'il regardait comme funeste, pour une autre située en face dans la même rue, où je demeurai trois ans. Mon sort n'en fut pas changé ; de nouveau mon père m'emmena avec lui comme un domestique —

---

1. 14 mai 1509.

étrange entêtement, pour ne pas dire cruauté, qui semble, à en juger par ce qui s'ensuivit, provenir plutôt d'une volonté divine que de la faute de mon père, étant donné surtout que ma mère et ma tante l'approuvaient. Il en usa avec bien plus de douceur à mon égard lorsque deux de ses neveux, l'un après l'autre réduits au même esclavage, allégèrent ma peine, soit que je ne fusse pas contraint de le suivre, soit que ce fût moins pénible étant de compagnie.

Après plusieurs changements de domicile où je l'accompagnais toujours, nous allâmes enfin, quand s'achevait ma seizième année, habiter près du moulin des Bossi dans la maison d'Alessandro Cardano.

Mon père avait deux neveux, fils de sa sœur : Evangelista, franciscain, âgé de près de soixante-dix ans, et Ottone Cantoni, riche publicain. Avant de mourir, celui-ci avait voulu me faire son héritier, mais mon père s'y opposa, disant que l'origine de cette fortune était mauvaise : aussi ses biens furent-ils distribués au gré de son frère qui vivait encore.

À dix-neuf ans révolus je me rendis à l'Université de Pavie avec Giovan-Ambrogio Targio ; j'y restai aussi l'année suivante, mais sans mon camarade. À vingt-et-un ans j'y retournai en sa compagnie. Cette année-là, je soutins une dispute publique et j'expliquai Euclide au Gymnase. J'y enseignai aussi la Dialectique pendant quelques jours ainsi que la Philosophie élémentaire, d'abord en remplacement du frère Romolo, servite, puis plus longuement à la place d'un certain médecin Pandolfo.

À vingt-deux ans je ne quittai pas Milan, à cause des guerres qui désolaient notre pays. Au début de 1524 je me rendis à Padoue. Par hasard, vers la fin de l'année, c'est-à-dire au mois d'août, je revins à Milan avec Giovan-Angelo Corio. Je trouvai mon père à la dernière extrémité : mais plus soucieux de ma santé que de la sienne il m'ordonna de retourner à Padoue, heureux surtout d'apprendre que je venais d'être reçu maître ès-arts à Venise. En rentrant je reçus une lettre qui m'annonçait sa mort, survenue à son neuvième jour de jeûne : il mourut le 28 août ; il avait cessé toute nourriture depuis le samedi 20.

Vers la fin de ma vingt-quatrième année je fus élu Recteur de cette université[2] ; et à la fin de l'année suivante je fus reçu Docteur en Médecine. La première charge, je l'obtins avec une voix de majorité après un ballottage. Pour la deuxième, je fus rejeté par deux fois et il n'y avait que trois tours de vote[3] : quarante-sept suffrages s'étaient exprimés contre moi. Je triomphai la troisième fois, il n'y avait plus que neuf voix contre moi, le chiffre même de ceux qui m'avaient d'abord été favorables.

Tout cela, je ne l'ignore pas, n'est que bagatelles ; je l'ai cependant rapporté dans l'ordre des événements pour avoir plaisir à le lire (je n'écris pas pour d'autres que moi), afin que, si quelqu'un consent à cette lecture, il sache que les débuts comme le succès des grands événements sont obscurs ; il se peut que des accidents de ce genre arrivent à d'autres qui n'y prêtent point attention.

Mon père mort et ma charge remplie, au début de mes vingt-six ans j'allai habiter à Sacco, village à dix milles de Padoue et à vingt-cinq de Venise, sur le conseil et avec l'aide de Francesco Buonafede, médecin padouan, qui, par le seul souci d'une extrême justice, m'était bienveillant : je ne lui avais rendu aucun service et n'avais pas assisté à ses leçons, bien qu'il enseignât publiquement. Je restai là tant que ma patrie fut accablée de toute sorte de maux, à savoir : en 1524 une terrible peste et par deux fois un changement de maître ; en 1526 et 1527 une disette mortelle pendant laquelle on pouvait à peine à prix d'argent acheter des bons de blé ; des impôts insupportables ; en 1528 la peste et diverses maladies qui ne paraissaient un peu plus supportables que parce qu'elles ravageaient l'univers.

En 1529, les malheurs de la guerre faisant trêve, je rentrai dans ma patrie. Rejeté par le collège des médecins[4], ne pouvant rien obtenir de

---

2. Le Recteur était alors un étudiant élu dans chaque Faculté par ses camarades. Les archives de l'Université de Padoue n'ont conservé aucun document relatif à l'activité de Cardan dans cette charge où il fut appelé le 2 août 1525 (V, 523).
3. Cf. *De Consolatione* III (I, 619) : *At nec... medicorum Patauinorum consensus mitior erga me fuerat : cum lauream (quae mihi iure debebatur) bis iuste denegauerit uixque (pertinacia pretoris) ultimo concessit... Franciscus Bonafides medicus, uir tum optimus, tum simplicissimus, tam fortiter Patauinorum medicorum iniuriae resistebat (quamuis et ipse ciuis) ut non a fratre frater diligentius defendi potuerit.*
4. Sur ses démêlés avec le Collège des médecins : Dante Bianchi, *G. C. e il Collegio dei Fisici di Milano*, Arch. Stor. lombardo, IVe série, t. XVII (1912) pp. 283 sqq. Le motif

bon des Barbiani[5], fatigué de l'humeur chagrine de ma mère, je retournai dans mon village, mais non aussi bien que j'en étais parti : les ennuis, les peines, les soucis auxquels s'ajoutait une toux accompagnée d'amaigrissement et d'un empyème qui sécrétait une humeur crue et fétide, tout cela me réduisit à un état dont on ne guérit pas d'ordinaire.

Délivré de cette maladie grâce à un vœu que je fis à la Bienheureuse Vierge, j'épousai sur la fin de mes trente-et-un ans Lucia Bandarini, du village de Sacco[6]. — J'ai remarqué que jusqu'à ce jour quatre actions accomplies par moi avant la pleine lune, sans y réfléchir, furent parfaites ; que je reprenais espoir quand les autres ont coutume de désespérer ; et que, comme je l'ai dit, la fortune s'arrêtait à son extrême limite. Et presque tous mes voyages jusqu'à soixante ans commencèrent au mois de février. — Après deux avortements, ma femme me donna deux fils et entre temps une fille.

L'année suivante, vers la fin d'avril, je me rendis à Gallarate où je restai dix-neuf mois au cours desquels je recouvrai la santé. Et je cessai d'être pauvre, car il ne me restait plus rien.

À Milan, par la bonté des Préfets de l'Ospedale Maggiore et grâce à l'aide de Filippo Archinto, alors sénateur et orateur distingué, je commençai à enseigner publiquement les mathématiques à trente-trois ans passés[7]. On m'offrit deux ans plus tard une chaire de médecine à Pavie que je refusai, car il n'y avait pas d'espoir de recevoir un traitement. Cette même année, c'est-à-dire en 1536, je me rendis à Plaisance

---

invoqué pour refuser à Cardan l'entrée du Collège était sa naissance illégitime. Ce doute, qui n'a jamais été parfaitement résolu, semble être né de la séparation où ses parents vécurent de longues années. Voici l'explication la plus nette que Cardan ait donnée : « *Mater partum occultari uolebat ne illius affines resciscerent. Pater enim meus, ut senex ac iurisconsultus uiduae matris meae pauperis publicas nuptias auersabatur : ipsa uero turpe ducebat quod diceretur non ex coniuge peperisse.* » (*De libris propriis*, 3, [I, 96]).
5. Les Barbiani, débiteurs du père de Cardan, se refusaient à rembourser leur dette au fils. D'où de longs procès. Cf. ici chap. XVIII.
6. Sur ce mariage, voir chap. XXVI et notes.
7. Un noble milanais, Tommaso Piatti, « *fiscale e consigliere* » du duc Lodovico Sforza, avait fondé par testament en 1499 des cours de mathématiques qui devaient être faits les jours fériés à l'hôpital Sant'Ambrogio. Fazio Cardano figure au nombre des premiers professeurs (cf.chap. III, n. 1). Sur cette institution voir : B. Corte, *Notizie istoriche intorno a medici milansesi* (1718) p.185 ; *Archivio storico lombardo*, IVa series t. II (1904) pp. 1 sqq.

où m'appelait l'évêque Archinto (qui alors n'était pas encore prêtre), pour le service du Pape ; rien ne se fit. Le vice-roi de France me sollicitait aussi, et cela, à ce que j'appris par la suite, sur les instances de l'illustre seigneur Louis Birague, commandant de l'infanterie française en Italie. Le vice-roi Brissac faisait des offres importantes, car il avait une bienveillance et une affection singulières pour les savants. Mais rien ne fut conclu. L'année suivante, 1537, j'entrai en pourparlers avec le collège des médecins et je fus nettement repoussé. En 1539, je fus reçu contre toute attente, les opposants étant moins nombreux, et grâce à la protection de Sfondrati et de l'excellent Francesco Croce.

Plus tard, en 1543, j'enseignai la médecine à Milan. L'année suivante, ma maison s'étant écroulée, j'enseignai la médecine à Pavie, mais sans aucun collègue ; il est vrai qu'on n'était pas payé. Aussi cessai-je à quarante-quatre ans, et je restai à Milan avec mon fils aîné qui avait onze ans. Ma fille en avait neuf et Aldo deux[8].

Le cardinal Morone (que je nomme ici pour l'honorer) m'offrit en l'été 1546 des conditions qui n'étaient pas méprisables. Mais moi qui, comme je l'ai dit, suis harpocratique, je pensais : le Souverain Pontife est décrépit ; c'est un mur en ruines. Laisserai-je le certain pour l'incertain ? Je ne connaissais pas alors la probité de Morone ni la munificence des Farnèse. De plus, j'étais assez avant dans l'amitié du prince d'Iston qui me fit quelques largesses et m'en offrit bien plus, que je ne voulus pas recevoir.

L'été fini, je revins à l'enseignement. L'année suivante, sur les instances de mon illustre ami André Vésale, le roi de Danemark m'offrit une pension de huit cents écus par an ; bien qu'il pourvût à mes frais d'entretien je n'acceptai pas, non seulement à cause de la rigueur du climat, mais aussi parce qu'on avait adopté là-bas un autre culte : j'y aurais été mal reçu ou contraint d'abandonner la foi de ma patrie et de mes aïeux.

À cinquante ans sonnés, mon traitement n'étant pas payé, je restai à Milan. Au mois de février suivant (1552) s'offrit l'occasion d'aller en

---

8. Giovanni Battista né le 14 mai 1534 (*XII Genitur. exempla*, V, 529), Chiara le 3 novembre 1535 (*C. Genitur.*, V, 471), Aldo le 5 mai 1543 (*Ibid.*, V, 532).

Écosse[9]. Je reçus cinq cents écus d'or français avant de partir et douze cents au retour ; mon absence dura trois-cent-onze jours. J'aurais pu, si j'avais voulu rester, toucher une somme bien plus grande.

Depuis le début de janvier 1553 jusqu'au début d'octobre 1559, je restai à Milan et je refusai des conditions encore plus avantageuses que m'offrait le roi de France ; je craignis d'offenser les Impériaux alors que la guerre sévissait entre ces princes. Il en fut de même de celles qu'à mon retour je reçus du prince de Mantoue[10] par l'intermédiaire de D. Ferrante, son oncle. Ainsi encore pour une offre antérieure à celle-ci — plus riche mais trop incommode — venant de la reine d'Écosse dont j'avais soigné le beau-frère : il avait été poussé par l'espoir de recouvrer la santé et, après sa guérison, par l'expérience faite et la reconnaissance.

Je revins donc en 1559 à Pavie. Peu après je perdis mon fils[11] ; mais j'y restai jusqu'en 1562. Je fus alors appelé à Bologne où mon emploi me fut maintenu jusqu'en 1570. Le 6 octobre, je fus emprisonné[12]. Sauf ma liberté perdue, on se conduisit civilement à mon

---

9. Voir chap. XXIX.
10. Guglielmo duc de Mantoue de 1550 à 1587, fils de Frédéric et neveu de Ferrante Gonzaga gouverneur du Milanais de 1546 à 1555.
11. Son fils Giovanni Battista, condamné à mort pour avoir tenté d'empoisonner sa femme, fut exécuté le 10 avril 1560. Voir chap. X, XXVII, XXVIII.
12. Sur l'ordre du Saint-Office (cf. chap. XLIII). Le vingt-sept octobre, d'après les instructions du Légat pontifical son nom fut rayé du rôle des professeurs de l'Université ; le 22 mars 1571 on lui communiqua la décision de l'Inquisition : il devait abjurer les erreurs contenues dans certains de ses ouvrages et renoncer à enseigner et à publier de nouveaux livres (Bibl. de Bologne, ms 1860 : *Litterae Sacrae Congregationis* 1571-1576, lettres des 18 février et 10 mars 1571). Les erreurs auxquelles faisait allusion la sentence sont sans doute celles qui sont relevées dans les Index expurgatoires (Cf. celui de Soto-Major, Madrid 1667, p. 519). Les circonstances mêmes de l'arrestation sont toujours restées obscures. Sans doute des soupçons devaient-ils être nés depuis longtemps sur la piété de Cardan (cf. chap. XXXIII n. 2) et on lui prêtait des propos, plus audacieux encore que ses écrits, dont les notes mss du fonds Gianorini (à la bibliothèque universitaire de Pavie) nous ont rapporté des échos : « Affermò che il mondo è stato ab eterno, argomentandolo dall' eternità del mare... si lasciò intendere che da prima l'uomo fu generato ex putri come i sorci e le rane. Inventò che gli energumeni non sono altrimente dal diavolo, ma tormentati dall' atrabile. Nell' opera *de subtil. lib. de daemonibus*, scrive cose tali della magia domestica e dello spirito familiare di Fazio suo padre, che lui stesso rendono gagliardamente sospetto di tal magagna. Et io ho conosciuti due Religiosi della Compagni di Gesù molto vecchi, che havendolo praticato in Bologna, raccontavano

égard. Le 22 décembre, le même jour et à la même heure où j'avais été arrêté, c'est-à-dire un vendredi à la tombée de la nuit, je revins chez moi ; mais ma maison fut ma prison. Ma première détention fut de soixante-dix-sept jours, la seconde chez moi de quatre-vingt-six, en tout cent-soixante-trois jours. Je restai à Bologne la fin de cette année et l'année suivante jusqu'au terme de ma soixante-dixième année, à la fin de septembre. Je vins ensuite à Rome le jour de la glorieuse bataille contre les Turcs, le 7 octobre[13]. Il s'est passé quatre ans depuis le jour de mon arrivée dans la ville et cinq depuis mon emprisonnement. Depuis lors je vis en simple particulier, si ce n'est que le 13 septembre le Collège romain m'a reçu et que le Souverain Pontife m'alloue une pension.

---

di haverlo veduto nella stanza del suo studio in presenza di parecchie altre persone far muovere o girarsi quella pentola di molte che haveva avanti, o rompersi quell'occhio delle invetriate, cui gli astanti havessero disegnato. E perché quei buoni Padri gli dicevano : Signor Girolamo, questo non si può fare, cioè senza peccato ; egli rispondeva : *diavolè* (parola molto a lui familiare) *purché'l sia fatto.* » Il ne fallait peut-être pas davantage que ces ragots, mais une autre hypothèse s'offre avec plus de vraisemblance. Son fils Aldo, dans une confession générale de ses fautes écrite pendant une détention le 13 mars 1574, entre autres torts dont il s'accuse à l'égard de son père, énonce ceci : « Scrissi una lettera a S. Emilio Maluezzo et un' altra al mastro di posta di Bologna doue minacciai di uoler accusar mio patre a papa pio quinto se non mi daua dinari ». (Sur la conduite de ce fils voir chap. XXVII et note 6.) Aldo se vengeait ainsi de la sévérité impitoyable mise par son père à le poursuivre et à le faire punir pour le vol de son argent et de ses pierres précieuses, commis en 1569. (Cf. chap. XXXV n. 3.)
13. La bataille de Lépante livrée le 7 octobre 1571. Les premières nouvelles n'en parvinrent à Rome que dans la nuit du 21 au 22. (Pastor, *Gesch. d. Päpste*, VIII, 558).

V. STATURE ET FORME DU CORPS

Taille médiocre ; pieds courts, larges vers l'articulation des orteils, avec le cou si haut que je trouve difficilement des chaussures qui me conviennent et que je suis obligé de les faire confectionner sur mesure ; poitrine un peu étroite ; bras assez grêles, la main droite plus épaisse, les doigts détachés au point que les chiromanciens me jugèrent stupide et balourd : ce qui leur fit honte lorsqu'ils me connurent. Dans cette main, la ligne de vie est courte et la saturnienne longue et profonde. La main gauche est belle, les doigts allongés, fuselés et serrés, les ongles brillants. Le cou est plutôt trop long et trop mince, le menton fendu ; la lèvre inférieure grosse et pendante ; les yeux petits et presque fermés sauf lorsque je regarde plus attentivement ; sur la paupière de l'œil gauche une tache semblable à une lentille, mais si petite qu'on peut à peine la saisir. Le front, assez large, est dénudé de côté vers les tempes. La chevelure et la barbe étaient blondes. Je porte d'ordinaire les cheveux coupés et la barbe courte, à deux pointes comme le menton ; la partie au-dessous du menton est couverte de poils fort longs qui me font paraître plus barbu en cet endroit. La vieillesse a blanchi la barbe, peu les cheveux. J'ai coutume de parler fort, assez pour m'attirer des reproches de ceux qui se donnaient pour mes amis. La voix est rude et ample, mais ne s'entendait pas de très loin quand j'enseignais, l'élocution peu agréable et abondante. Le regard est fixe comme de quelqu'un qui médite. Les dents supérieures sont grandes. Le teint d'un blanc rosé. Le visage allongé, mais peu. La tête se rétrécit en arrière en une petite sphère. Il n'y a rien de rare en moi et les peintres qui sont venus de loin pour faire mon portrait ne parvinrent pas à saisir la ressemblance[1]. À la partie inférieure du gosier j'ai une petite tumeur globuleuse, dure, peu saillante, que j'ai héritée de ma mère.

---

1. Nous avons plusieurs portraits de Cardan en tête de certains de ses livres. Le plus ancien est celui qui figure dans la *Practica arithmetica et mensurandi singularis...* publiée à Milan en 1539, et qui est accompagné du proverbe : *Nemo propheta acceptus in patria.*

VI. MA SANTÉ

J'ai été de constitution délicate, de plusieurs manières : par nature, par hasard et par symptômes. Par nature ma tête fut sujette aux fluxions qui se portaient tantôt sur l'estomac ou sur la poitrine ; si bien que je me considère surtout comme bien portant quand je ne souffre que de toux ou d'enrouement. Lorsque la fluxion passe à l'estomac, elle produit un flux de ventre et du dégoût pour la nourriture. Plus d'une fois j'ai cru qu'on avait essayé de m'empoisonner, puis la santé revenait inespérément.

J'eus aussi une suppuration aux dents qui me les fit perdre en masse à partir de 1563 ; auparavant je n'en avais perdu qu'une ou deux. Il m'en reste maintenant quatorze et une malade, mais qui durera longtemps, je pense, grâce à des soins qui lui ont fait beaucoup de bien.

J'ai aussi souffert d'indigestion et de faiblesse d'estomac. Depuis ma soixante-douzième année, toutes les fois que j'ai mangé ou bu avec excès, ou hors de propos ou quelque chose qui ne me convenait pas, j'ai souffert ; j'ai indiqué le remède dans mon second livre *De tuenda sanitate*.

Dans ma jeunesse, j'ai eu aussi des palpitations de cœur que j'ai guéries par les ressources de l'art médical, quoiqu'elles fussent héréditaires. Il en fut de même pour les hémorroïdes et la goutte. J'ai été si bien débarrassé de cette dernière que souvent j'en ai recherché les accès lorsqu'elle ne venait pas, plutôt que la chasser lorsque j'en souffrais.

Pour la hernie, je l'ai d'abord dédaignée ; plus tard, à partir de soixante-deux ans, j'ai regretté de n'y avoir pas porté remède, surtout lorsque je m'aperçus que je l'avais héritée de mon père. Il arriva en cette affaire un fait digne de merveille : la hernie commença des deux côtés ; je négligeai celle de gauche qui, d'elle-même, guérit complètement ; celle de droite, diligemment bandée et soignée, s'affermit.

J'ai été aussi continuellement tourmenté par les maladies de la peau et le prurit, tantôt par les unes, tantôt par les autres.

Puis en 1536, (qui l'aurait cru ?) je fus pris d'un grand flux d'urine. Depuis bientôt quarante ans j'en souffre, je perds de 60 à 100 onces par jour, sans être tourmenté par la soif et sans maigrir (à preuve mes bagues, toujours les mêmes). Beaucoup furent frappés cette année-là du même mal ; ceux qui ne se soignèrent pas le supportèrent mieux que ceux qui eurent recours aux médecins.

Dixième maladie : périodiquement, à chaque saison, je souffre d'une insomnie qui dure huit jours. Par là, je perds chaque année presque un mois entier, parfois moins, mais quelquefois deux. Je la soigne en m'abstenant d'aliments solides, et je diminue la qualité et non la quantité totale de ma nourriture. Elle n'a manqué en aucune année.

Voici les maladies qui m'arrivèrent par accident : la peste au second mois après ma naissance, puis au cours de ma dix-huitième année ou à la fin (je ne me souviens plus suffisamment) ; ce fut en août et je restai trois jours sans nourriture ou presque ; je parcourais les faubourgs et les jardins et je rentrais le soir à la maison disant, mensongèrement, que j'avais dîné chez Agostino Lavizario, un ami de mon père. Je ne dirai pas combien d'eau je bus dans ces trois jours. Le dernier jour, ne pouvant dormir, mon cœur palpitait fort, la fièvre était haute, il me semblait être dans le lit d'Asclépiade, où, continuellement poussé, je montais et je descendais ; je pensai alors que je mourrais dans la nuit. Cependant je m'endormis, et l'abcès qui s'était formé sur la première fausse côte du côté droit creva et laissa d'abord couler un peu de matière noire (peut-être grâce à un remède de mon père que j'absorbais aussi quatre fois par jour). La sueur coula si abondante que, après avoir traversé le lit, elle ruissela par terre à travers les planches. Pendant ma vingt-septième année je fus atteint d'une fièvre tierce simple, avec perte de connaissance le troisième et le septième jour, qui fut le jour de ma guérison.

Dans ma quarante-quatrième année, à Pavie, j'eus un premier accès de goutte ; à cinquante-cinq ans une fièvre quotidienne qui dura quarante jours et se termina par une émission de 120 onces d'urine, le 13 octobre 1555. En 1559, quand je retournai à Pavie, je souffris de coliques pendant deux jours.

Les symptômes morbides furent divers. D'abord, depuis sept ans jusqu'à douze, je me levais pendant la nuit, je criais, mais confusément ; et si ma mère et ma tante avec qui je dormais ne m'avaient saisi, je me serais jeté hors du lit. Cependant mon cœur bondissait, mais on l'apaisait en y appuyant la main, ce qui est caractéristique du souffle.

À la même époque jusqu'à dix-huit ans, lorsque je marchais contre le vent, surtout froid, je ne pouvais respirer ; cela cessait si j'avais soin de retenir mon souffle. Vers le même temps, du moment où je me couchais à la dixième heure passée, je ne parvenais pas à me réchauffer depuis les genoux jusqu'aux pieds. Ce qui faisait dire, surtout à ma mère, entre autres, que je ne vivrais pas longtemps. En outre, chaque nuit, dès que j'étais réchauffé, une sueur abondante et très chaude se répandait par tout mon corps, d'une façon incroyable pour ceux qui l'entendaient raconter.

À vingt-sept ans, je tombai dans une fièvre tierce double qui se résolut le septième jour ; puis à cinquante-quatre ans, dans une fièvre quotidienne qui dura quarante jours. À cinquante-six ans, au mois de novembre, pour avoir bu un peu d'acide scillitique je fus pris de dysurie très pénible : je jeûnai d'abord trente-quatre heures, puis encore vingt, je pris des larmes de sapin et je guéris.

J'avais l'habitude (dont beaucoup s'étonnaient) de rechercher la douleur si je ne l'éprouvais pas, comme j'ai dit pour la goutte ; c'est pourquoi j'allais fréquemment au-devant des causes de maladie (en évitant autant que possible les seules insomnies), parce que j'estimais que le plaisir n'est que l'apaisement d'une douleur précédente ; si donc la douleur est volontaire, il est facile de la calmer. D'autre part je sais par expérience qu'il ne m'est pas possible de ne pas souffrir du tout ; quand cela arrive, il s'élève en mon âme une sorte de fougue si pénible qu'il n'est rien de comparable ; et je trouve bien moindre une douleur ou une cause de douleur qui n'a rien de honteux ni de dangereux. Aussi imaginai-je pour cela de me mordre les lèvres, de me tordre les doigts, de me pincer la peau, de me presser le muscle grêle du bras gauche jusqu'aux larmes par ce secours, j'ai vécu jusqu'à ce jour sans déshonneur.

Par nature je redoute les endroits élevés, même s'ils sont très larges, et ceux où j'ai craint qu'il y eût un chien enragé.

J'ai été tourmenté cependant par l'Amour héroïque jusqu'à penser à me tuer ; je soupçonne que cela arrive à d'autres qui ne le rapportent pas dans leurs livres.

Enfin, dans mon adolescence, et pour une durée d'environ deux ans, je craignis d'avoir un cancer ; et peut-être commença-t-il au sein gauche : c'était une tumeur rouge-brun, dure, accompagnée de douleurs lancinantes ; pendant ma jeunesse, cela fut remplacé par des varices auxquelles firent suite, comme j'ai dit, les palpitations de cœur ; puis vinrent les hémorroïdes avec de grandes pertes de sang, le prurit et ces malpropretés de la peau. Ainsi je fus complètement guéri au-delà de tout espoir et sans aucun soin ; bien que j'aie allégé quelques-uns de ces maux par des remèdes, c'est la nature qui transforma la matière du mal.

VII. DE L'EXERCICE

Autrefois je m'adonnais à toutes les variétés d'escrime, assez pour avoir une certaine considération chez les bretteurs. Je jouais de l'épée, seule ou avec le bouclier allongé, rond, grand ou petit ; et du poignard en même temps que de l'épée, de la pique, de la lance ; ou bien vêtu du manteau, l'épée à la main, je sautais assez habilement sur le cheval de bois. Sans armes, je savais arracher à mon adversaire un poignard dégainé. Je m'exerçais à la course, au saut et j'y réussissais assez bien ; mais moins dans les exercices qui mettaient en jeu mes bras, à cause de leur gracilité.

J'étais mal à mon aise dans l'équitation, la nage et le tir des armes à feu ; je frissonnais de terreur au bruit de la foudre comme devant la colère des dieux.

J'étais, en effet, naturellement peureux, mais la pratique des exercices me rendit courageux, assez pour être inscrit même dans la milice.

Pendant la nuit, malgré les ordres des princes, je me promenais en armes dans les villes où je résidais. Le jour j'allais armé, et portant des semelles de plomb qui pesaient huit livres. La nuit je me couvrais le visage d'un voile de laine noire et je mettais des chaussures de feutre.

Bien des jours, ainsi armé, je m'exerçais du matin jusqu'au soir ;

puis, trempé de sueur, je jouais des instruments de musique ; et fréquemment j'errais toute la nuit jusqu'au jour.

Du moment où j'exerçai la médecine, j'allai à cheval ou à mulet, mais plus encore à pied. Depuis 1562 j'ai commencé à aller en voiture, à Bologne et à Rome, et je continue. Le matin je sors en voiture et je rentre à pied. Légèrement vêtu après le repas de midi, je mets des vêtements plus lourds tout le temps que je vais en voiture.

VIII. RÉGIME ALIMENTAIRE

Je reste couché dix heures ; j'en dors huit si je me porte bien ; quatre ou cinq si je vais mal. Je me lève deux heures après le lever du soleil. Quand l'insomnie me tourmentait, je me levais et je me promenais autour de mon lit, pensant à *Orochilia*[1], et je m'abstenais de nourriture ou je la diminuais de plus de moitié ; j'employais peu de médicaments, sauf l'onguent de peuplier ou la graisse d'ours ou l'huile de nymphéa, dont je m'enduisais dix-sept (seize ?) endroits du corps :

---

1. Le mot est obscur. Il ne se retrouve pas dans les traités médicaux où Cardan donne ses remèdes pour l'insomnie. Dans le *De tuenda sanitate*, l. III, chap. XXXIX (Bâle, Henric Petri, 1582, p. 296) on trouve parmi les moyens mentaux préconisés : « *cogitatione laetarum rerum, insularum, umbrarum, fluuiorum quiescentium, pratorum ac peregninationis, solitudinis syluarum, montium et omnium actionum somniferarum, tum etiam fixa intentione : siquidem figitur spiritus in eiusmodi : est autem requies illius somnus.* » Il donne aussi comme expérimentée par lui la méthode suivante : « *Si quis a uigilia surgat et ambulet, paululum inde lectum redeat, soluitur in somnum.* » Enfin dans le *De Subtilitate*, l. XVIII (trad. fr., 434 b) il explique les vertus de l'onguent de peuplier : « Certainement i'ay souuent experimenté l'onguent qui est appelé populeum pour les branches de peuplier, appliqué aux artères des pieds et des mains et selon aucuns appliqué sus le foye, et aux arteres des temples, prouoquer le dormir et montrer songes ioyeux en la plus grande partie de ces choses, pour ce que le suc des branches et fueilles nouuelles du peuplier resioüit l'esprit, et demonstre quelques images representees par la clarté et couleur. Car il n'est aucune couleur plus délectable que la verde. »

les cuisses, la plante des pieds, la nuque, les coudes, les poignets, les tempes, le parcours des veines jugulaires, la région du cœur et du foie et la lèvre supérieure.

L'insomnie du matin me torturait fort.

Le déjeuner fut toujours moindre que le dîner et, depuis ma cinquantième année, je me contente le matin de pain trempé dans du bouillon ou autrefois simplement dans de l'eau, accompagné de raisins secs de Crète. Plus tard j'ai varié, sans jamais me contenter le matin de moins d'un jaune d'œuf et d'un pain de deux onces ou guère plus, avec un peu de vin pur, ou sans vin. Le vendredi et le samedi, du pain dans un bouillon de clovisses ou d'écrevisses de mer. J'ai essayé un peu de viande et je n'ai rien trouvé de mieux que du veau ferme, cuit à la marmite sans liquide après avoir été bien battu avec le dos du couteau ; il mijote dans son jus et est bien meilleur, bien plus humide et plus savoureux que toute autre viande, même cuite à la broche. Pour le dîner un plat de légumes, surtout de bettes, quelquefois du riz et une salade de chicorée ou de laiteron épineux à larges feuilles que je préfère, ou encore la racine blanche de chicorée. Je préfère les poissons à la viande, pourvu qu'ils soient frais et de bonne qualité. J'aime les viandes fermes, rôties et hachées fin, servies très chaudes et la poitrine de veau et de sanglier. Pour le repas du soir j'aime le vin doux nouveau, environ une demi-livre étendue de son volume d'eau ou plus encore. J'aime surtout les ailes et le foie de jeune poulet et de pigeon domestique et tous les morceaux qui contiennent du sang. Je trouve plaisir à manger des écrevisses parce que ma mère en mangeait avidement pendant qu'elle me portait dans son sein, ainsi que des clovisses et des huîtres. Je mange plus volontiers que la viande, et aussi avec plus de profit, des poissons tels que soles, limandes, turbots, goujons, tortues terrestres, gardons, rougets ou mulets, barbillons, vangerons, brêmes de mer, cabillauds, loups de mer, cabots, ombrines et ombres ; comme poissons d'eau douce, brochets, carpes, perches, les deux espèces de brêmes, chevennes, vandoises ; les rascasses, le thon, les sardines salées, les tendres ou celles qui sont un peu plus fermes. Il est étonnant que je mange les clovisses avec délices et que j'évite comme du poison les moules et les coquillages même bons, et les escargots, sauf ceux qui ont jeûné. J'aime aussi les écrevisses et tous les autres crustacés d'eau douce (ceux des eaux salées sont trop durs), les anguilles, les grenouilles et les champignons même dangereux. Je suis gourmand de douceurs, miel, sucre, raisins frais, melons mûrs depuis que j'ai compris leur valeur comme contre-poison, figues, cerises, pêches, moût, et je n'en ai jamais été incommodé.

J'ai un goût particulier pour l'huile, pure ou salée ou accompagnant des olives. L'ail me fait du bien, mais la rue, en tant que contre-poison aussi bien préventif que dans les cas d'empoisonnement déclaré, m'a toujours convenu dans ma jeunesse comme dans ma vieillesse. J'ai éprouvé aussi l'utilité de l'absinthe romaine.

J'ai sacrifié à Vénus sans excès, mais, quand j'en ai commis, ils ne m'ont pas beaucoup incommodé ; maintenant ils me fatiguent l'estomac d'une façon évidente.

J'aime — et je m'en trouve bien — les poissons pourvu qu'ils soient frais, tendres et cuits sur le gril, et la viande blanche. Je ne méprise pas le fromage de brebis bien gras. À tous les mets je préfère la carpe qui pèse de trois à sept livres, mais en choisissant les morceaux ; la tête est toujours bouillie, ainsi que les autres morceaux des gros poissons que je mange aussi à la casserole ; les petits sont frits, les poissons séchés bouillis ou au gril, les tendres frits ou assez peu bouillis.

Chez les quadrupèdes, les viandes blanches sont les meilleures ; les morceaux qui renferment plus de sang, cœur, foie, rognons, sont plus durs ; le poumon est plus tendre ; les extrémités sont peu nourrissantes. Les viandes rouges sont tendres — sauf le cœur — ; blanches sont moyennes, sauf les testicules qui sont tendres ; les livides sont plus dures.

Au total, il y a sept genres : l'air, le sommeil, l'exercice, la nourriture, la boisson, les médicaments et la mesure ; et quinze espèces : l'air, le sommeil, l'exercice, le pain, les viandes, le lait, les œufs, les poissons, l'huile, le sel, l'eau, les figues, la rue, les raisins et l'oignon fort. Il y a quinze espèces préparatoires : le feu, la cendre, le bain, l'eau, la casserole, la poêle, la broche, le gril, le pilon, le tranchant et le dos du couteau, la râpe, le persil, le romarin et le laurier. Les exercices sont aussi au nombre de quinze : la roue de moulin, la promenade, l'équitation, la paume courte, la voiture, le travail des épées familier aux armuriers, la chaise à porteurs, la navigation, le polissage des chartes et la friction ou lotion. Comme on fait des préceptes sacrés, grâce à une profonde méditation, j'ai résumé tout cela en peu de mots et dans un ordre éclatant ; car sans éclat les choses les plus claires te paraîtront moins évidentes.

Au nombre de cinq sont les choses qu'il faut prendre modérément, sans attendre la vieillesse : le pain, les poissons, le fromage, le vin et l'eau ; il en est deux à employer comme médicaments : la résine de lentisque et la coriandre, mais avec beaucoup de sucre ; deux condiments : le safran et le sel, qui est aussi un aliment, Quatre aliments doivent être consommés en petite quantité : la viande, le jaune d'œuf, les raisins secs et l'huile, qui est aussi un élément caché et ardent, analogue à l'élément des étoiles.

IX. MÉDITATIONS SUR LES MOYENS DE PERPÉTUER MON NOM

Le dessein et le désir de perpétuer mon nom se présentèrent à mon esprit aussi précocement que je fus lent à pouvoir les réaliser ; car je comprenais clairement que la vie est double : il y en a une matérielle, commune aux animaux et aux plantes, et une propre à l'homme passionné de gloire et d'œuvres. Pour la première j'étais mal servi par la nature et je n'y aspirais pas ; pour la seconde je n'avais rien qui me permît d'espérer : ni richesses, ni puissance, ni santé, ni vigueur, ni famille, ni aucune capacité personnelle, pas même une connaissance parfaite de la langue latine, point d'amis et, dans mes parents, rien que de misérable et de bas. Après quelques années, un songe me mit en espérance de parvenir à cette seconde forme de vie ; je ne voyais cependant pas comment, si ce n'est que, par une sorte de miracle, je parvins à comprendre la langue latine[1]. Mais la raison me rappelait que rien n'était plus vain que cette espérance, à moins de la réaliser par la seule force du désir.

---

1. Voir chap. XXXIX et XLIII. Il a indiqué ailleurs les moyens fort naturels employés par son père pour lui faire apprendre le latin sans fatigue : *linguam latinam consuetudine edoctus* (*De libris propriis*, I, 96) ; *me pater docuit loquendo latinam linguam* (*De utilitate ex adversis cap.*, III, 2).

Tu écriras, me disais-je, mais comment te faire lire ? Et sur quel sujet glorieux et si bien connu de toi qu'on désire te lire ? Ton style, l'élégance de ta langue supporteront-ils la lecture ? Admettons que tu aies des lecteurs ! N'est-il pas vrai que par l'écoulement du temps il se fait de jour en jour une surenchère qui amènera bientôt le dédain, sinon l'abandon de tes œuvres ? Elles dureront quelques années ? combien ? cent, mille, dix mille ? En est-il un exemple, un seul, parmi tant de milliers d'œuvres ? Et, du moment qu'elles doivent périr tout-à-fait — soit que le monde se renouvelle par un éternel retour, comme le veulent les Académiciens, soit que, ayant eu un commencement, il ait nécessairement une fin, — qu'importe qu'elles périssent après dix jours ou dix milliers de myriades d'années : l'un et l'autre ne sont également rien au regard de l'éternité. Cependant tu seras tourmenté par l'espérance, torturé par la crainte, épuisé de labeurs. Tout ce qu'il y a de douceur dans la vie, tu le perdras. Ô le beau projet !

Mais pourtant César, Alexandre, Hannibal, Scipion, Curtius, Érostrate, même au prix de leur vie, de la plus grande infamie ou du plus grand supplice, ont placé cet espoir au-dessus de tout. Il se peut que ce ne soit rien. Ils avaient cependant approché du but ; ils n'avaient pas pris en considération et moins encore adopté cet argument des philosophes ; ils avaient trouvé des circonstances favorables. Malgré cela, qui nierait qu'ils ont été absolument fous ? C'est le jugement que porte Horace lui-même dans l'ode 29 du livre III, *Tyrrhena regum progenies*. Il s'agit de ces vers : « Celui-là passera sa vie maître de soi et joyeux qui, jour après jour, peut dire : j'ai vécu. Que demain le Père remplisse le ciel d'une nuée noire ou d'un clair soleil, il ne peut cependant rendre vain tout ce qui est derrière nous, il ne peut changer ou faire que ne soit pas arrivé ce que l'heure a une fois emporté en fuyant. » Mais il avait conclu déjà en quelques mots : « Le présent, songe à le régler d'un esprit serein », ou en d'autres termes, sers-toi du mieux possible des dispositions présentes. Mais le dessein de César, d'Hannibal et d'Alexandre fut de continuer, au prix de leur vie, leur nom ainsi que celui de leur famille, ceux de leurs partisans et jusqu'à ceux de leur ville et de leur province, en jouissant entre temps de leurs conquêtes. Admettons qu'ils y soient parvenus. Quelle fut la fin ? Sylla perdit le fruit des peines de tous les anciens, tout ce qui avait été avant lui et tant de merveilles. Chacun des autres causa la perte de sa famille et des siens. L'empereur Commode, en effet, fit disparaître la famille des Jules : ce prince, adultérin de tant de manières, avait pour suspect n'importe quel rejeton légitime ; et, de même, il perdit sa patrie. Où est maintenant l'empire des Romains ? Chose ridicule et inouïe : en Allemagne. Combien donc il aurait mieux valu que survécussent les glorieux Jules, descendance d'Énée, et que les Romains fussent les maîtres du monde plutôt que de voir se parer de ces vains titres ces larves, ces pantins. Ainsi donc, si l'âme est immortelle, qu'est-il besoin de ces noms creux ? Si elle périt, à quoi servent-ils ? Si l'humanité doit avoir une fin, tout cela finira et les hommes ne survivront pas autrement que les lièvres et les lapins.

Il n'est donc pas étonnant que je me sois enflammé sous la poussée de cet amour ; mais ce qui est étrange, c'est que j'aie pu le faire après avoir compris ce qui précède ; et pourtant ce stupide désir persista. Le dessein de César et de tous ces grands hommes fut sot ; mon désir de gloire parmi tant d'adversités et d'obstacles fut non seulement sot, mais insensé. Je n'ai pourtant jamais désiré la réputation ni les honneurs, bien plus, je les ai méprisés : je voudrais que l'on sût que j'existe, mais non que l'on me connût tel que je suis. Pour ce qui est de la postérité, je sais combien les choses en sont cachées et combien peu nous pouvons prévoir. Aussi, autant qu'il fut possible, ai-je vécu pour moi-même et, dans l'espoir de l'avenir, j'ai méprisé le présent. Donc, s'il peut y avoir une excuse à mon dessein, ce serait que, pendant un certain temps, mon nom survécût, de quelle façon que ce pût être. Cela paraît honorable même si mon espoir me déçoit. Du moment que ce désir est naturel, il est digne de louange.

X. RÈGLE DE VIE

D'après ces principes j'ai établi mon genre de vie — non comme j'ai voulu mais comme j'ai pu ; — je n'ai pas choisi ce que je devais, mais ce que je jugeais devoir être mieux. Cette règle de vie ne fut pas toujours une et constante (puisque toutes choses sont périlleuses, difficiles et imparfaites), mais comme il parut opportun à chaque moment. Il en résulta que, aux yeux de ceux qui jugent les actions d'autrui, je parus changeant ou plus encore, comme j'ai dit, inconstant. Quand il n'y a pas de doctrine certaine de vie, il est nécessaire d'en essayer plusieurs et d'avancer en zig-zag. Mon but, comme je l'ai dit, était de perpétuer mon nom de quelle manière que ce fût possible, sans chercher les richesses, les loisirs, les honneurs, les fonctions publiques, la puissance. Mais à ce désir firent obstacle et les événements et les hasards et mes rivaux et la condition des temps et mon ignorance ; de plus, je n'y étais nullement préparé. Les connaissances en astrologie que j'avais alors me causèrent un grand dommage : je croyais, et tout le monde disait que je ne dépasserais pas quarante ans et à coup sûr que je n'arriverais pas à quarante-cinq. Moi, cependant, en partie par nécessité, en partie à cause des plaisirs qui s'offraient chaque jour, je commettais des fautes tout en prenant la résolution de vivre bien. Je négligeais la réalité à cause de ce triste pressentiment. Je me trompais dans la délibération et plus souvent je péchais dans l'action, jusqu'au moment où ce que je considérais comme le terme de ma vie devint le commencement de mon existence, ce qui fut à quarante-trois ans.

Je commençai par le plaisir : mon âge, la nature, les soucis passés, l'occasion, tout m'y poussait. Le matin, s'il me fallait enseigner, comme à Milan d'abord, puis plus longuement à Pavie, je faisais mon cours. Ensuite je me promenais à l'ombre hors des murs de la ville, je déjeunais, je faisais de la musique, j'allais pêcher près des forêts et des bois peu distants de la ville, j'étudiais, j'écrivais, le soir je rentrais à la maison. Ce temps dura six ans. Hélas, « de clairs soleils ont lui autrefois pour toi », a dit le poète.

Après, j'eus l'occasion d'un long et honorable voyage. Mais que valent les gains, les honneurs, les richesses, les plaisirs hors de saison ? Je me suis perdu moi-même, je n'appartiens plus à la vie, les peines et les chagrins ont grandi comme on dit que fait l'ombre de l'if. Il ne me restait déjà plus de consolation que mortelle. Ce ne peut être le bonheur ; sinon, les tyrans qui sont les hommes les plus éloignés du bonheur seraient alors les plus heureux. Le taureau qui s'élance furieux, les yeux bandés, fatalement heurte un obstacle et s'abat. Moi aussi j'ai heurté un obstacle et je suis tombé. Cependant, auparavant était arrivé le malheur de mon fils aîné[1]. Quelques Sénateurs ont avoué (je pense qu'ils ne parlaient pas d'eux-mêmes) qu'on l'avait condamné pour me faire mourir de douleur ou me rendre fou : je ne fus pas loin de l'un et de l'autre, les dieux le savent. (Je le raconterai en son lieu.) Mais ils ne réussirent pas. Je veux que tu comprennes (car on a brodé) quels temps et quelles mœurs ! Je suis certain en effet de n'avoir atteint aucun d'eux, fût-ce par l'ombre d'une offense. Je méditai donc une défense quelconque pour mon fils, mais que pouvait-elle valoir en face de l'exaspération de certains esprits ? Frappé par la pensée de sa douleur, épouvanté par les dangers menaçants, abattu par les dangers

---

1. Voir chap. IV, note 5. Cardan résume dans la page qui suit la plaidoirie qu'il avait prononcée pour son fils et qu'il avait publiée dès 1561 à la suite de la première édition de *De utilitate ex adversis capienda* (Bâle, Henric Petri, in-8) ; elle n'a pas été reproduite dans les *Opera omnia* (Lyon, 1663, in-fol.).

passés, plein d'anxiété pour ceux à venir, je commençai cependant mon discours en rappelant l'humanité, l'équité du Sénat et les exemples de sa miséricorde. Parmi les éloges de sa bonté je mentionnai le cas du tabellion Giovan Pietro Solario, dont le fils naturel fut convaincu d'avoir empoisonné ses deux sœurs légitimes dans le seul dessein de s'assurer l'héritage ; et le Sénat jugea suffisante une condamnation aux galères. On loue Auguste d'avoir demandé : « Ce n'est pas toi qui as tué ton père[2] ? ». Et quelle cruauté que de tuer un père innocent et décrépit dans la personne de son fils. On jugea qu'un père était digne d'obtenir la grâce d'un condamné aux bêtes. Ne la mérite-t-il pas plus encore, cette grâce, pour le crime d'un autre ? Que valent les mérites du genre humain si cette singulière vertu, l'innocence, est châtiée si cruellement ? Le supplice de son fils n'est-il pas pour un père un châtiment pire que son propre supplice ? Si l'on me tue, c'est un seul être qui périt, car je dois mourir bientôt sans aucun fruit ; si c'est mon fils, vous supprimez l'espoir d'une descendance. Imaginez tout le genre humain qui vous supplie pour le fils de celui dont tous sont débiteurs, pour un jeune homme emporté, souffrant de tant de malheurs, atteint du plus grand déshonneur, trompé par une femme sans dot, une femme corrompue, sans pudeur, épousée contre le gré et à l'insu de son père. Que feriez-vous ? Mais si on ne vous supplie pas, c'est qu'on ne sait pas. Nul n'est un ennemi si cruel de mon fils ou de moi qui ne soit disposé à faire grâce de la vie à celui dont la mort provoquerait la pitié jusque dans les enfers. Voilà ce que j'alléguai avec d'autres raisons du même genre, mais sans succès, sauf qu'on décida que sa vie serait épargnée si j'obtenais le désistement de la partie civile. La sottise de mon fils ne me le permit pas : il s'était vanté de richesses qu'il n'avait pas, on exigeait ce qui n'existait pas. Mais laissons ce sujet.

Dès ma jeunesse j'adoptai cette règle de conduite : veiller à ma vie. Or les études de médecine y convenaient mieux que celles de droit, étant plus voisines du but, communes à tout l'univers et à tous les siècles, plus nobles, appuyées sur la raison (loi éternelle de la nature)

---

2. Cf. Suétone, *Aug.* XXXIII : *Manifesti parricidi reum, ne culleo insueretur quod non nisi confessi adficiuntur hac poena, ita fertur interrogasse :* « *Certe patrem tuum non occidisti ?* »

plus que sur les opinions des hommes. Aussi les embrassai-je et non la jurisprudence. Et cela surtout, parce que, comme je l'ai dit, je méprisais les embrassements de tels amis, les richesses, la puissance et les honneurs, bien plus je les fuyais. Mais quand mon père s'aperçut que je négligeais le droit pour m'adonner à la philosophie, il versa des larmes en ma présence. Il s'affligeait de ne pas me voir voué aux mêmes études que lui, il les jugeait la plus noble des disciplines (il l'affirmait souvent sur la foi d'Aristote), et la mieux faite pour donner richesses et puissance comme aussi pour élever une famille. De plus il enseignait les institutions dans notre ville avec un traitement de cent écus d'or ; et il comprenait que cette charge qu'il exerçait depuis tant d'années ne me reviendrait pas comme il l'avait espéré, mais passerait à un autre, que ses commentaires ne dureraient pas et que je ne les illustrerais pas. Peu avant il avait vu luire un espoir de gloire, quand il avait corrigé le traité de Jean de Canterbury sur l'optique ou la perspective[3]. On imprima les vers suivants : « La maison des Cardan s'enorgueillit de cet homme : seul il sait tout. Notre temps ne compte personne qui l'égale. »

Ce fut plutôt un présage pour ceux qui devaient tirer parti de ses travaux, que pour lui qui, hors la jurisprudence qu'il cultiva avec assez d'éclat (à ce que j'ai entendu dire), ne posséda que les rudiments des mathématiques, n'imagina rien de nouveau et ne traduisit rien du grec. Ce fut la conséquence de la variété de ses études et de l'inconstance de ses desseins ; car il ne manquait pas de dons naturels, et la paresse ou le manque de jugement sont des défauts dont il ne souffrit pas.

Mais moi, une fois prise ma ferme décision, je produisis mes raisons, non sans remarquer que, tout en n'ayant pas rencontré d'obs-

---

3. C'est la perspective de Peckham (Archevêque de Canterbury, né vers 1240, mort en 1292) dont Fazio donna une édition sous le titre suivant : *Prospectiua communis D. Johannis Archiepiscopi Cantuariensis FF. Ordinis Minorum, ad unguem castigata per eximium Artium et Medicinae et Iuris utriusque Doctorem ac Mathematicum Mediolanensem in venerabili Collegio Iurisperitorum Mediolani residentem*, s. l. (Milan) n. d. (fin du XVe siècle) pet. in-f°, 30 ff. Le livre, qui s'ouvre par une dédicace à Ambrogio Griffo, se termine par sept distiques, dont Cardan cite le dernier à la ligne suivante, et dont les deux premiers indiquent le nom de l'imprimeur : ...*Faustis Corneni clauditur auspiciis — Quem Petrus impressit parvo non aere*...

mon père avait peu fait son chemin ; et, pour d'autres motifs aussi, je restai inébranlable à ses exhortations.

XI. PRUDENCE

Persister dans son dessein, même si le choix fut médiocre, vaut quelquefois mieux que bien choisir et varier ensuite, fût-ce seulement par suite de l'ardeur des désirs et de l'inconstance, de l'écoulement et de l'inanité des choses humaines. Aussi, m'étant fixé une règle dans cette entreprise très difficile, pour traiter à la fois de moi-même et de la sagesse, je compris que, comme d'autres choses, celle-là était fort aisée. D'abord, les buts étant très divers et chacun choisissant ce qui lui convient, il y a tant de manières, tant d'événements, de dispositions, d'occasions que personne n'oserait raisonnablement me reprendre, à moins d'être mieux informé que moi de mes affaires et de mes pensées (ce qui est tout à fait impossible). Cela établi, il s'agit de déterminer quelle est la meilleure manière d'atteindre le but, si elle est permise ; ensuite, — et ceci dépasse notre capacité de réflexion, — quel est le moyen le plus commode ; puis, comment retenir l'acquis ; enfin, comment employer ce que l'on a obtenu. Dès le début, j'ai indiqué combien j'étais peu apte à l'εὐβουλία ou φρόνησις. Car si ces mots ne marquent que la prudence, c'est comme si nous disions sagesse humaine ; or rien que nous connaissions, à l'exception des seuls hommes, n'est doté de prudence. Aucun des autres êtres vivants ne la possède. Quant aux êtres divins, ils ont mieux, c'est l'intuition.

Pour l'harpocratique, du moment que c'est une autre espèce, il n'en est pas question ici. Donc en ce qui concerne la prudence, il en fut ainsi. D'après l'apparence les opinions furent diverses, car chacun mesure tout selon son propre esprit. Je comprends que je manque et que j'ai beaucoup manqué de cette douceur humaine et de ce discernement ; et encore, ce peu a été gâché par mes desseins que j'ai indiqués plus haut.

XII. DISCUSSION ET ENSEIGNEMENT

Je montrai bien plus d'éclat et d'habileté en ceci : à Bologne, j'improvisai presque toujours mes leçons. Aussi personne n'osait disputer avec moi. Au cours de la dispute publique que je soutins à Pavie pendant trois jours contre Camuzio en présence du Sénat, il fut réduit au silence le premier jour dès mon premier argument, au témoignage de tous mes émules qui y assistaient : il en existe un compte-rendu imprimé dans ses œuvres[1].

Tout le monde le reconnut si bien qu'on disputait, non plus du contenu de l'argument proposé, mais de ma force qui paraissait invincible ; et je crois que le souvenir de cette dispute vit encore. Branda, mon maître, — je l'ai dit — l'attribuait à mon habileté et à mon intelligence ; mes rivaux au démon ; d'autres, par une hypothèse plus vraisemblable, à une cause meilleure et plus parfaite. De fait, ni à Milan, ni à Pavie ou à Bologne pas plus qu'en France ou en Allemagne, je n'ai, depuis vingt-trois ans, trouvé personne qui voulût me contredire ou

---

1. *Andreae Camutii disputationes quibus Hieronymi Cardani magni nominis uiri conclusiones infirmantur, Galenus ab eiusdem iniuria uindicatur, Hippocratis praeterea aliquot loca diligentius multo, quam unquam alias explicantur...* Papiae, apud Hieronymum Bartolem, 1563, in-8, pièces lim., 84 ff.

disputer avec moi. Je n'en tire pas vanité ; car si j'avais été une borne, ils auraient fait de même. Loin d'être un privilège de ma nature ou de ma supériorité, cela tient à l'aveuglement de ceux qui doivent se mesurer avec moi : ainsi, quand une seiche enveloppe de son noir un dauphin et l'oblige à fuir, ce n'est pas à la gloire de la seiche, mais une conséquence de sa nature.

Angelo Candiano avait argumenté devant de nombreux érudits et je lui avais répondu. Puis, comme je voulais lui offrir la réciprocité, il ne rougit pas de dire : « J'ai déclaré que j'entendais argumenter, mais non te répondre ». Et c'était un médecin très érudit qui avait occupé les premières places auprès du prince dans notre patrie et en Belgique auprès de la reine de Hongrie ; homme de la plus grande autorité et, si cela a rapport à notre sujet, fort riche. Aussi quand je protestais de ma simplicité et de mon ignorance, bien des gens disaient : « Sur le premier point, nous savons que tu mens et que tu es très habile ; pour le reste nous doutons, car nous ne voyons pas quoi tend ce mot d'ignorance, surtout de la part d'un homme qui s'est vanté si souvent de ne jamais mentir ». Quant à l'exemple inimitable de mon enseignement, le degré positif (comme disent les grammairiens) a cessé d'étonner depuis que le superlatif est devenu familier. On ne voulut pas tenter d'en voir l'expérience ; mais le soleil ne brille pas moins quand il est caché par une nuée épaisse. Il ne faut pas te tourmenter si, quand ta chambre est pleine de lumières éclatantes, ceux qui sont au dehors refusent de les voir, pas plus qu'il ne faut craindre qu'une chose divine périsse ; car les fleurs adorent le soleil levant que les Garamantes[2] maudissent : partout en effet, ne se manifeste pas seulement la divine providence, mais brille aussi une puissance éternelle. En outre, je ne me contentai pas d'exceller dans la leçon extemporanée, je l'enseignai encore aux autres. Et si grand que je puisse paraître par là, je n'avais ni élégance dans l'expression, ni abondance dans l'élocution, de sorte que je perdais de ce côté ce que j'avais gagné de l'autre. Dans la discussion j'étais si fougueux que tous en admiraient l'exemple et en évitaient

---

2. Les Garamantes sont une peuplade africaine, au sud-est des Gétules ; mais Hérodote (V, 184) attribue aux Atarantes qui habitent à dix journées de marche des Garamantes la coutume rapportée ici.

l'épreuve. Aussi ai-je vécu longtemps débarrassé de cette charge, surtout après qu'on en vit deux cas qui passèrent tout espoir. D'abord à Pavie, Branda Porro, autrefois mon maître en philosophie, s'était mêlé à une dispute ordinaire que je soutenais contre Camuzio en philosophie, sujet où l'on m'attirait souvent, car on jugeait, je l'ai dit, qu'en médecine je ne leur laissais aucun espoir de gloire. Il avançait l'autorité d'Aristote dont il citait les paroles. — « Prends garde, lui dis-je, *non* manque après *album*, et la phrase est contre toi. » — « Pas du tout », s'écria Porro. Moi, mettant à profit le rhume de cerveau que j'ai continuellement[3], je répondais avec lenteur ; furieux, il envoie chercher le volume ; je le réclame, il me le fait donner ; je lis ce qu'il y avait. Soupçonnant que je me moquais de lui, il me l'arrache des mains en criant que je voulais tromper les auditeurs et se met à lire ; en arrivant au mot en discussion, il lit et se tait. Tout le monde était stupéfait ; et, les yeux tournés vers moi, les assistants admiraient. À peu de jours de là, il arriva que Branda se rendit à Milan. On avait écrit l'affaire au Sénat qui lui demanda si c'était vrai. En homme probe et sincère il répondit que ce n'était que trop vrai et que ce jour-là il devait être ivre, croyait-il. Le Sénat se tut, bouche bée.

La seconde fois, ce fut à Bologne avec Fracanzano, premier professeur de pratique médicale. Il discutait du méat du fiel dans l'estomac et avait récité un texte grec en présence de toute l'Académie (il faisait une dissection anatomique). Je lui dis : « Il manque οὗ ». Et lui : « Pas du tout. » Comme j'affirmais tranquillement, les étudiants s'écrient : « Qu'on envoie chercher le volume. » Il y consent avec plaisir, on l'apporte aussitôt ; il lit, trouve que j'avais dit vrai, se tait, s'étonne, admire, et plus encore les étudiants qui m'avaient entraîné là de force. De ce jour il fuyait ma rencontre, au point d'avoir prévenu ses domestiques qu'ils l'avertissent de ma venue ; et ainsi il évitait de me rencontrer dans la rue. Un jour qu'on m'avait amené par ruse à une de ses leçons d'anatomie, il prit la fuite et s'embarrassant dans sa robe, tomba la face en avant ; tous ceux qui étaient présents en restèrent interdits.

---

3. Cf. *XII Genitur.* (V, 522) : *laboraui perpetuo defluuio pituitae insipidae a cerebro ad uentriculum et hoc etiam ab utroque parente haereditarium fuit.*

Peu après, il quitta Bologne, bien que son contrat fût conclu pour plusieurs années.

XIII. CARACTÈRE, DÉFAUTS, ERREURS

En soi, c'est le plus difficile des sujets : il le devient bien davantage, si nous pensons que ceux qui lisent les mémoires des écrivains ne sont pas habitués à y trouver un récit sincère comme est le nôtre. Les uns, comme Marc Aurèle, se décrivent tels qu'ils auraient dû être ; d'autres rapportent des faits véritables, mais passent les erreurs sous silence, comme Flavius Josèphe. Quant à moi, je préfère m'appliquer à la vérité, sans ignorer que celui qui a péché sous le rapport des mœurs ne peut pas avoir d'excuse comme pour les autres fautes. Qui a pu m'y contraindre ? Serai-je le seul lépreux[1] qui, parmi les dix guéris, revint vers le Seigneur ?

Les médecins et les astrologues adoptent cette méthode : ils rapportent les éléments naturels du caractère aux qualités premières, les éléments secondaires à l'éducation, aux fréquentations. Tous existent chez tous les hommes, mais suivant l'âge qui leur est favorable. Il en est de même pour les troubles qu'ils subissent et qui cependant dépendent des mêmes circonstances. C'est pourquoi il faut y faire un choix ; et je parlerai surtout de ces éléments dans la mesure où s'applique le « Connais-toi toi-même ».

---

1. Cf. Luc, XVII, 11-19.

Je n'ignore pas que je suis naturellement irascible, naïf et porté à l'amour. De là, comme de principes, découlent la violence, l'opiniâtreté dans la discussion, la rudesse, l'imprudence, l'irascibilité, le goût de la vengeance même quand elle est au-dessus de mes forces ; à plus forte raison ma volonté y est encline au point que j'approuve ce mot que beaucoup condamnent, du moins en paroles : « La vengeance est un bien plus doux que la vie même. » En général je n'ai pas voulu faire mentir ce dicton commun que « notre nature penche vers le mal ».

Pourtant je suis véridique, reconnaissant des bienfaits, épris de justice, attaché aux miens et dédaigneux de l'argent. J'aspire à la gloire après ma mort ; je méprise les choses médiocres et encore plus les petites ; mais sachant combien les moindres circonstances sont importantes dans les débuts, j'ai l'habitude de ne mépriser aucune occasion.

Naturellement enclin à tous les vices et à tout mal, sauf l'ambition, je reconnais mon incapacité plus que tout autre. Du reste, par respect pour Dieu, et connaissant la vanité de tout cela, je néglige volontairement les occasions offertes de me venger. Timide et le cœur froid, le cerveau chaud, je suis adonné à une continuelle méditation, roulant en foule dans mon esprit les plus grandes pensées, même irréalisables. Je puis appliquer simultanément mon esprit à deux affaires. Ceux qui opposent à ma gloire la verbosité et le manque de mesure me reprochent des défauts qui me sont étrangers. Je me défends, mais je n'attaque personne. Pourquoi, en effet, irais-je me mettre en peine pour si peu quand j'ai si souvent témoigné de la vanité de cette vie ? D'une excuse ils font une louange, tant ils jugent difficile de ne pas être criminel.

J'ai exercé mon visage à toujours exprimer le contraire de mon sentiment. Aussi puis-je simuler, mais je ne sais dissimuler ; c'est chose facile, comparée à l'art de ne rien espérer que j'ai acquis au prix de quinze ans des plus grands efforts.

Ainsi je vais quelquefois déguenillé, d'autres fois richement vêtu, silencieux ou bavard, joyeux ou triste : et par là toutes mes attitudes sont doublées. Durant ma jeunesse, je soignais peu et rarement ma tête dans mon désir de m'appliquer à des objets plus importants. Ma démarche est inégale, tour à tour lente et rapide. Chez moi, j'ai les jambes nues jusqu'aux pieds.

Peu pieux, sans retenue dans mon langage, emporté à en avoir honte et ennui, je me suis repenti et de plus j'ai durement payé (je l'ai dit) toutes mes fautes, comme les hontes de la vie sardanapalesque que j'ai menée en l'année de mon rectorat à Pavie. C'est une gloire dans l'infamie et une vertu dans le crime, que d'avoir sagement et patiemment supporté la peine et corrigé le mal.

La nécessité sera mon excuse d'avoir ainsi parlé ; car si je voulais passer sous silence les dons de Dieu, je serais un ingrat, comme si je racontais les dommages subis en taisant les conditions de mon existence. Surtout que, comme je l'ai dit, tout ce qui nous concerne n'a pas tout le prix que pense le vulgaire : ce sont toutes choses futiles, vides, et comme ces ombres que le soleil couchant fait si grandes, mais d'aucun usage et destinées à une fin prochaine. Si quelqu'un veut en juger sans jalousie et réfléchir qu'il ne faut pas invoquer une règle, il doit voir quelles furent mes intentions, dans quelle nécessité, dans quelles occasions je me trouvais et toute la douleur que j'en ai ressentie. D'autres, sans l'embarras d'aucune entrave, ont commis de pires actions, sans les avouer dans le privé et moins encore en public, sans reconnaître les bienfaits reçus, sans en garder même le souvenir : peut-être me jugera-t-on plus équitablement.

Mais continuons. Parmi mes défauts, je reconnais comme grave et singulier — tout en y persévérant — celui de ne rien dire plus volontiers que ce qui peut être déplaisant pour mes auditeurs. Je m'y obstine, le sachant et le voulant, et je n'ignore pourtant pas combien à lui seul il m'a valu d'ennemis, — si puissante est la nature unie à une longue habitude. Je l'évite cependant à l'égard de mes bienfaiteurs et des puissants : il me suffit de ne pas les flatter et moins encore de les caresser. Je n'ai pas été moins immodéré dans ma vie, quoique je connusse parfaitement ce qu'il était utile et convenable de faire ; et l'on trouverait difficilement quelqu'un de si entêté dans une telle erreur. Je suis solitaire le plus que je puis, bien que je sache qu'Aristote[2] blâme ce genre de vie en disant : L'homme solitaire est ou une bête ou un Dieu. Mais j'ai donné mes raisons[3].

---

2. Aristote, *Polit.*, l. I.
3. Voir chap. LIII.

Avec une sottise semblable et un non moindre dommage, je garde des domestiques qui ne me sont pas seulement inutiles, mais me sont une honte[4] ; je fais de même des animaux que l'on m'offre, chevreaux, agneaux, lièvres, lapins, cigognes, qui souillent toute ma maison.

J'ai souffert du manque d'amis, surtout d'amis sûrs. Et j'ai commis bien des fautes, parce que tout ce que je savais, petit ou grand, à propos ou hors de propos, j'ai voulu le mêler partout, et cela au point que j'ai blessé ceux que je désirais louer, par exemple le français Aymar Ranconet, Président à Paris et homme très savant. Dans cette circonstance, mon erreur n'a eu pour seules causes ma précipitation et mon ignorance des affaires et des moyens d'autrui (ce qu'il m'était certes difficile d'éviter), mais la négligence de certaines règles de conduite que j'ai apprises plus tard et que connaissent, pour une grande part, les hommes courtois.

Je suis trop prompt à délibérer, par suite précipité dans mes décisions, et en toute affaire impatient des retards. L'ayant observé, mes rivaux, qui me jugent difficile à prendre quand j'ai le temps, ne font que me presser. Mais c'est moi qui les prends sur le fait, je m'en garde comme de rivaux et je pense que je dois les considérer comme ennemis (puisqu'ils le sont).

Si je n'avais pas pris l'habitude de ne regretter rien de ce que j'ai fait volontairement, fût-ce avec mauvais succès, j'aurais vraiment vécu malheureux ; mais presque toujours la cause de mes maux fut l'extrême sottise de mes fils, accompagnée de honte, et la négligence de mes proches, jaloux de leur parenté, vice particulier de la famille, bien qu'il soit assez commun dans les petites villes.

Je me suis adonné sans mesure dès mon adolescence au jeu d'échecs ; par lui je connus le prince Francesco Sforza et je m'acquis l'amitié de beaucoup de nobles. Mais, en m'y étant occupé de longues années — presque quarante ans, — je ne saurais dire combien j'y ai souffert de pertes dans mes biens sans profit d'aucune sorte. Les dés me furent encore plus funestes ; car je les enseignai à mes fils et j'ouvris souvent ma maison aux joueurs. Il ne me reste qu'une mince excuse de cette conduite : la pauvreté de ma naissance et le fait que je

---

4. Chap. XXX.

ne manquais pas d'une certaine adresse. C'est une habitude commune aux mortels ; mais les uns ne veulent pas que ce soit dit ; les autres ne le souffrent même pas : en sont-ils meilleurs ou plus sages ? Si quelqu'un, s'adressant aux Rois, leur disait : Il n'est personne de vous qui ne se soit nourri de poux, de mouches, de punaises, de vermisseaux, de puces et des excréments encore plus dégoûtants de vos serviteurs, de quelle âme recevrait-on ces paroles, bien qu'elles fussent très vraies ? Est-ce autre chose que l'ignorance de notre condition, de refuser de savoir ce que nous savons, et de vouloir contraindre la réalité ? Ainsi de nos péchés et du reste ; tout cela est repoussant, vain, confus, changeant et caduc comme des fruits gâtés sur un arbre. Je n'ai donc rien apporté de nouveau, j'ai mis la vérité à nu.

XIV. VERTUS ET CONSTANCE

Il y a bien des choses où les hommes sont exposés à l'erreur, mais il n'en est aucune où ils se fassent plus d'illusions que sur le nom de la constance. D'abord parce que, si elle est réelle, c'est un présent divin ; sinon, elle est le fait de stupides et de fous. C'est celle qu'on pouvait railler comme vaine et absolument sotte chez Diogène, qui se roulait l'été dans le sable brûlant et, l'hiver, étreignait nu des colonnes glacées[1]. Ce fut au contraire une vertu remarquable que celle de Bragadino[2], noble vénitien, prêt à souffrir des tourments dont aucun des insolents vainqueurs ne voulut être l'exécuteur ; elle était digne d'une gloire immortelle, puisqu'il acceptait d'être écorché vif. S'il dut à un secours divin de pouvoir le supporter, il était digne d'un homme de le vouloir. Cette vertu a plus de relief et d'éclat dans les malheurs ; mais il n'est pas trop rare cependant que, jusque dans la bonne fortune, elle trouve l'occasion de se rendre digne d'admiration. Encore que cette occasion manque à certains hommes, on ne doit pas les tenir pour

---

1. Ce trait est raconté par Diogène Laërce, VI, 2, 23.
2. Marc-Antonio Bragadino (1523-18 août 1571) défendit Famagoste contre les Turcs qui, après la reddition, mirent à la torture sous ses yeux ses compagnons d'armes et le supplicièrent ensuite.

moins constants. Du moment que l'on se trompe de tant de manières à propos de cette vertu, il ne faut pas attribuer à gloire le fait d'avoir enduré, ni à blâme un défaut d'occasion, non plus que considérer comme nous appartenant ce que la nature nous a refusé.

Je ne défends pas cette doctrine parce que les occasions m'ont manqué dans une certaine mesure, alors que je n'ai pas eu d'ennemi si acharné, de juge si injuste qui n'ait admiré ma constance dans le malheur, ma modération dans la prospérité, plus encore qu'on ne m'a blâmé d'avoir méprisé les plaisirs et supporté les difficultés : je veux dire les voluptés, les spectacles, les maladies, l'insuffisance de mes forces, le dénigrement de mes rivaux, les réussites peu heureuses, les procès, les attaques, les menaces des puissants, les soupçons de quelques-uns, le désordre de ma famille, le défaut de bien des choses, enfin les conseils décourageants d'amis véritables ou de ceux qui en prenaient l'apparence, et les dangers provenant de tant d'hérésies qui menaçaient.

Aussi, pour autant que j'éprouvasse la bonne fortune ou d'heureux succès, je ne changeai jamais de conduite, je ne devins ni plus dur, ni plus ambitieux, ni moins endurci, ni méprisant pour les pauvres, ni oublieux de mes anciens amis, ni plus bourru dans mes relations, ni plus orgueilleux dans mes propos ; je ne portai pas de vêtements plus recherchés, sauf dans la mesure où le rôle que je jouais m'y obligeait, ou parce qu'à mes débuts j'avais été contraint par la pauvreté à en porter d'usés. Ce n'est pas la nature qui m'avait doté de cette constance ; j'avais à supporter des peines supérieures à mes forces, mais je triomphai de la nature par l'art. Au milieu de mes plus grandes douleurs morales, je me frappais les jambes avec une verge, je me mordais cruellement le bras gauche, je jeûnais ; je soulageais bien des maux par les larmes quand j'avais la chance de pouvoir pleurer, mais bien souvent je ne pouvais pas ; je combattais alors par la raison, en disant : « Il n'arrive rien de nouveau, le temps seul a changé et a avancé son cours. Pouvais-je ne pas être privé de la vue et de la société (de mon fils[3]) pour toujours ? Mais quelques années ont été retranchées ? Quelle part du temps est-ce là, si on la rapporte à l'éternité ?

---

3. J'interprète tout ce passage comme se rapportant à la mort du fils de Cardan. Le

Enfin si je ne survis que quelques années, j'ai peu perdu ; si c'est pour plus longtemps, la vie me paraîtra plus longue, et peut-être se produira-t-il bien des choses à l'aide desquelles je soulagerai ma peine et je lui procurerai une gloire éternelle. Que serait-ce enfin s'il n'était pas né ? » Mais mon infériorité en face de la douleur fut, comme je le dirai plus loin, allégée par la bienveillance divine et par un miracle manifeste.

Dans mes occupations je fus encore plus constant, surtout dans la composition de mes livres, au point que, d'excellentes occasions s'étant offertes, je n'abandonnai pas ce que j'avais entrepris et je persévérai dans mon premier travail, parce que j'avais remarqué tous les dommages causés à mon père par ses changements de projets. Je pense que personne ne me désapprouvera dans la circonstance suivante. Lors de ma réception à l'Académie des *Affidati* de Pavie[4], qui comptait bon nombre de princes et de cardinaux des plus éminents, j'avais accepté par crainte ; et pourtant, en quittant Pavie, je ne m'en retirai pas et ne donnai pas ma démission. Mais quand les académiciens furent présentés au roi en grand apparat, je me dérobai en disant qu'une telle pompe ne me convenait pas. Pour la vertu, je n'ai rien de plus à dire qu'Horace : « La vertu consiste à fuir le vice. »

Je n'ai jamais rompu une amitié ; et quand une rupture a eu lieu, je n'ai jamais révélé le secret de ce que j'avais connu en tant qu'ami, au cours de mon amitié ; je n'en ai jamais fait des reproches et, qui plus est, je ne me suis jamais attribué rien qui appartînt à autrui. Sur cette matière Aristote ne fut pas irréprochable, Galien s'abaissa à de honteuses disputes ; ainsi par là je ne le cède qu'au seul Platon. J'en ai le témoignage de Vésale, homme modéré, qui, tracassé par Curzio en

---

secours surnaturel auquel il fait allusion quelques lignes plus bas est sans doute celui dont il parlera au chap. XLIII.
4. Chap. XXX. — Sur l'académie *degli Affidati* on peut voir Tiraboschi, *Stor. lett. ital.*, VII, 190, et Salza, *Luca Contile, uomo di lettere e di negozi del secolo XVI* (Firenze, 1905, pp. 92 sqq.). Fondée en 1562 par treize gentilshommes, elle était encore florissante au xviiie siècle après avoir subi une courte interruption de 1576 à 1597. Parmi les grands seigneurs qui en faisaient partie on cite le duc de Suessa, le marquis de Pescara, parmi les cardinaux Charles Borromée, parmi les savants plusieurs collègues de Cardan comme Branda, Delfino, Zaffiro, etc. Le roi d'Espagne Philippe II accepta de figurer parmi ses membres.

de mesquines querelles, ne voulut jamais parler de lui. Pour le seul amour des bonnes lettres, moi que Curzio avait accusé de vol parce que j'avais conservé le gage fourni comme caution d'un emprunt qu'il avait contracté sans témoin, je ne refusai pas de rendre hommage à sa science. Il s'ensuivit que, lorsqu'il partit pour Pise et que le Sénat lui demanda si j'étais apte à le remplacer, il répondit que personne ne le pouvait mieux. Comme on savait que nous n'étions pas réconciliés, on m'attribua la charge d'enseigner.

Je tiens sans le moindre doute pour une vertu de n'avoir jamais menti depuis ma jeunesse, d'avoir patiemment supporté la pauvreté, les calomnies, tant de malheurs, et de n'avoir jamais mérité même un reproche d'ingratitude. Mais en voilà trop sur ce sujet.

XV. AMIS ET PROTECTEURS

Le premier des amis de ma jeunesse fut Ambrogio Varadeo, à qui m'unissaient l'amour des échecs, de la musique, et la similitude des goûts ; puis Propero Marinone de Pavie ; Ottaviano Scotto[1], milanais, qui m'aida souvent de prêts d'argent ; enfin Gaspare de Gallarate. À Piove di Sacco je liai une étroite amitié avec Giovanni Maria Morosini, noble vénitien, et avec Paolo l'Illyrien, pharmacien. Après mon retour, il en fut de même avec l'archevêque de Milan, Filippo Archinto, et par lui avec Lodovico Maggi, dont l'appui me fut utile et qui me vint en aide. Parmi d'autres, je citerai encore Girolamo Guerrini, joaillier de Milan, de qui j'appris bien des secrets que j'ai rapportés dans mes livres, à la différence de ceux qui pillent les livres. Par son intermédiaire, je pénétrai dans l'intimité de Francesco Bellotto, florentin. Plus tard je devins l'ami de Francesco Croce, jurisconsulte distingué, habile mathématicien et honnête homme, qui m'aida beaucoup dans mon affaire avec le Collège. Donato Lanza, pharmacien, me concilia

---

1. Ce fut l'éditeur du premier ouvrage scientifique de Cardan : *Hieronymi Castillionei Cardani, medici mediolanensis, De malo recentiorum medicorum usu, libellus... Eiusdem libellus de semplicium medicinarum noxa.* Venise, 1536. Cf. *De libris propriis* (I, 61, 65, 67). Scotto publia aussi plus tard *De consolatione libri tres*, Venise, 1642.

l'amitié de Francesco Sfondrato, sénateur, de Crémone[2], plus tard cardinal, par qui j'acquis celle du préfet de police, également crémonais, Giovanni Battista Speciano, homme savant et d'une singulière vertu ; ce dernier me fit connaître aussi Alfonso d'Avalos, gouverneur de la province et général de l'armée impériale. C'est également grâce à Sfondrato que j'obtins une chaire de médecine à Pavie. Par la suite, je fus pris en amitié par André Alciat, cet admirable jurisconsulte et orateur, puis par son cousin Francesco, aujourd'hui cardinal, ensuite par deux cardinaux : le très sage Giovanni Morone et Pier Donato Cesi. Ma situation dépend de la protection de ces trois mécènes, auxquels il faut en ajouter un quatrième, Cristoforo Madruzio, cardinal de Trente, d'une illustre famille princière, qui n'est inférieur à aucun autre dans ses bienfaits envers moi et dans sa libéralité envers tous. Puis, pour en revenir à des amis qui soient mes égaux, mon intimité avec l'excellent Panezio Benevento, arétin, plus précieuse pour moi que tout l'or du monde, brilla avec une constance qu'elle tenait de sa propre valeur. De cette époque datent mes relations avec Taddeo Massa, vénérable prêtre romain d'une sagesse et d'une honnêteté singulières et, avant lui, avec Giovanni Meona, secrétaire de Don Ferrante Gonzaga, gouverneur de la province et chef de la milice impériale. Je fus aussi lié avec Charles Borromée et Marc-Antonio Amulio, tous deux cardinaux de grande vertu et avec tant d'autres qu'il serait trop long de citer. Lorsque, grâce à l'action et à l'autorité des cardinaux Borromée et Alciat, je vins à Bologne pour y enseigner la médecine, je fis amitié avec tout l'illustre Sénat de cette ville : ces gentilshommes sont merveilleusement obligeants, humains, sages et magnifiques. Parmi les médecins j'eus deux amis de mœurs irréprochables, d'une science au-dessus du médiocre, tous deux modénais, Camillo Montagnara et Aurelio Stagni. En outre, j'ai montré une bienveillance particulière pour Melchiore della Valle, milanais, et Tommaso Iseo, brescian, ce qui m'attira de graves inimitiés. Je nommerai encore : parmi les cardinaux anglais John Cheke, tuteur du roi Édouard VI pendant sa première enfance ; Claude Laval, ambassadeur du roi de France en Angleterre et prince de Bois-Dauphin ; parmi nos concitoyens Lodovico Taverna, le très distingué

---

2. Voir chap. XL.

préfet de la ville, à la vertu singulière de qui je dois beaucoup ; parmi les professeurs, Francesco Vimercati, philosophe milanais, et André Vésale, un maître de l'anatomie que j'admirais. Dans mon enfance je cultivai aussi l'amitié de deux amis de mon père, Agostino Lavizario, de Come, maître des requêtes au Sénat, et Galeazzo Rossi, forgeron, dont j'ai souvent fait mention. J'ai également parlé ailleurs de Francesco Buonafede, médecin de Padoue. Et je passe sous silence beaucoup de savants mes amis, parce que, même sans mon suffrage, leur érudition les a fait connaître du monde entier. Il me suffit de prouver, par le témoignage de ma reconnaissance, que je n'ai pas oublié ceux dont je voudrais, autant qu'il est en mes moyens, faire survivre le nom en l'écrivant ici. C'est pourquoi j'ajouterai encore le savant Guillaume du Choul, gouverneur du Dauphiné, Bonifazio Rodigino, jurisconsulte et astrologue éminent, ainsi que Giorgio Porro, du canton des Grisons, Luca Giustiniani de Gênes, Gabriele Aratore de Caravaggio, arithméticien distingué. Mais je me liai d'une amitié toute particulière avec Gian Pietro Albuzio, médecin et professeur milanais, avec Marc Antonio Maioraggio, de même qu'avec Mario Gessi de Bologne. Laurent Zehener, médecin de Carinthie, fut aussi de mes amis, ainsi qu'Adrien le Belge, qui me témoigna une rare confiance et à qui je suis redevable de beaucoup de services et de bienfaits.

Quant à la protection du prince de Matelica, elle fut plutôt divine et elle est trop grande pour paraître avoir une origine humaine. Je passe sous silence les vertus singulières de son âme, vertus dignes d'un roi, sa connaissance des sciences et des affaires, l'agrément de son esprit, sa bienveillance, mais que dirai-je des accroissements de sa fortune, de la gloire de son père, de sa sagesse qui dépasse le faîte de la sagesse humaine, et chez tous deux le souvenir des services rendus et de nos anciens rapports d'amitié. Qu'y avait-il en moi qui pût l'engager à tant de bonté ? Ce ne furent ni les services rendus, ni les espérances que je lui inspirais : un vieillard, méprisé par la fortune, abattu et sans agrément. S'il y eut une raison, ce ne fut que l'estime pour mon honnêteté. De tels hommes, ne jugerez-vous pas plutôt que ce sont des Dieux ? eux qui accordèrent à l'amour de la science, à la simplicité des mœurs, à la reconnaissance, à la fidélité, aux travaux continuels, aux efforts et aux entreprises dignes de gloire, tout ce dont les autres ont coutume de gratifier la puissance, les espérances, les services, la longue familiarité et les flatteries.

XVI. ENNEMIS ET RIVAUX

Je ne suivrai pas la même méthode, et je n'apporterai pas à énoncer les noms de mes ennemis ou de mes rivaux autant de soin que je l'ai fait de mes amis ; car j'estime que Galien ne s'est pas peu trompé, lui qui, en écrasant de son mépris le nom d'un Thessalus, nous en a appris l'existence et l'estime qu'il en faisait. Si ton ennemi a du cœur, le mieux est de te réconcilier avec lui après avoir reçu une injure ; du moins ne te venge pas, ou si tu le fais, que ce soit par des actes et non des paroles. Ainsi je n'ai pas appris seulement à mépriser mes rivaux, mais à avoir pitié de leur futilité. Ceux qui ont agi secrètement ont montré par leur conduite même qu'ils étaient plus misérables ; quant à ceux qui l'ont fait ouvertement, si nos droits sont égaux, ils méritent mes ripostes.

XVII. CALOMNIES, DIFFAMATIONS ET EMBÛCHES TENDUES PAR MES ENNEMIS

Les embûches sont de deux sortes : les unes visent la réputation et l'honneur, ce sont les seules dont je parlerai ; les autres, je m'en occuperai plus bas. Je veux me borner maintenant aux embûches, surtout à celles qui ont été tendues en secret. Or pour peu qu'elles aient été moins dissimulées, elles ne seraient point passées inaperçues ; et si elles étaient grandes, il eût été difficile de les cacher. Mais d'autre part, il est stupide d'observer curieusement de petites choses ; je me bornerai donc à en raconter quatre.

La première date de l'époque où j'étais candidat à Bologne[1]. Les ennemis de mon nom envoyèrent à Pavie un secrétaire qui ne vint pas à mon cours, n'interrogea pas mes élèves et, je ne sais d'après quelle source, écrivit cette lettre ou plutôt cette sentence, en l'accompagnant de récits merveilleux sur un autre candidat parce qu'il n'espérait pas, je pense, sa venue : « J'ai appris que Cardan enseigne non pour les élèves, mais pour les bancs. C'est un homme de mauvaises mœurs,

---

1. Sur l'opposition que rencontra la candidature de Cardan à Bologne et dont elle ne triompha que grâce à la protection obstinée du cardinal Borromée, voir Emilio Costa, *Girolamo Cardano allo studio di Bologna (da nuovi documenti tratti dall'archivio di Bologna)*, Arch. stor. ital., V[e] série, t. XXXV (1905), pp. 425-436. — Cf. aussi chap. XLII.

désagréable à tous, qui ne manque pas de sottise, extravagant dans sa conduite. De plus, il est si peu versé en médecine et professe sur cet art des opinions si particulières que dans la ville il n'est agréé de personne et n'a pas de clientèle. »

L'envoyé des Bolonais lisait ce rapport en présence de l'illustrissime Borromée, Légat pontifical en cette ville. On avait déjà décidé de mettre fin aux négociations, mais au cours de la lecture, en entendant ces mots que je n'exerçais pas mon art, un des assistants dit : « Hé, je sais bien que ce n'est pas vrai, car je connais des gens éminents qui eurent recours à ses services et moi, qui ne le suis pas, je l'ai fait aussi ». Le Légat prit la parole : « Moi aussi je peux témoigner qu'il a guéri ma mère dont l'état, suivant les autres médecins, était désespéré ». L'autre ajouta que le reste des renseignements devait être également véridique ; le Légat approuva ; l'envoyé resta muet et rougit. On conclut donc, après en avoir délibéré, sur cet avis que la charge d'enseigner me serait confiée pour un an seulement. « S'il est tel qu'on l'a écrit ou si, d'autre manière, il est peu utile à l'Académie et à la Ville, nous le laisserons chercher un autre emploi ; dans le cas contraire, l'accord pourra être signé pour l'avenir et le traitement qui est encore en question sera fixé. » Le Légat approuva et on conclut ainsi.

Peu satisfaits, mes ennemis poussèrent le délégué du Sénat à modifier les conditions dont nous avions déjà convenu ; quand il me fit ses propositions, je ne voulus pas les accepter : un traitement inférieur, une autre place que celle que l'on m'avait promise et aucun viatique. Devant mon refus il fut contraint de repartir, puis de revenir en acceptant toutes les conditions précédemment formulées.

De tels empêchements paraissent porter préjudice, mais ce n'est qu'une fausse opinion des hommes. Les actions des mortels, bien loin d'être éternelles, sont bornées par une prompte mort ; il suffit au sage de les considérer, mais il ne s'en soucie pas. Les moyens ne sont absolument rien, pas même l'ombre d'un rêve, comme chacun peut l'observer et le voir clairement dans ses propres actions ; aussi faut-il les mépriser profondément lorsqu'on les rapproche de leurs fins. C'est comme si, devant les enfants qui jouent aux noix, quelqu'un voulait voir dans l'issue de ces jeux un lien, un rapport de cause ou de ressemblance avec ce qu'ils atteindront, devenus hommes : des diplômes, des charges, ou même le pouvoir. Ne serait-ce pas sottise ?

Plus tard, pendant que j'enseignais, on eut recours au moyen suivant pour m'enlever mon auditoire : ma leçon fut fixée à une heure proche du déjeuner et on assigna la même salle, à la même heure ou peu avant, à un autre professeur. J'offris trois solutions : que mon collègue commence plus tôt pour finir avant mon heure ; ou qu'il change de salle pour que je puisse enseigner librement dans celle qui m'avait été attribuée ; ou au contraire qu'il reste dans celle-là et que j'en choisisse une autre.

Le trouvant réfractaire à tout, j'avais obtenu dans une nouvelle répartition qu'il irait enseigner ailleurs ; d'où des peines et des larmes. Les accusations portées contre moi y mirent un terme et m'évitèrent de succomber à tant de complots ; quant à eux, ils ne furent pas contraints de voir enseigner celui qu'ils haïssaient.

Enfin, vers la fin de mon engagement, on fit courir le bruit, surtout auprès du cardinal Morone, que mon auditoire avait été restreint, ce qui n'était pas absolument vrai ; depuis le début des cours il avait été nombreux jusqu'au moment du carême. Mais en butte à tant de jaloux et à tant d'embûches, il fallait pourtant que la vertu cédât à la fortune. Les cardinaux, après m'avoir conseillé, sous le prétexte de mon honneur, d'abandonner de plein gré ma charge, agirent pour que ce fût l'autre qui le fît. Et l'affaire se termina moins par l'heureux succès que par la complète soumission de ceux qui y avaient mis tant d'ardeur[2].

Quant aux calomnies, aux fausses diffamations, je n'en parlerai pas ; elles furent si nombreuses, si persistantes, si stupides et si absurdes qu'il est clair qu'elles sont un amas de ragots, non des accusations précises. Et tout le monde sait que leurs auteurs en souffrirent plus dans leur propre conscience qu'ils ne me causèrent de tort. Bien mieux, ils me laissèrent ainsi plus de temps pour composer mes livres,

---

2. La suite des idées est loin d'être claire dans tout ce morceau. Il est difficile d'admettre que Cardan ait voulu dire que les cardinaux ses protecteurs et surtout Morone aient fait pression sur lui pour l'amener à abandonner ses fonctions. Nous savons en effet : 1° que Morone intervint par une lettre du 28 décembre 1569 pour que le contrat de son protégé fût renouvelé ; et 2° que dès avant l'expiration de son deuxième engagement, Cardan avait été maintenu en charge pour deux ans (Costa, *loc. cit.*).

étendirent ma gloire, prolongèrent ma vie en m'enlevant l'occasion de travaux excessifs, et me procurèrent le plaisir de la connaissance de beaucoup d'arcanes. Aussi, j'ai coutume de dire et j'ai toujours à la bouche ces mots : je ne les hais point ; ils ne méritent même pas de châtiment pour m'avoir nui, mais pour avoir voulu me nuire. Ce qu'ils ont tenté de plus cruel avant ma venue à Bologne, je l'exposerai plus bas (au chapitre XXXIII).

XVIII. MES GOÛTS

Je raffole des épées courtes ou des stylets à écrire pour lesquels j'ai dépensé plus de vingt écus d'or, sans compter beaucoup d'argent mis à des plumes de divers genres ; j'ose dire que deux cents écus ne suffiraient pas à payer mon écritoire. Je fais aussi mes délices des pierres précieuses, des petits vases et des corbeilles de cuivre et d'argent, des globes de verre peints, des livres rares. J'aime un peu la nage et beaucoup la pêche, à laquelle je m'adonnai tout le temps de mon séjour à Pavie. Plût au Ciel que je n'eusse point changé d'occupation ! Je me distrais surtout à la lecture de l'histoire, à la philosophie d'Aristote ou de Platon, à leurs trouvailles relatives aux mystères, sans compter l'étude de la médecine. Je lis aussi les poètes italiens Pétrarque et Luigi Pulci. Je préfère la solitude à la société des hommes, car il en est bien peu qui ne sont pas méchants et il n'en est point de savants. Je ne dis pas cela parce que je recherche la science (au total elle est bien petite), mais pourquoi m'astreindre à perdre mon temps ? C'est ce que je déteste[1].

---

1. Il avait pris pour devise *Tempus mea possessio*. Cf. *De util. ex adv. cap.* II, 2 et Conclusion. — *Franciscus Ambrosius, De symbolis heroicis* cité par Naudé, *Judicium de Cardano* vers la fin.

XIX. LE JEU ET LES DÉS

Il n'est peut-être rien dans ma conduite qui puisse me rendre digne d'éloges, mais, si j'en mérite, ils sont assurément moindres que le blâme que me vaudrait justement, je le sais, mon application immodérée aux échecs et aux dés. Pendant des années j'ai joué à ces jeux — plus de quarante ans pour les échecs, environ vingt-cinq pour les dés, — et je ne veux pas seulement dire au cours de ces années, mais, j'ai honte de le dire, chaque jour. Par là j'ai perdu à la fois la considération, mes biens et mon temps. Il n'est pas resté un coin où abriter ma défense — sauf, si on veut la prendre, qu'on dise que je n'aimais pas le jeu, mais que j'avais en horreur les occasions qui me poussaient à jouer : les calomnies, les injustices, la pauvreté, l'arrogance de certains, le désordre dans la société, le mépris dont je souffrais, ma nature maladive et l'oisiveté imméritée, conséquence de tout le reste. La preuve en est que lorsqu'il me fut possible de remplir un rôle honorable, j'abandonnai celui-là. Ce n'était donc point l'amour du jeu, ni le goût du plaisir, mais la haine de mon état et une façon d'y échapper. Il y a beaucoup de trouvailles remarquables dans mon livre sur les échecs[1] ; mais, à cause de mes occupations, j'en ai laissé échapper

---

1. Voir chap. XLV.

beaucoup d'autres, surtout huit ou dix que je n'ai jamais pu retrouver et qu'il semblait impossible de découvrir tant elles dépassaient la pénétration de l'esprit humain. J'ai ajouté ces mots pour avertir les curieux, à l'esprit de qui elles viendraient un jour (et j'espère que cela se produira), de les ajouter comme un couronnement à mon ouvrage.

XX. LE VÊTEMENT

Je pense exactement de moi ce qu'Horace disait de son Tigellius ; j'irais jusqu'à dire qu'Horace a parlé de moi sous ce nom : « Rien de constant chez cet homme : souvent il courait comme s'il fuyait l'ennemi ; bien souvent il marchait comme s'il avait porté les objets du culte de Junon. Il avait souvent deux cents esclaves, souvent dix seulement. Tantôt il ne parlait que de rois, de tétrarques, de rien que des grandeurs. Tantôt il disait : Je ne souhaite qu'une table à trois pieds, une coquille de sel pur, une toge qui me défende du froid, si grossière soit-elle ! »

Vous en demanderez la raison ou plutôt les raisons ? Les voici : c'est la diversité de mes pensées et de mes habitudes, et aussi le soin de ma santé physique ; en changeant souvent de ville ou de maison, il me fallait changer aussi de vêtements que je ne pouvais vendre, à cause de la perte subie de ce fait, ni garder inutiles ; d'où la nécessité m'imposa sa loi. Une autre cause, non moindre et non moins pressante, c'est que les études font négliger la famille ; et de ce manque de soins domestiques découle la négligence dans le vêtement : on en possède beaucoup, il en reste peu pour l'usage. Pour cette raison je suis loin de mépriser l'opinion de Galien, d'après laquelle un homme doit se contenter de quatre vêtements, ou de deux si on ne compte pas la chemise. On peut ainsi, ou mieux on doit les varier suivant l'occasion et le but. Il suffit donc, je pense, de quatre vêtements de divers poids, lourd, très lourd, léger et très léger : en les portant deux à deux, on obtient quatorze combinaisons et on n'use que le vêtement qui recouvre les autres.

XXI. DÉMARCHE ET MÉDITATION

L'inégalité de ma démarche fut causée par la méditation. Si l'on n'y prête attention, les pieds et chez quelques-uns même les mains s'agitent à l'image de l'esprit préoccupé. Il y a d'autres causes aussi : la variété des affaires, les circonstances, ou encore l'état du corps. Notre allure est légère quand nous sommes bien portants ou dispos, sans soucis et joyeux ; les autres dispositions retardent notre pas. Ma démarche pourrait passer en proverbe. Elle est inconsidérée, lorsque je médite sur d'autres objets que ceux qui sont présents à mes yeux. En général, l'inégalité se manifeste dans les choses soumises à une dure nécessité ou quand domine l'élan de l'esprit qui ne peut persister dans le bien ni supporter le mal ; seule la méditation est continue, comme je l'ai dit, mais elle ne s'exerce pas toujours sur le même sujet. Néanmoins elle est si intense qu'elle ne me permet ni de manger, ni de m'abandonner aux plaisirs, ni même de sentir la douleur ou de dormir. Le seul bien qu'elle m'apporte est donc d'éloigner le mal et de me procurer un tel calme que je ne sais si le plus grand agrément ou le plus grand malaise, en s'y joignant, la ferait cesser. Au reste, ma marche est tantôt rapide, tantôt lente, la tête et les épaules redressées ou penchées ; et elle diffère peu, en apparence sinon en fait, de celle des jeunes gens.

XXII. RELIGION ET PIÉTÉ

Je suis né en des temps si troublés, j'ai rencontré tant d'occasions tout en étant accablé par la pauvreté, j'ai été dans tant de voyages en contact avec des hommes indifférents et même hostiles à la religion, que la solidité inébranlable de ma foi doit être attribuée à un miracle plus qu'à ma sagesse, à un secours divin plus qu'à ma vertu. Assurément, dès ma petite enfance j'avais adopté cette prière : « Seigneur Dieu, dans ta bonté infinie, donne-moi une longue vie, la sagesse et la santé de l'esprit et du corps ». Il n'y a donc rien d'étonnant si j'ai observé strictement les préceptes de la religion et le culte de Dieu. Je parais avoir reçu d'autres dons, mais dans des conditions telles qu'ils appartiennent avec évidence à un autre plutôt qu'à moi : bien portant, tout en ayant été constamment malade ; savant — pour parler ainsi — dans les sujets où je ne me suis pas appliqué et que je n'ai appris de personne, plus que dans ceux où j'ai cherché des maîtres. Plus zélé encore dans ma piété, j'ai combattu contre la mort de mon fils et la douleur qu'elle m'a causée : il devait mourir ; et la même année, si je ne me trompe, peu s'en fallut qu'il ne mourût sans héritier ; maintenant il m'a laissé un petit-fils. Mais qu'ajouterai-je ? Pourquoi comparer les misères et les douleurs des mortels aux délices des immortels ? Dirai-je naïvement que, s'il n'avait rien laissé derrière lui et s'il n'était pas mort à ce moment, il aurait toujours survécu ? Et quoi donc ? s'il me reste quelque chose de lui, qu'ai-je perdu ? Ô raisonnements insensés des hommes ! Ô délires funestes !

Et je ne garde pas seulement le souvenir de la majesté divine, mais celui de la bienheureuse Vierge Marie et du Bienheureux Martin, dont la protection — j'en ai été averti par un songe — m'assurera un jour une vie plus tranquille et éternelle. Je résume ici une longue dissertation que j'ai autrefois écrite. Il est impossible que les ennuis de cette vie égalent d'aucune façon la félicité que nous espérons de celle qui suivra. N'empêche que lorsque nous en éprouvons de plus forts que notre nature, ils nous agitent au point que rien ne nous semble les surpasser, sans que nous soyons capables de concevoir même un doute sur ce point ; dès qu'ils sont loin, le fait même nous apparaît comme un songe. Oh ! s'il avait plu à Dieu de ne pas mettre cet écueil à côté de tant de bienfaits, on observerait avec plus de soin les commandements du ciel, on se les rappellerait pour les avoir observés, on jouirait plus largement du plaisir que procure leur souvenir, on vivrait d'autant plus pieusement et on servirait d'exemple à autrui.

Mais je sais que je souffre déjà d'un grave déshonneur, parce que j'ai voulu enseigner la sagesse aux mortels : j'y ai été entraîné par la pitié et par la souffrance des malheureux. C'est pourquoi aussi j'ai traité de l'immortalité de l'âme : et, parmi tous ceux qui en ont parlé simplement, je prétends avoir parlé d'une façon naturelle, en accord avec Platon, Aristote et Plotin, ainsi qu'avec la raison et l'enseignement [de l'église]. Ce qui manque chez Platon, c'est le sérieux, chez Aristote l'ordre, chez Plotin la fin et les récompenses. Cette constatation n'est pas de moi, mais d'Avicenne, à l'opinion de qui je souscris plus volontiers parce que c'est la plus vraisemblable parmi celles des philosophes.

XXIII. RÈGLES PRINCIPALES DE MA CONDUITE

Je crois n'avoir marqué de supériorité en rien plus que dans les règles que j'ai tirées de mon expérience ; je le dois à la longueur de ma vie et au grand nombre de mes malheurs. En premier lieu, outre mes prières enfantines, dès que mon esprit commença à se développer, je pris l'habitude de rendre grâces à Dieu de ce qui m'arrivait, de favorable au moins ; et dans ce cas je jugerais l'ingratitude chose honteuse pour un homme — et peut-être même pour une bête. Quant aux revers, je pris les plus légers pour un avertissement de me tenir sur mes gardes : et combien de fois ces avertissements m'ont évité les plus grands malheurs ! Pour ceux de gravité médiocre, je sentais que je devais suivre la même conduite, parce que je ne crois pas important ce que le temps efface d'ordinaire et parce que je sais que Dieu est le dispensateur de toute adversité ; si même c'est en apparence nuisible pour moi, je ne doute point que ce ne soit excellent pour l'ordre universel. Ainsi, du moment que la mort est inévitable, le grand nombre des malheurs la rend plus légère. Comme le disait Paul d'Égine, les malades qui expulsent un gros calcul de la vessie sont, à cause des douleurs précédentes, moins sensibles à la souffrance que ceux qui rendent un plus petit ; et par suite ils meurent moins souvent. Dans les maux extrêmes je suis persuadé que Dieu s'est, pour ainsi dire, souvenu de moi ; grâce à ce sentiment (chose étonnante !) j'ai éloigné la mort par la mort.

Ma deuxième règle particulière fut d'implorer la providence divine, d'invoquer dans mes écrits la vie du Dieu suprême, pour qu'il me fît connaître sa volonté puisqu'il est mon Dieu. Et quel bien et quel agrément j'en tirai ! Je fus préservé d'une triple infortune ; il m'accorda ses dons avant de me les ôter[1] ; il me mit à l'abri des ondes soulevées de la mer ; il me permit une vie paisible.

Troisième règle : quand on a éprouvé des pertes, il ne suffit pas de réparer les dommages ; pour moi, j'ai toujours acquis quelque chose de plus, de sorte que, presque seul de tous les mortels, je n'avais pas horreur de ces pertes, par raisonnement et par expérience.

Quatrième règle : être extrêmement économe de mon temps. À cheval, à table, au lit, en veillant, en causant je réfléchissais sans cesse, j'enregistrais quelque souvenir. Je me souvenais du proverbe vulgaire : les petits ruisseaux font les grandes rivières. Je vais raconter brièvement une fable, ou plutôt une histoire. Dans la maison de Ranuzio que j'habitai quelque temps à Bologne, il y avait deux pièces : l'une sombre, mais sûre, l'autre magnifique, mais dont le plafond de stuc menaçait une ruine prochaine ; des morceaux s'en détachèrent pendant que j'occupais la maison, au péril de ma vie si je m'étais trouvé dessous. Mais cela survint la seule fois, ou à peu près, que je restai dans la pièce sûre.

Cinquième règle : respecter les vieillards et les fréquenter.

Sixième : tout observer et ne pas croire que la nature fasse rien par hasard ; par cette méthode je m'enrichis plus de découvertes que de richesses.

Septième règle : préférer presque toujours le certain à l'incertain ; et j'eus tant de bonheur en cela que la plupart des événements heureux de ma vie, je suis convaincu de les devoir à cette détermination.

Huitième règle : ne jamais m'obstiner quand la réussite était mauvaise, mais me laisser convaincre par la raison. Bien mieux, j'eus égard plus à l'expérience qu'à ma sagesse ou à la confiance en mon art, surtout dans le traitement des malades ; par ailleurs, je préférai me

---

1. Peut-être faut-il entendre : Il m'a donné un fils avant de me l'enlever.

confier au hasard sans réfléchir sur le passé et sans me dire comme la plupart des gens : « Que serait-il arrivé si j'avais agi ainsi ? » De quel bien sont ces regrets ? Le gain qui vous enlève plus qu'il n'apporte n'est plus un gain, en considérant surtout la perte de temps.

Quand on soigne des malades, il vaut mieux agir qu'attendre l'effet d'une vertu curative : par exemple administrer des lavements plutôt que placer une canule vide ; ordonner du petit lait dans l'hydropisie.

Dans les relations avec un puissant, ou avec un membre d'un ordre — surtout quand il s'agit de quelqu'un qui est en faveur —, si tu es traité sans ménagements, agis avec d'autant plus de calme : la modération, comme je l'ai dit est toujours de mise.

À moins d'être inoccupé, je n'accepte pas une affaire sujette à discussion, non seulement parce que c'est préférable, mais pour ne pas perdre de temps.

Une amitié, même fausse, je ne la déchirerai pas, mais je la découdrai.

Un peu après soixante-quinze ans, je n'ai pas voulu entrer, pour gagner de l'argent, dans une société sans connaître le nombre et la qualité des associés. Fuis les fréquentations qui attirent le mépris.

Autant que j'ai pu, j'ai moins confié à la mémoire qu'aux écrits.

XXIV. MES MAISONS

Dans mon enfance, j'ai habité à Milan près de la porte de Pavie dans la rue dite de l'Arena, ensuite dans la rue des Maini du côté du château ; j'avais habité, près de là, la maison de Lazzaro Soncino, médecin, quand j'étais tout petit enfant ; plus grand, ce fut dans la rue des Rovelli, la maison de Girolamo Ermenulfo, puis la maison des Cusani ; adolescent et jusqu'à dix-neuf ans, la maison d'Alessandro Cardano. À Pavie j'ai élu successivement domicile à San Giovanni in Borgo, à Santa Maria alla Venere dans la maison des Cattanei, et à San Gregorio in Monfalcone, dans Borgoliate, puis près des écoles, près de la maison du procureur Ceranova, et enfin dans la maison que j'achetai à côté de l'église de Santa Maria in Pertica. À Bologne j'eus mon logement tour à tour dans la rue Gombru, puis à la Galera dans la maison de Ranuzio, ensuite dans la maison que j'acquis près de San Giovanni in Monte ; à Rome à la Porta del Popolo, sur la place de San Giovanni près de la Curie Savelli, puis dans la rue Giulia près de Santa Maria di Monserrato. Auparavant, à Milan, j'avais habité la maison qu'avait achetée ma mère à côté de l'église de San Michele alla Chiusa, ensuite près de la Porte orientale, plus tard aux Cinque

Vie ; enfin, une fois reconstruite la maison qui s'était écroulée[1], je revins à San Michele.

---

1. Voir chap. IV et XXXVII.

XXV. PAUVRETÉ ET PERTES DANS MA FORTUNE

Pauvre, sans être ni avide de gains ni attaché à la vaine et ambitieuse dignité de la parure, j'ai souffert de continuels dommages : l'écroulement de ma maison, la guerre presque continuelle dans ma patrie et des impôts insupportables, une domesticité nombreuse, les attaques de mes rivaux, les refus prolongés du Collège[1] , et quelquefois ma prodigalité et mon irréflexion ; les infirmités, les vols qui me dépouillaient, mes dépenses excessives pour des achats de livres, les changements continuels — je ne sais si je puis les dire plus fréquents d'une ville à l'autre ou d'une maison à l'autre dans la même ville ; — mon séjour sans profit à Gallarate où en dix-neuf mois je ne gagnai même pas les vingt-cinq écus de mon loyer ; la malchance aux dés qui me fit mettre en gage les bijoux de ma femme et nos meubles. Avec tout cela il est bien étonnant que j'aie pu me passer de tout secours, bien plus, que dans ce dénuement je n'aie pas mendié, et, plus encore, que je n'aie jamais accepté ni envisagé rien d'indigne de mes ancêtres, de la vertu, des honneurs dont j'avais été auparavant revêtu et dont je fus plus tard couvert ; mais je supportai tout d'une âme égale, au long de quinze années, et sans vouloir profiter d'une charge de

---

1. Voir chap. IV, note 3.

médecin public. Mais, dira-t-on, par quel moyen as-tu subsisté ? As-tu donné des leçons particulières ? — Non. — As-tu obtenu des prêts sans gages ? — Non. — As-tu sollicité des cadeaux ? — Je n'en aurais point trouvé, je pense, et j'en aurais eu honte. — Peut-être as-tu économisé sur la nourriture ? — Même pas cela. — Et quoi donc ? — J'écrivais des almanachs[2], j'enseignais publiquement dans les écoles platiniennes, je gagnais quelque chose à exercer la médecine, chaque domestique était employé à un travail lucratif ; les Archinti m'aidaient de quelques petits présents, je vendais des consultations, je guettais les occasions, j'imitais le travail du glaneur, je m'abstenais de toute dépense de vêtement. Ainsi je supportai la fortune contraire pour savoir, dans un sort plus favorable, mieux employer mes gains.

---

2. On en connaît un *Pronostico o uero indicio generale composto per lo eccellente messer Hieronymo Cardano... dal 1534 insino al 1550 con molti capitoli eccellenti*, Venise, 1534, in-4, 6 ff.

XXVI. MON MARIAGE ET MES ENFANTS

Avant tout cela, j'habitais dans le village de Piove di Sacco, heureux et content, presque ignorant de tous les malheurs, et semblable à un mortel installé dans la demeure, ou mieux dans la gaîté des immortels. Ce que je rapporte est un songe fâcheux, mais qui convient trop bien ici à notre propos. Voilà qu'une nuit je me vois dans un jardin délicieux, très beau, paré de fleurs, plein de fruits de toute sorte. Une brise suave soufflait. Aucun peintre, le poète Pulci lui-même, aucune imagination n'aurait pu inventer rien de plus agréable, rien de pareil. À l'entrée du jardin la porte s'ouvrait toute grande, de même qu'une autre en face. À ce moment, je vois [au dehors] une jeune fille vêtue de blanc : je la rejoins, la serre dans mes bras, la couvre de baisers. Dès le premier baiser le jardinier ferme la porte. Je me mis à lui adresser d'instantes prières de laisser ouvert, ce que je ne pus jamais obtenir. Triste, mais enlaçant toujours la jeune fille, je restai hors du jardin[1].

Quelques jours après, une maison brûla. Pendant la nuit nous fûmes réveillés par l'incendie. J'appris à qui appartenait la maison qui brûlait.

---

1. Un autre récit de ce rêve prémonitoire et de ses suites, donné dans *De libris propriis* III (I, 97), est plus complet et plus cohérent.

C'était celle d'Altobello Bandarini[2], chef de la milice auxiliaire vénitienne dans le territoire de Padoue. Je ne fis rien, le connaissant à peine de vue. Mais par hasard il loua la maison contiguë à la mienne. Cela me fut désagréable, car je ne tenais pas à avoir de pareils voisins ; mais que pouvais-je faire ? Cependant, peu de jours après, je vois de la rue une jeune fille dont le visage et les vêtements étaient parfaitement semblables à ceux de mon rêve de cette nuit-là. Mais, disais-je, qu'ai-je à faire avec cette jeune fille ? Pauvre comme je suis, si je voulais épouser une femme qui n'a rien et qui est accablée d'une foule de frères et de sœurs, j'y succomberais, puisque, étant seul, je peux à peine soutenir ma dépense ; si j'essayais de l'enlever ou d'en abuser secrètement, il ne manquerait pas d'espions pour le rapporter au père qui réside lui-même dans notre village ; un capitaine ne supporterait pas cette injure. Dans un cas comme dans l'autre, que me restera-t-il à faire ? Ô malheureux ! Si tout réussit, il me faut fuir.

Roulant ces pensées et d'autres semblables, il me vint à l'esprit qu'il valait mieux mourir que mener une vie pareille. De ce jour je commençai non pas à aimer, mais à brûler. Je compris, dans la mesure où je pouvais tirer une interprétation [de mon rêve], que j'étais désormais libre de cette entrave[3]. Je l'épousai consentante. Ses parents m'en priaient et m'offraient leur aide s'il en était besoin ; le père en effet pouvait beaucoup. Mais la signification du songe ne s'épuisa pas avec la jeune fille : elle montra sa force dans mes enfants. Ma femme vécut quinze ans avec moi. Pourtant cet infortuné mariage fut la cause de tous les malheurs qui m'arrivèrent au cours de ma vie[4]. Avaient-ils leur origine dans la volonté divine ou bien m'étaient-ils dus pour mes fautes

---

2. Cardan a tracé un intéressant portrait de son beau-père dans *De utilitate ex aduersis capienda* (II, 120-122).
3. À quelles entraves fait-il allusion ? Ce ne sont certes pas encore les liens du mariage. Plus probablement il faut penser aux obstacles à son mariage et peut-être à l'impuissance dont il souffrait depuis l'âge de vingt ans. Cf. dans le passage cité à la note 1 : *quique mihi conscius eram ueneficii aut naturalis impotentiae... Mirum dictu, ut statim a gallinaceo factus sim gallus...* et ce qui suit.
4. Cardan s'est toujours exprimé avec amertume sur son mariage tout en rendant parfois justice à sa femme : *uxorem animosam, peruicacem et indomitam... mitem et ingeniosam et mediocriter pulchram... fecundam masculorum. Abortinit tres masculos, duos perfecte partu et unam puellam edidit.* (*XII Genitur.*, V, 528). Elle mourut en 1546.

ou celles de mes aïeux ? Quant à moi qui étais d'un naturel à peu près indomptable, je devais par la suite me montrer supérieur à toutes les adversités.

XXVII. SORT MALHEUREUX DE MES ENFANTS

Mais c'est sur mes enfants qu'indubitablement la puissance de mon songe se manifesta : d'abord un double avortement de deux enfants mâles de quatre mois me fit désespérer de ma descendance et soupçonner un maléfice. Enfin vint au monde mon aîné[1], dont l'aspect, comme on le vit dans sa jeunesse, rappelait d'une façon frap-

---

1. À propos de ce fils, Giovanni Battista, en qui il avait mis de grands espoirs et dont la fin tragique fut la grande douleur de sa vie, voir surtout : *De utilitate ex aduersis capienda*, IV, 12 (II, 267) et ici chap. IV, n. 6 et 8, X n. 1, XXXVII, XLI, etc. — Né maladif, Giovanni Battista avait souffert dans son enfance du manque de soins de la part de ses nourrices et vers trois ou quatre ans était devenu sourd de l'oreille droite. Plus tard son père veilla à son instruction : il était bon musicien et acheva rapidement ses études jusqu'à être reçu docteur en médecine à vingt-deux ans. Deux fois rejeté par le Collège des médecins de Pavie, il put enfin, après un nouvel échec auprès de celui de Milan (*De libris propriis*, I, 94), exercer la médecine dans cette dernière ville où il se signala par des cures difficiles. Mais faible et emporté, dissimulé et impulsif, il s'était marié en 1557, malgré les conseils et à l'insu de son père, avec une jeune fille sans dot et de douteuse vertu, qui ne tarda pas à le tromper sans vergogne. *Quoniam illa cum socru saepius obiicerent adulterium se perpetrasse, atque etiam filios duos genitos masculum et foeminam ex adulteris non ex ipso procreasse*, Giovanni Battista médita longtemps une vengeance. Quand sa femme était encore malade des suites de ses dernières couches, il lui fit manger un gâteau empoisonné. Malgré les témoignages des experts qui affirmaient que la mort avait été causée par la fièvre puerpérale, malgré les efforts désespérés de Cardan, le malheureux fut condamné et exécuté.

pante mon père : bon, doux et simple, il était sourd de l'oreille droite, avait les yeux petits, clairs et toujours en mouvement ; à un pied, le gauche si je ne me trompe, il avait une syndactylie des troisième et quatrième orteils en partant du pouce ; son dos faisait un peu saillie, mais sans être difforme. Il vécut tranquille jusque vers vingt-trois ans, puis il s'éprit de Brandonia Seroni et, après avoir obtenu son diplôme de docteur, il la prit pour femme, sans dot[2]. Sa mère, comme je l'ai dit, était morte depuis longtemps[3], et bien avant elle son aïeul maternel[4], qui n'avait survécu que quelques mois à mon mariage ; sa grand-mère maternelle Taddea vivait encore. Alors commencèrent les douleurs et les larmes ; j'avais beaucoup souffert du temps que sa mère vivait, à l'époque où j'étais attaqué de tous côtés, mais cela avait pris fin. Cependant mon fils, accusé d'avoir tenté d'empoisonner sa femme en couches, fut arrêté le 17 février (1560) et, cinquante-trois jours après, le 13 avril[5], décapité dans sa prison. Ce fut le premier et le plus grand de mes malheurs : à cause de lui je ne pouvais honnêtement être maintenu dans ma chaire, ni être renvoyé sans motif ; je ne pouvais habiter en sécurité dans ma patrie, ni l'abandonner sans danger ; j'allais, accompagné de mépris, dans mes courses à travers la ville comme dans mon commerce avec les hommes ; je m'écartais comme un ingrat de mes amis ; rien ne se présentait que je pusse faire ; je n'avais aucun endroit où me rendre ; je ne sais si j'étais plus malheureux ou plus odieux.

À cela s'ajoutèrent ensuite la folie et les débordements de mon fils cadet, ses mauvais traitements à mon égard, qui dépassaient tout ce qui était possible, au point que je fus obligé de le faire emprisonner plus d'une fois, de le faire condamner à l'exil, de le priver de mon héritage quand il n'en avait aucun du côté de sa mère[6]. De ma fille seule je

---

2. Le 21 décembre 1557.
3. En 1546. Cf. *XII genitur. exempla* (V, 528).
4. Le 28 décembre 1533 (*Synes. somniorum* lib. I, éd. de Bâle, 1562, p. 30).
5. Cardan a varié sur cette date : le 7 avril (*De utilitate...* II, 282) ou le 9 avril au milieu de la nuit (*XII genitur. exempla*, V, 529). Le 10 est le jour indiqué par le *Registro dei giustiziati della Nobilissima scuola di S. Gio. decolato...* cité par Bertolotti (*Arch. stor. lombardo*, IX (1882) pp. 615-660.)
6. Cf. Enrico Rivari, *Girolamo Cardano accusa e fa bandire da Bologna per furto il figlio Aldo* (*Studi e memorie per la storia dell'univ. di Bologna*, I (1907) pp. 147-180.

n'eus aucun ennui, sauf la dépense de sa dot que je lui payai volontiers comme je devais. Mon fils aîné me donna deux petits-enfants, et en quelques jours une seule maison vit trois convois funèbres : mon fils, ma bru et ma petite-fille Diaregina ; peu s'en fallut que mon petit-fils[7] ne mourût aussi. Dans l'ensemble tout ce qui se rapporte à mes enfants alla mal. En effet ma fille, de qui je gardais du moins quelque espoir de bien, mariée à un jeune homme riche et distingué, Bartolomeo Sacco, noble milanais, resta stérile. Mon unique espérance repose ainsi sur mon petit-fils.

Je n'ignore pas que tout cela pourra paraître sans intérêt dans l'avenir et surtout pour des étrangers. Mais il n'est rien, comme je l'ai dit, dans ce monde mortel qui ne soit vain, vide et l'ombre d'un rêve ; de cela seul sont faites les actions des hommes, leurs biens, leur vie, leurs malheurs. Et comme Cicéron, le père de l'éloquence, apprit de Crantor le moyen de se consoler de la mort de sa fille, ainsi, dans les plus grands malheurs, des considérations de ce genre se réveillent tantôt de ci, tantôt de là, et sont d'un usage et d'une utilité non méprisables. Du reste, je n'ignore pas non plus que les seules choses qui

---

Voir aussi *XII genitur. exempla* (V, 532), *De utilitate...* (II, 181) et la déclaration d'Aldo que Cardan a transcrite dans son testament de 1575 (citée par Bertolotti, *loc. cit.*). — Ce deuxième fils fut un déséquilibré, en proie à des crises de fugue (*ita est ab anno 14. nunquam se continuit, sed per Italiam continuo peregrinatur*). Instable, emporté, violent jusqu'à la fureur, joueur acharné, rien ne put ni le corriger ni le contraindre. Son père recourut, semble-t-il, parfois à des moyens d'une excessive brutalité. (Cf. *Responsio ad criminationem D. Euangelistae Seroni*, en appendice de *De util. ex advers. cap.*, ed. basil., pp. 1144-1153 : *Dicit inter epulas praecidisse auriculam alteri filio. Ebrietatis ergo potius quam crudelitatis esse argumentum*). Après avoir eu un moment l'illusion d'un changement (*ab obitu fratris mense pene quarto exacto coepit sensim mores commutare. De util., loc. cit.*), Cardan renonçant à rien tenter pour le redresser ne pensa plus qu'à se défendre contre ses violences, ses dépenses folles, ses vols domestiques, d'abord en le chassant de sa maison, puis en le faisant interdire de séjour et même emprisonner. Dans son dernier testament il le déshéritait à peu près complètement et ne lui laissait qu'une rente viagère de six écus d'or par mois pour son entretien, sous la condition qu'il ne résiderait pas dans la même ville que son neveu Fazio et qu'il s'abstiendrait de toute tracasserie à l'égard de celui-ci (Bertolotti, *loc. cit.*, p. 654).
7. Son petit-fils qu'il nomma Fazio en souvenir de son père naquit le 21 janvier 1560. Sauf une allusion à la légèreté de son caractère (chap. LII) nous savons peu de chose sur ce dernier représentant des Cardan. Il fut élevé par son grand-père qui veilla toujours à le soustraire tant au contact de la famille Seroni qu'aux mauvais exemples de son oncle Aldo, et qui fit de lui son légataire universel.

semblent dignes d'être rapportées dans les livres sont, par exemple, des suites de grands événements provenant d'humbles origines et qu'en les racontant il faut passer rapidement ou les exposer avec le plus grand ordre pour donner une image fidèle. Il peut s'agir encore d'exemples de grandes œuvres nées de la vertu ou de la honte ou du hasard, dont il faut parler avec la plus grande brièveté à moins qu'elles ne touchent à l'art ou à la sagesse. Mais maintenant (quels temps ! quelles mœurs !) on n'écrit plus que de honteuses flatteries. On peut pourtant prodiguer des éloges à ceux dont la vertu et l'innocence en sont dignes, comme Pline l'a fait pour Trajan, Horace pour Mécène. Mais nous qui donnons des leçons, nous agissons follement ; du moins, à le faire, que ce soit de façon à pouvoir espérer. Ce ne sera donc point suivant l'habitude plutôt dégoûtante que louable de deux ânes qui se grattent réciproquement. Y a-t-il des qualités ? On les louera d'un mot, en passant, comme une chose bien connue, à la façon de Pline le jeune envers Martial. En ce qui concerne la sagesse et l'art, un livre doit être parfait pour mériter d'être acheté. Il est parfait, celui qui conduit d'un trait du début à la fin sans rien négliger, sans rien ajouter d'étranger, en s'en tenant aux divisions nécessaires, qui fait comprendre ce qui était caché, qui met en évidence les fondements, ou encore qui trace un portrait exact d'un maître de l'art comme Philandrier l'a fait pour Vitruve.

XXVIII. PROCÈS INTERMINABLES

Depuis la mort de mon père jusqu'à ma quarante-sixième année, c'est-à-dire pendant vingt-trois ans, je fus presque continuellement en procès. D'abord ce fut avec Alessandro Castiglione, appelé Gattico, pour certaines forêts, puis avec des parents, enfin avec le comte Barbiani[1] ; plus tard avec le Collège [des médecins] et par la suite avec les héritiers de Domenico de' Torti qui m'avait tenu sur les fonts baptismaux. Contre tous je gagnai mes procès. Ce qui est étonnant, c'est que je triomphai d'Alessandro Castiglione alors que son oncle était juge, et bien qu'il eût déjà obtenu contre moi un jugement devenu exécutoire (comme disent les juristes) ; il fut contraint de payer tous les frais. J'eus un pareil succès avec les recteurs du Collège : exclu par plusieurs jugements, et le dernier jugement confirmé par un accord aux termes duquel j'étais associé et soumis au Collège sans en être membre, je fus pourtant reçu complètement malgré tant d'adversaires. De même avec les Barbiani, après de longs procès, des menaces et des difficultés, je transigeai et, ayant reçu la somme convenue, je fus tout à fait débarrassé de chicanes.

---

1. Voir chap. IV n. 4.

XXIX. VOYAGES

J'ai, en plusieurs voyages, visité presque toute l'Italie, sauf Naples, la Pouille et les régions voisines ; de même l'Allemagne, surtout la partie méridionale, la Suisse, les Grisons, la France, l'Angleterre et l'Écosse[1].

Mais il est bon de raconter ce qui arriva. Hamilton, archevêque de Saint-Andrews, ville importante d'Écosse, légat du Pape et primat, frère bâtard du vice-roi[2], souffrait périodiquement de difficulté de respirer ; les accès, d'abord assez éloignés, se répétèrent tous les huit jours quand il eut dépassé la quarantaine, et le mettaient presque à la mort ; au bout de vingt-quatre heures à peu près, sans aucun secours, il était débarrassé. Il avait en vain importuné les médecins de l'empereur Charles V et d'Henri II, roi de France. Aussi, ayant entendu parler de moi, il me fit d'abord envoyer à Milan par son médecin 200 écus d'or,

---

1. Cardan a raconté plusieurs fois les circonstances de son voyage en Écosse, surtout dans deux éditions de son *De libris propriis*, celle de 1554 (I, 89-93) et celle de 1562 (I, 136). Il mentionne plusieurs observations faites en cours de route dans *De rerum uarietate*, IV, 16, VIII, 33, XVII, 96-97, etc. (III, 46, 220, 264, 338, 339, 341).
2. L'archevêque John Hamilton (né le 3 février 1512, pendu en 1571) était le frère de James Hamilton qui exerça la régence durant la minorité de Marie Stuart. Cardan a dressé son horoscope dans le *Liber XII Genitur.* 508-510).

pour que je me rende à Lyon ou, tout au plus, à Paris où il viendrait. Moi qui, comme je l'ai raconté plus haut, me trouvais alors sans chaire, j'acceptai volontiers cette proposition et le 22 février 1552 je me mis en route. Je passai à Domodossola, Sion et Genève par le Simplon et, laissant le lac Léman, j'arrivai à Lyon le 13 mars, sixième jour du carnaval de Milan. J'y restai quarante-six jours sans voir l'archevêque ni même le médecin que j'attendais. Je couvris cependant mes dépenses avec mes gains. Il y avait alors Louis Birague, noble milanais, commandant de l'infanterie royale, avec qui je me liai d'une étroite amitié, si bien que, si j'avais voulu entrer au service du vice-roi Brissac, il m'offrait un traitement de mille écus d'or par an. Cependant Guillaume Casanate, médecin de l'Archevêque, arriva m'apportant encore trois cents écus d'or pour que je me rende en Écosse ; il m'offrait de me payer la dépense de mon voyage jusque là et me promettait bien d'autres cadeaux. J'allai donc à Paris en suivant la Loire[3]. Je pus y voir Oronce Finé ; mais lui refusa de venir chez moi. Je vis sous la conduite de Magny[4] le trésor du roi de France, dans l'église Saint-Denis ; il ne mérite pas sa réputation, mais est plus important que je ne pensais, surtout à cause d'une corne entière de Licorne[5]. Puis je rencontrai les médecins du roi ; nous dînâmes ensemble, mais ils ne purent obtenir de m'entendre après le repas, parce qu'ils avaient voulu que je parle le premier avant le dîner[6]. Je partis de Paris en assez bons

---

3. Voir chap. XLV. Pour occuper ses loisirs pendant ce trajet, Cardan composa ses commentaires au *De Astrorum indiciis* de Ptolémée qu'il dédia à l'archevêque Hamilton (1re éd. Bâle, 1554).
4. Cf. *De rerum uarietate*, XVII, 97 (III, 341) : *Ioannes Manienus, medicus, uir egregius et mathematicorum studiosus... medicus monachorum beati Dionysii.*
5. La licorne fait l'objet d'un paragraphe du *De subtilitate* (trad. fr. 271 a) à la suite du rhinocéros dont elle diffère manifestement ! Elle « a une teste de cerf ou il y a une seule corne longue de trois doigts, au milieu du front, droite, ample en bas, tendante en pointe... et croit-on que sa corne est merveilleusement contraire au venin »
6. Sa rencontre avec les médecins parisiens et la dispute sur les préséances qui s'y produisit sont racontées aussi dans *De libris propriis* (I, 93). C'est peut-être ce fait qui est à l'origine de l'anecdote racontée par Noël du Fail dans *les Baliverneries et les contes d'Eutrapel* (éd. Courbet, Paris, 1894, I, 194-195) Appelé en consultation avec Fernel, Charpentier et d'autres illustres médecins, Cardan conclut une savante et profonde discussion par ces simples mots : *Ha bisogno d'un clistero*, « laissant cette troupe médicinale mécontente au possible ».

termes avec Fernel, Sylvius et un autre médecin du roi que j'y laissai. Je passai à Boulogne d'où, escorté de quatorze cavaliers armés et de vingt fantassins, selon la volonté du prince de Sarepont, je parvins à Calais où je vis la tour de César encore debout. Je traversai le détroit, j'entrai à Londres et, enfin, le 29 juin j'arrivai auprès de l'archevêque à Édimbourg. J'y restai jusqu'au 13 septembre[7] et je reçus quatre cents autres écus d'or, un collier de cent vingt-cinq écus, un genet magnifique et beaucoup d'autres cadeaux ; personne ne revint les mains vides. Je retournai par le Brabant et la Flandre, visitant Gravelines, Anvers, Bruges, Gand, Bruxelles, Louvain, Malines, Lierre, Aix-la-Chapelle, Cologne, Coblentz, Clèves, Andernach, Mayence, Worms, Spire, Strasbourg, Bâle, Neustadt, Berne, Besançon, et dans les Grisons les villes de Coire et de Chiavenna[8] ; enfin, par le lac de Côme, je rentrai à Milan le 30 décembre 1552.

Parmi toutes ces villes, je n'ai séjourné qu'à Anvers, Bâle et Besançon. Les Anversois mettaient tous leurs soins à me retenir. À Londres j'eus audience du roi de qui je reçus cent écus d'or ; j'en refusai cinq cents — d'autres disent jusqu'à mille, je n'ai pu savoir la vérité, — parce qu'il m'aurait fallu lui donner un titre que je jugeai au préjudice du pape[9]. En Écosse, je devins le familier du prince d'Ussel, représentant du roi de France. À Bâle, si je n'avais été averti par Guglielmo Gratarolo, peu s'en fallait que je ne fusse logé dans un lazaret de pestiférés. À Besançon, je fus bien accueilli par l'évêque de Lisieux, comme je l'ai rappelé ailleurs ; il me combla de cadeaux, ce qui m'arriva ailleurs aussi.

Ainsi, j'ai vécu quatre ans à Rome, neuf à Bologne, trois à Padoue,

---

7. Voir encore chap. XL, n. 2. Le traitement imposé à l'archevêque est rapporté dans les *Consilia medica ad varios morbos* : Consilium XXII, *De difficultate respirandi pro Reuerendissimo DD. Joanne Archiepiscopo Sancti Andreae...* (IX, 123-152) ; Consilium LII, *Ephemeris sine uitae ratio pro Reuerendissimo DD. Archiepiscopo Sancti Andreae...* (IX, 225-230).
8. Chiavenna, aujourd'hui en Lombardie où elle a été rattachée en 1797.
9. Cardan passe ici sous silence l'horoscope qu'il dressa pour Édouard VI à qui il prédisait une longue vie prospère. La mort précoce du roi lui valut force railleries. Pour se disculper il invoqua des erreurs de calculs et « après avoir calculé une seconde fois, il trouva que ce prince avoit eu raison de mourir comme il avoit fait et qu'un moment plus tôt ou plus tard sa mort n'auroit pas été dans les règles ». Voir chap. XLII.

douze à Pavie ; à Moirago j'ai passé les quatre premières années de ma vie ; à Gallarate je suis resté un an, à Piove di Sacco presque six, à Milan trente-deux, ou peu s'en faut, en trois fois ; et pendant trois ans j'ai erré, pour ainsi dire.

Outre ce voyage, j'ai vu Venise, Gênes et Rome, et les villes qui se trouvent sur ces routes, comme Bergame, Crema, Brescia et d'autres, ainsi que Ferrare et Florence, et plus loin Voghera et Tortone. Bref j'ai visité toute l'Italie, sauf le royaume de Naples et les régions voisines, comme la Pouille, le Latium, le Picenum, l'Ombrie, la Calabre, la Grande-Grèce, la Basilicate et les Abruzzes.

Mais on pourra demander pour quel profit je rappelle tant de villes. Il est grand ; car pour peu que tu aies, un seul jour, observé conformément à la doctrine d'Hippocrate, tu comprendras quelle est la nature des lieux, les mœurs des habitants, la région qu'il est préférable de choisir, les maladies régnantes ; et parmi les divers pays quel est celui qui offre le plus d'agréments. Tous ceux en effet dont je viens de parler nous conviennent peu à cause du froid, et maintenant plus encore à cause de guerres. Les voyages sont encore utiles pour bien comprendre les histoires, surtout avec l'aide des géographes qui décrivent les pays ; on y apprend aussi la nature et la production des plantes et des animaux ; les voyageurs y trouvent leur itinéraire. Il existe des livres de ce genre imprimés en italien, qui donnent ces renseignements en y ajoutant même les distances.

XXX. DANGERS, ACCIDENTS ET EMBÛCHES NOMBREUSES, DIVERSES, CONTINUELLES

J'ai couru les dangers que je vais rapporter. J'habitais dans la maison des Cattanei. Un matin que la terre était couverte de neige, en allant à mon cours, je m'arrêtai pour uriner près d'un mur qui menaçait ruine, à côté d'un étudiant, puis je continuai par le bas de la rue. À ce moment une brique se détacha du mur d'en face ; je n'échappai au danger que grâce à la neige, qui m'avait détourné de prendre par le haut, comme m'y poussait vivement mon compagnon.

L'année suivante, en 1540 si je ne me trompe, comme j'étais dans la rue orientale, il me vint sans motif à l'idée de traverser du côté gauche au côté droit de la rue. À peine y étais-je qu'une bonne quantité de moellons tomba de l'autre côté, d'un avant-toit très élevé, sur un si large espace que, à coup sûr, si je n'avais pas changé de route, j'aurais été broyé tout entier. Ainsi je fus sauvé par la volonté de Dieu.

Peu après, non loin du même endroit, j'allais monté sur une mule à côté d'un char, et je voulais le dépasser sur la droite ; car j'étais pressé par mes affaires et ennuyé du retard. Je pensai : et si le char se renverse ? Je m'arrête et il tombe. Sans aucun doute, je me serais trouvé pris sous lui, avec le risque évident d'une blessure et peut-être en grand danger de mort. Je ne m'étonne pas de ce qui est arrivé, mais de ce que, entre tant de fois où j'ai changé de chemin, je ne l'ai jamais fait spontanément qu'en de tels dangers ; peut-être les autres fois n'y ai-je pas prêté attention. C'est pourtant une chose remarquable, mais qui n'est admirable que par le nombre des exemples.

Enfant, j'avais onze ans sauf erreur, j'entrai dans la cour du noble Donato Carcani : un petit chien au poil souple me mordit au ventre et me fit cinq blessures, mais sans gravité quoique les plaies eussent noirci. Je ne dirai rien là dessus, sauf qu'il fut très heureux pour moi de ne pas connaître le danger de la rage. Plus tard, ce que le mal n'avait pas produit, la peur l'aurait fait.

En 1525, l'année de mon rectorat, je faillis me noyer dans le lac de Garde. Avec des chevaux de louage je m'étais embarqué à contrecœur. Le grand mât, le gouvernail et une des deux rames se brisèrent ; la voile du second mât se déchira aussi. La nuit était survenue. Je pus me sauver à Sirmione quand les autres n'avaient plus d'espoir et moi fort peu. Si l'entrée au port avait été retardée, ne fût-ce que de la quarantième partie d'une heure, nous aurions péri ; car la tempête arriva avec tant de force qu'elle tordit les barres de fer aux fenêtres de l'auberge. Quant à moi qui, au début, avais paru effrayé, je dînai content quand on servit un gros brochet. Il n'en fut pas de même des autres, à l'exception de celui dont les conseils avaient provoqué cette erreur, mais qui avait ensuite montré une courageuse activité dans le danger.

Me trouvant à Venise le jour de la Nativité de la Vierge[1]. j'avais perdu de l'argent au jeu. Le lendemain je perdis ce qui me restait. J'étais dans la maison de mon partenaire ; et quand je m'aperçus que les cartes étaient truquées, je tirai mon poignard et le blessai au visage, mais légèrement, en présence de deux jeunes gens, ses serviteurs. Deux lances étaient suspendues au plafond, la porte de la maison fermée à clef. Je me saisis de tout l'argent, aussi bien du sien que du mien ; mes vêtements et mes bagues, que j'avais perdus la veille, je les avais regagnés au début de cette séance et déjà renvoyés chez moi par mon valet. Je rejetai de mon gré une partie de l'argent et je m'élançai sur les domestiques qui ne pouvaient tirer les armes. À leurs supplications, je leur accordai la vie sauve à condition qu'ils m'ouvriraient la porte de la maison. Dans un tel trouble et une telle confusion, considérant que tout

---

1. Le 8 septembre 1526. *Liber XII Genitur. ex.* (V, 521).

retard pourrait être dangereux parce que (je pense) il m'avait attiré chez lui pour tricher avec des cartes faussées, et jugeant que la différence n'était pas grande entre le gain et la perte, leur maître ordonna de m'ouvrir la porte, et je sortis. Le même jour, tâchant d'esquiver les dangers qui pouvaient me venir de la police à cause de la blessure faite à un Sénateur, j'allais armé sous mes vêtements quand, à la deuxième heure de la nuit, je fis un faux pas et tombai dans la mer. Sans perdre la tête, j'étendis la main droite qui saisit une poutre. Sauvé par ceux qui m'accompagnaient, je monte sur un bateau et j'y trouve (ô miracle !) l'homme avec qui j'avais joué, le visage bandé à cause de sa blessure. Il m'offrit spontanément des vêtements de marin, je les mis et je rentrai à Padoue en sa compagnie[2].

À Anvers, comme je voulais acheter une pierre précieuse, je tombai dans une fosse (je ne sais pour quelle raison ou quelle destination elle se trouvait dans la boutique). Blessé et meurtri à l'oreille gauche, je pardonnai assez aisément l'incident, car le dommage n'était que superficiel.

En 1566, à Bologne, je sautai de ma voiture qu'il n'était plus possible d'arrêter dans sa course. J'eus l'annulaire de la main droite brisé, le bras contusionné assez pour ne pouvoir plus le plier de quelques jours ; puis la douleur passa au bras gauche, le droit restant sans dommage. Le plus étonnant, c'est que, neuf ans après, sans cause, comme un avertissement, cette douleur reparut à droite ; et maintenant j'en souffre encore. Quant au doigt, sans l'emploi d'aucun remède, je n'y ressens plus aucune gêne et il n'a gardé qu'une légère déformation.

Que dirai-je du risque que je courus du fait de la peste en 1541 ? J'avais visité un serviteur du colonel Dell'Isola, noble génois, lequel serviteur était arrivé de Suisse infecté pour avoir dormi entre deux malades, morts plus tard. Ignorant la nature du mal, j'avais ensuite porté le dais de l'empereur[3] à son entrée dans Milan, en ma qualité de

---

2. Un autre récit de cette aventure donné dans *Liber XII Genitur.* (V, 521) diffère de celui-ci par quelques menus détails, mais surtout est plus clair et les circonstances de l'accident s'enchaînent mieux.
3. Dans la description fort détaillée que donne Bugati de cette entrée solennelle (*Historia universale*, livre VII, p. 1896) on lit : *dietro... seguina Cesare sotto il Baldachino di broccato graue, portato da otto dottori co'loro coadintori a vicenda.*

recteur du Collège des médecins. Quand la maladie fut connue, le colonel voulait que le mort — on le considérait déjà comme tel — fût caché à la campagne. Je refusai d'y consentir, ne craignant rien tant que la fraude et ses suites. Et, avec l'aide de Dieu, le malade, grandement aidé de ma paternelle assistance, se rétablit contre tout espoir.

Que dire encore de ce qui m'arriva en 1546 et qui tient du prodige ? Je revenais, presque débarrassé de souci, d'une maison où la veille un chien m'avait touché de ses dents, mais sans me blesser. Comme il s'était jeté sur moi furtivement et sans aboyer, je craignais qu'il ne fût enragé. Aussi lui avais-je offert de l'eau qu'il avait refusée, mais sans s'enfuir, et il avait mangé une cuisse de chapon qu'on lui avait présentée sur mon ordre. Sur ces entrefaites, je vois s'avancer vers moi d'assez loin un très gros chien. C'était le jour de la Sainte-Croix[4], un jour d'avril fort gai. Les deux côtés du chemin étaient garnis de haies de verdure et d'arbres. Je me disais : Que peuvent avoir les chiens contre moi hier et aujourd'hui ? J'ai évité une crainte vaine, mais qui sait si celui-ci n'est pas vraiment enragé ? Pendant ces réflexions, le chien s'était déjà approché droit vers la tête de ma mule, et je ne savais quel parti prendre. À peine à portée, il sauta pour m'atteindre. La mule que je montais était petite, ce fut ce qui me sauva. Je fis aussitôt le geste que je venais de calculer et je baissai la tête sur l'encolure de ma bête. Le chien passa au-dessus de moi, en faisant claquer ses dents, sans me blesser ni même me toucher, ce qu'on peut compter comme un miracle. Si je ne l'avais pas raconté assez souvent et en divers endroits de mes écrits, je croirais à un rêve ou à une hallucination. En outre, en regardant derrière moi pour voir s'il revenait m'attaquer, j'interrogeai mon valet qui me suivait sur la gauche près de la haie : « Dis-moi, je te prie (le chien s'était déjà éloigné, emporté par son élan), as-tu vu ce qu'a fait ce chien ? t'a-t-il tracassé ? — Point, dit-il, mais j'ai bien vu ce qu'il vous a fait. — Dis-le moi, je te prie, demandai-je encore. — Il a bondi droit sur votre tête, mais comme vous vous êtes courbé, il est passé par dessus sans vous blesser ».

---

4. L'adoration de la Sainte-Croix, fixée au 6e vendredi du Carême et qui tombait cette année-là le 16 avril (Pâques le 25 avril).

Certes, pensai-je, ce ne fut pas une hallucination, mais la chose pourrait paraître incroyable à tout le monde.

Au total, je me suis trouvé quatre fois dans un danger extrême, c'est-à-dire tel que, si je n'y avais pas pourvu, c'était fait de ma vie. Ce fut la noyade d'abord, puis la morsure d'un chien enragé, en troisième lieu la chute des décombres qui fut moins grave, puisque je m'étais éloigné avant qu'elle commençât, et la rixe dans la maison du noble vénitien.

En nombre égal sont les plus grands dommages et les pires embarras que j'ai éprouvés : le premier fut mon impuissance, le second la mort cruelle de mon fils, le troisième la prison, le quatrième la méchanceté de mon second fils. C'est ainsi, en ordre, qu'il faut examiner ma vie. Je ne compte pas la stérilité de ma fille, mon long conflit avec le Collège, tant d'hostiles et d'iniques persécutions, ma mauvaise constitution physique, ma faiblesse continuelle, et l'absence d'un parent qui eût des connaissances et de l'honnêteté ; s'il ne m'avait pas manqué, il m'aurait soulagé d'un grand poids et m'aurait débarrassé de la plupart des petits ennuis.

Quant aux embûches dont le but était ma mort, je vais en raconter d'étonnantes. Aussi soyez attentif, car l'histoire en est rare.

J'enseignais alors à Pavie et je lisais chez moi. J'avais auprès de moi une servante de hasard, le jeune Ercole Visconti, deux jeunes domestiques et un valet. Des deux domestiques, l'un me servait de secrétaire et de musicien, l'autre de laquais. C'était l'année 1562, où j'avais décidé de partir de Pavie et d'abandonner mon enseignement, décision que le Sénat acceptait difficilement, comme si elle avait été prise sous le coup de la colère. Il y avait là deux docteurs : l'un, homme habile, avait été autrefois mon disciple ; l'autre, simple et, je pense, sans méchanceté, était chargé d'un enseignement extraordinaire de la médecine. Il était d'ailleurs bâtard. Mais que ne peut le désir des honneurs et des richesses, surtout quand il s'unit aux connaissances scientifiques ! Mes rivaux, dont tous les soins tendaient à me faire quitter la cité, étaient disposés à tout, semblait-il, pour réaliser ce vœu. Aussi, désespérant de parvenir à me chasser à cause du Sénat et bien que j'eusse demandé mon congé, ils conçurent le dessein de me tuer, non par le fer, à cause de l'infamie et de la crainte du Sénat, mais par la ruse ; car mon compétiteur comprenait qu'il ne pourrait être nommé premier professeur si je ne partais pas. Ils prirent les choses de loin. D'abord ils fabriquèrent sous le nom de mon gendre, et même sous celui de ma fille, une lettre absolument honteuse et dégoûtante : « ils rougissaient de leur parenté avec moi ; le Sénat, le Collège des médecins éprouvaient une égale honte, la chose allait si loin qu'on me jugeait indigne d'enseigner et qu'on pensait à m'éloigner de ma chaire. » Frappé de si impudents et audacieux reproches de la part des miens, je ne savais que faire, que dire, que répondre ; et je ne pouvais m'expliquer à quoi cela tendait. Maintenant, il est clair qu'un acte aussi éhonté et cruel avait la même origine que les autres qui furent tramés par la suite. En effet, peu de jours après, on m'apporta une lettre signée de Fioravanti, conçue dans ce sens : « Il avait honte pour notre patrie, pour le Collège, pour le corps des professeurs, du bruit qui se répandait que j'abusais des enfants, qu'un seul ne me suffisait pas si, chose absolument inouïe, je n'y en joignais un second ; il me demandait au nom de tous mes amis de prendre des précautions contre l'infamie publique ; il n'était bruit que de cela dans Pavie, et il pouvait indiquer les maisons où on en parlait. » À cette lecture je restai stupide ; je ne pouvais croire que cette lettre fût de lui, un ami et un homme raisonnable. J'avais encore présente à la mémoire la lettre que je croyais de mon gendre. Maintenant, je suis convaincu qu'elle ne fut jamais de lui et qu'il n'a jamais eu d'idée semblable puisque, depuis lors jusqu'à ce jour, que nous ayons été en bons termes ou fâchés, il m'a toujours respecté et n'a laissé paraître la moindre trace d'une si mauvaise et si absurde opinion. Et puis, si même il l'avait cru, en homme prudent, il se serait gardé d'envoyer une lettre exposée à tomber entre beaucoup de mains, pour reprocher à son beau-père un crime au moins douteux, mais si repoussant, si honteux et qui pouvait nuire à sa propre réputation.

Aussitôt je demande un vêtement, je vais chez Fioravanti et je l'interroge sur la lettre : il avoue qu'elle est de lui. J'étais de plus en plus stupéfait ; car je ne soupçonnais pas la machination, je n'y pensais même pas. Je me mis à discuter et à lui demander où se tenaient ces fameux propos. Là il commença à hésiter sans savoir que dire ; il n'invoquait que la rumeur publique et les racontars du recteur de l'Académie, qui était l'homme de Delfino. Quand il vit que la conséquence de cette affaire était de le mettre en sérieux danger plutôt que m'exposer au soupçon de ce crime, il changea de résolution et céda ; quoique simple, comme je l'ai dit, il voyait la gravité de ce qu'il avait fait. De ce jour tout cessa et leurs inventions s'écroulèrent. Je vais dire, comme je l'ai appris plus tard, dans quelles conditions la chose avait été préparée : le loup et le renard avaient persuadé à cette bonne bête[5] que le Sénat avait décidé de lui accorder, quand je ne serais plus là, la deuxième chaire de médecine ; car la première, c'était mon compétiteur qui se la réservait, en vertu d'une coutume de succession depuis longtemps établie ; le renardeau occuperait la place de Fioravanti. Mais il ne devait pas en être ainsi, comme l'événement le montra ensuite.

Le premier acte de la tragédie achevé, commence le second, qui éclaire le précédent. Avant tout, on prit soin que cet homme (qui faisait rougir sa famille, sa patrie, le Sénat, les Collèges de Milan et de Pavie, le corps des professeurs et jusqu'aux élèves) entrât à l'*Accademia degli Affidati* de Pavie, où figuraient plusieurs théologiens distingués, deux cardinaux à ce qu'on disait, deux princes, le duc de Mantoue et le marquis de Pescara. Et, voyant que je ne m'y laissais mener qu'à contre-cœur, on recourut à la menace pour forcer mon consentement. Que pouvais-je faire sous le coup de la mort terrible de mon fils ? Ayant fait l'épreuve de tous les malheurs je consentis enfin, surtout parce que j'étais dispensé certains jours de l'obligation d'enseigner à l'Université. Je ne prenais pas garde alors à leur fourberie, cachée sous le désir de recevoir celui que, moins de quinze jours avant, tous les ordres voulaient proscrire comme l'époux de tous les enfants. Ô grands dieux ! Ô barbarie des mortels, ô cruauté d'amis scélérats et traîtres, ô impudence et fureur pires que celles des serpents !

Bref, la première fois que j'entrai à l'Académie je remarquai une poutre placée de telle façon que, glissant à l'improviste, elle pouvait tuer quiconque entrait — je ne sais si c'était par hasard ou fait à dessein. Quoi qu'il en fût, je n'assistais aux séances que le plus rarement possible en imaginant des prétextes ; quand j'y allais, c'était au

---

5. Des rapprochements entre les diverses parties du récit on peut supposer que le loup est Delfino, le renard Zaffiro, le mouton ou la bonne bête étant clairement Fioravanti.

moment où l'on ne m'attendais pas, et j'étais toujours attentif à la souricière. On ne s'en servit pas, soit que l'on jugeât qu'il ne fallait pas perpétrer un crime avec tant d'éclat, soit que l'on n'eût pas eu cette intention ou que l'on prît un autre parti. Par exemple, je fus appelé peu de jours après au chevet d'un malade, le fils du chirurgien Pier-Marco Troni. Il y avait, appliqué au dessus de la porte, un morceau de plomb comme pour retenir les rideaux de jonc : comment, de quelle façon, je ne comprends pas, mais assurément pour qu'il tombât. Il tomba en effet. S'il m'avait atteint, c'en était fait de moi ; et de peu s'en fallut, Dieu le sait. De ce jour, je commençai à être en proie au soupçon, sans savoir précisément que soupçonner, tant était grande la stupeur de mon esprit.

Mais écoutez le troisième acte, qui découvrit tout. Peu de temps après, cet animal vint me demander de lui prêter deux jeunes domestiques, musiciens, en vue d'une messe nouvelle que l'on voulait célébrer. On savait qu'ils goûtaient les premiers mes aliments, et on s'était mis d'accord avec une servante pour me donner du poison. Auparavant on avait demandé à Ercole [Visconti] de prendre part à cette fête ; et sans soupçonner de mal il avait promis. Mais lorsqu'il vit que l'on faisait aussi appel aux deux autres, il flaira un mauvais coup ; aussi répondit-il : « Un seul est musicien, et non les deux ». Alors ce lourdaud de Fioravanti, brûlant du désir de les emmener, répondit : « Qu'il nous les envoie tous les deux ; nous savons que le second, bien que moins habile, est aussi musicien et, avec les autres, il complètera toujours le chœur des enfants ». « Laissez-moi, dit alors Ercole à ses interlocuteurs (ils étaient deux), dire un mot à mon maître » ; et il vint, informé de tous points. Si je n'avais été tout à fait fou ou insensé, je pouvais facilement comprendre ce qu'on machinait ; et pourtant, même alors, je ne remarquai rien. Je me bornai (parce que Ercole me le conseilla) à ne pas prêter mes deux domestiques. Ils s'en allèrent, car Ercole leur répondit que le second de ces garçons ne connaissait pas une note de musique. Quinze jours après, ou guère plus, ils reviennent et me demandent de leur prêter ces garçons parce qu'ils voulaient représenter une comédie. Alors Ercole revint me trouver en disant : « Maintenant l'affaire est claire. Ils veulent éloigner tous les domestiques de votre table pour vous empoisonner. Il ne faut pas se contenter d'être sur ses gardes pour des ruses de ce genre, mais le rester en toute circonstance. Il n'est pas douteux qu'ils s'acharnent à votre perte. » — « Je le pense », répondis-je, et pourtant je ne pouvais pas me convaincre d'une chose si grave. « Que dirai-je ? » demandai-je à Ercole. « Que vous avez besoin de vos domestique », dit-il. Et sur cette réponse les autres partirent. Enfin, à ce que je crois, au cours de nombreuses délibérations on décida de me perdre tout à fait. C'était un samedi, le 6 juin si je ne me trompe[6]. Vers le milieu de la nuit je me réveille, je m'aperçois que je n'avais plus ma bague sur laquelle était monté une hyacinthe, j'ordonne à mon domestique de se lever et de chercher. Il cherche inutilement. Je me lève, je lui commande d'allumer la lumière. Il va et revient en disant qu'il n'y a plus de feu. Je le menace violemment et lui commande d'aller chercher encore. Il arrive joyeux, portant avec des pincettes du feu, c'est-à-dire un charbon allumé de la grosseur d'un pois. Je lui dis que ce n'est pas suffisant, il répond qu'il n'y en a pas d'autre, et je lui commande de souffler dessus. Après avoir soufflé trois fois et avoir perdu l'espoir de tirer une flamme, comme il éloignait la chandelle du feu, une grande flamme jaillit et alluma la chandelle. Je lui dis : « As-tu remarqué, Giacomo Antonio ? » (c'était son nom) — « Certes », répondit-il. « Quoi donc ? » lui dis-je. — « Que la chandelle s'est allumée bien que le charbon n'ait pas donné de flamme. » — « Eh bien, dis-je, fais attention qu'elle ne s'éteigne pas de nouveau. » Nous cherchons la bague, nous la trouvons par terre au dessous du lit, vers le milieu, où elle n'avait pu arriver qu'après avoir frappé violemment contre le mur et avoir rebondi. En conséquence je fis vœu de ne pas sortir de ma maison le lendemain. Les circonstances favorisaient mon vœu, car c'était jour de fête et je n'avais pas de malade. Le matin arrivent quatre ou cinq de mes élèves en compagnie de Zaffiro[7] ; et ils me demandent d'assister à un dîner où tous les professeurs de l'université et les membres les plus distingués de l'académie seraient présents. Je

---

6. La date est exacte pour 1562.
7. Filippo Zaffiro, de Novare, professeur à l'université de Pavie où il enseigna d'abord la dialectique et la philosophie. À partir de 1562 nous le trouvons *ad lecturam Medicinae Theoricae ordinarius*. Il meurt en 1563 (*Mem. e doc. di Pavia* cités, p. 173). Cf. aussi chap. XIV n. 3.

répondis que je ne pouvais pas. Sachant que je ne déjeunais pas et pensant que c'était là le motif de mon refus, ils dirent : « Par égard pour vous, nous avons retardé ce repas jusqu'au dîner. » Je répondis de nouveau : « Je ne peux absolument pas. » Ils s'informèrent du motif. Je racontai le prodige et mon vœu, tous s'étonnèrent, mais d'eux d'entre eux se jetèrent un coup d'œil inquiet. Ils me prièrent à plusieurs fois de ne pas troubler par mon absence un repas si solennel ; je maintins ma première réponse. Environ une heure après, les voilà de retour pour insister encore plus. Je répondis que je ne voulais pas enfreindre mon vœu et que j'étais absolument décidé à ne pas sortir de chez moi. Le soir pourtant, le ciel étant couvert, j'allai visiter un de mes malades, un pauvre boucher, ce qui ne m'était pas interdit par mon vœu. C'est ainsi que je restai en proie à une inquiétude continuelle jusqu'au moment où je quittai ma patrie. Aussitôt après mon départ, le renard fut choisi par le Sénat pour me remplacer dans ma chaire, il sauta de joie de l'avoir obtenue. Mais que sont les espérances des mortels ! Il avait à peine tenu trois ou quatre leçons qu'il fut, à ce que j'appris, atteint d'une maladie qui dura environ trois mois et dont il mourut, tout baigné de crimes. Plus tard, en effet, je sus que l'un de ses domestiques, qui devait servir à boire pendant le banquet, était complice de son projet. La même année, Delfino mourut[8] et, peu après, Fioravanti. Il en fut de même pour autant de médecins, quoiqu'un peu plus tardivement, dans les intrigues forgées contre moi à Bologne : ceux-là moururent qui poursuivaient la perte de mon âme. Si pourtant Dieu avait consenti, voilà la récompense que, après tant de malheurs dont j'avais été affligé, j'aurais reçue pour les bienfaits sans cesse prodigués par moi au genre humain. J'avais appris à me garder d'accidents de ce genre grâce à l'exemple de mon oncle Paolo, qui était mort empoisonné, et à celui de mon père qui avait absorbé deux fois du poison, y avait échappé, mais avait perdu ses dents.

Par la suite, presque à la même époque, quels malheurs ne m'arri-

---

8. Giulio Delfino, de Mantoue, figure sur les rôles de l'université de Pavie d'abord *ad lecturam Medicinae Theoricae extraordinarius unicus*, puis à partir de 1562 *ad lecturam Medicinae Theoricae primus*, c'est-à-dire avec le titre qu'avait porté Cardan jusqu'à son départ ; il le garde jusqu'en 1564, qui semble être l'année de sa mort (*Mem. e doc.* cités, p. 125 et 127). Cf. Introduction n. 13.

pas ! Au mois de juillet, je dus entreprendre un voyage à cause d'une grave maladie dont souffrait mon petit-fils à Pavie, tandis que j'étais à Milan. J'y pris un érysipèle au visage ; et comme je souffrais aussi de maux de dents, peu s'en fallut que je n'eusse besoin d'une saignée, si la nouvelle lune qui arriva ne m'en avait gardé. De ce moment j'allai mieux, et ainsi j'échappai au danger de la maladie et du remède. Plus tard, je prévins de quelques heures seulement un meurtre conçu par un domestique pour me voler. À cela succéda une goutte pénible et longue. À soixante-douze ans, des embûches menacèrent ma vie de dangers sérieux, lorsque les rues de Rome m'étaient peu connues ; et les mœurs y étaient si brutales que les médecins plus prudents et mieux avertis des habitudes y trouvèrent la mort. C'est pourquoi me voyant sauvé par la providence divine plutôt que par ma propre sagacité je n'eus plus, par la suite, la même inquiétude en face des dangers. Mais qui ne voit que tout cela fut comme le présage ou comme la veillée de la gloire que je devais atteindre en cette année 1562, où j'obtins d'enseigner à Bologne pendant huit ans, charge honorable et utile qui m'apporta un répit à mes peines et une vie plus agréable.

XXXI. BONHEUR

Bien que la notion même du bonheur soit fort éloignée de notre nature, il arrive pourtant qu'on puisse y atteindre en partie dans ce qu'il a de plus proche à la vérité. Voilà pourquoi j'en ai eu, moi aussi, ma part. D'abord il est clair que j'ai été favorisé, entre tous les mortels, sur ce fait : tout ce qui m'est arrivé s'est produit avec tant de précision que, si le début avait été plus tôt ou plus vite ou si la fin avait été retardée, tout aurait été bouleversé.

En deuxième lieu il faut considérer une partie de ma vie rapportée à l'ensemble ; ce fut le temps que j'habitai à Piove di Sacco.

Parmi les géants il y en a nécessairement un qui est le plus petit et parmi les pygmées un qui soit le plus grand, sans que le géant soit petit et le pygmée soit grand : ainsi, même si j'ai connu un certain bonheur tant que je fus à Piove di Sacco, il ne s'ensuit pas pourtant que j'aie jamais été vraiment heureux. Alors je me divertissais, je faisais de la musique, je me promenais, je faisais bonne chère, je m'appliquais à mes études, rarement du reste ; je n'éprouvais ni peines, ni craintes, j'étais traité avec estime et respect et je fréquentais les nobles vénitiens : le printemps de ma vie. Je n'ai rien connu de plus agréable que cette vie qui dura cinq ans et demi, du mois de septembre 1526 au mois de février 1532[1]. J'étais lié avec le préteur, la maison commune était mon royaume et ma tribune. Le signe que ce temps n'est pas seulement disparu mais que le souvenir même s'en est réduit à une impression de plaisir, c'est que mes rêves agréables me ramènent à lui.

Le troisième élément est le plus grand de tous lorsqu'on ne peut pas être ce qu'on voudrait, se contenter d'être ce qu'on peut est déjà une façon de bonheur ; et pour parvenir à un bonheur plus grand nous devons rechercher ce qui est le meilleur parmi tous les objets de nos désirs. Il nous faut donc reconnaître les biens dont nous sommes possesseurs, distinguer parmi eux tout ce qu'il y a bon, de façon à choisir le plus précieux, ou deux ou trois d'entre eux, y appliquer ardemment notre amour et nos désirs et, pour un moindre mal, agir ainsi non seulement avec ce qui a été choisi, mais aussi avec le reste. Enfin il faut s'appliquer à posséder parfaitement ; car c'est tout autre chose que posséder ou posséder parfaitement. Je sais qu'il ne manquera pas de gens qui mépriseront ces idées comme des paradoxes. Mais, pour qui aperçoit la vanité des choses mortelles, pour qui se souvient des choses passées, il sera facile de comprendre qu'elles sont bien plus vraies que nous ne voudrions. Et si tu y refuses encore ton assentiment, le temps découvrira tout et montrera qu'il en est ainsi.

Prenons pour exemples Auguste, M. Scaurus, Sénèque, Acilius. Certes la fortune d'Auguste fut magnifique et, au jugement des hommes, il fut heureux. Que reste-t-il maintenant de lui ? Ni descendance, ni monument ; tout est anéanti. S'il reste quelque chose de ses ossements, qui désirerait ou seulement voudrait les avoir près de soi ? Qui s'emporterait pour défendre son nom si quelqu'un l'attaquait ? Et en fût-il autrement, que lui importerait ? De son vivant il était heureux ? Qu'avait-il de plus que les autres hommes comme lui, sauf les préoccupations, les colères, les fureurs, les craintes, les meurtres, une maison pleine de désordre, une cour pleine d'intrigues, des familiers pleins d'embûches : s'il ne dormait pas, il était malheureux, s'il dormait, le sommeil était préférable à la veille[2] ; la veille est donc

---

1. C'est-à-dire à la date de son mariage.
2. La pensée semblerait être ici : s'il ne dormait pas il était malheureux, mais même

mauvaise si elle ne vaut pas le sommeil qui pourtant, en soi, est indifférent.

Et de quoi ont servi à M. Scaurus tous ses trésors, les spectacles, les dépenses folles dont il ne reste pas même l'ombre. En son temps il n'avait que les agitations, les inquiétudes, les veilles, les tracas des écrivains ; les spectacles, l'apparat, le plaisir, les autres en jouissaient ! Quel bonheur pouvait trouver Acilius lorsque ses richesses se dissipaient, que les douleurs prenaient la place des plaisirs, la pauvreté celle de la fortune ? Je ne prendrai pas la peine de montrer qu'Acilius fut malheureux quand il n'y a pas de plus grand motif de l'être que d'avoir autrefois mené une vie agréable et prospère et d'être réduit à la misère.

Pour Sénèque, que reste-t-il de lui maintenant sauf sa mauvaise renommée ? Alors que l'usure écrasait l'Italie, son âme ne pouvait être heureuse, quand il vivait parmi des troupes de débauchés au milieu de tables de cèdre et d'ivoire et dans des jardins dont le nombre passait en proverbe, quand la crainte des poisons de Néron l'eut contraint à ne vivre que de pain, de fruits et d'eau puisée aux sources. Il fit voir ainsi que personne, pourvu qu'il le veuille, ne manque des aliments nécessaires au bonheur, puisque si peu de chose suffisait au plus délicat des prodigues : tout le reste n'était pas destiné à la subsistance mais au seul plaisir.

Nos principes ne sont-ils pas confirmés plus encore par la folle présomption de Sylla ? Après l'assassinat de Marius le jeune il se fit appeler heureux. Il était pourtant alors misérable, vieux, souillé de meurtres et de proscriptions, entouré de tant d'ennemis, et il avait déposé le pouvoir. Si l'on peut être heureux ainsi, je mériterais bien davantage ce nom. Vivons donc puisqu'il n'y a point de bonheur pour les mortels, dont la nature vaine et vide n'est que pourriture.

S'il y a quelque chose de bon pour orner cette scène je n'en ai pas été privé. C'est par exemple le repos, la tranquillité, la modération, la retenue, l'ordre, le changement, l'enjouement, le divertissement, la société, le sommeil, le manger et le boire, l'équitation, la navigation, la promenade, la connaissance des nouveautés, la méditation, la contem-

---

quand il dormait il n'était pas heureux, car son sommeil ressemblait plutôt à une sorte de veille ; or, la veille est mauvaise...

l'éducation, la piété, le mariage, les banquets, les souvenirs bien ordonnés du passé, la propreté, l'eau, le feu, l'audition de la musique, les plaisirs de la vue, les conversations, les contes, les histoires, la liberté, la maîtrise de soi, les petits oiseaux, les jeunes chiens, les chats, la pensée consolante de la mort et de la course du temps pareille pour les malheureux et pour les heureux, la succession des malheurs et de la fortune, l'attente d'événements inespérés, l'exercice d'un art que l'on connaît, les changements qui sont multiples et tout le vaste univers. Où est le mal dans cette abondance de bienfaits et de sagesse ? L'espoir est partout. Je ne vis donc pas dans le malheur et, si la condition commune des hommes ne s'y opposait, j'oserais me vanter d'une ample félicité. Mais ce serait un propos honteux et vain que de mentir pour tromper les autres.

Si on me donnait le choix de mon séjour je me transporterais à Aquila ou à Porto Venere, résidences agréables, ou encore, hors d'Italie, à Éryx en Sicile, à Dieppe sur l'Arques, à Tempé en Thessalie, car mon âge ne supporterait pas le climat de la Cyrénaïque ou du mont Sion en Judée et ne me permettrait pas d'aller chercher l'île de Ceylan dans l'Inde.

Les pays portent les hommes heureux, ils ne les rendent pas tels.

XXXII. HONNEURS QUE J'AI REÇUS

Je n'ai jamais désiré ni recherché les honneurs, je ne les ai jamais aimés, en homme qui comprenait tout le mal qu'ils apportent dans la vie humaine. La colère est un grand mal mais passager, les inconvénients des honneurs sont durables. L'amour des honneurs épuise nos ressources : à cause de lui nous évitons les travaux et les autres occasions de gain, nous nous habillons avec recherche, nous offrons des repas et nous entretenons de nombreux domestiques. Il nous pousse à la mort, de tant de façons que je n'en ai pas le nombre présent à l'esprit : duels, guerres, rixes, mauvaises querelles, service des princes, festins importuns, commerce avec sa femme ou avec une courtisane. Nous parcourons les mers, nous affirmons qu'il est honorable de combattre pour la patrie. Il était commun chez les Brutus de se dévouer dans le combat ; Scaevola se brûla la main droite ; Fabricius repoussa l'or qu'on lui offrait : ceci était peut-être d'un sage, les autres traits étaient de sots ou plutôt de fous.

Il n'y a pas de raison pour exalter la patrie. Qu'est-ce que la patrie (je veux surtout parler pour les Romains, les Carthaginois, les Lacédémoniens, les Athéniens, chez qui, sous prétexte de patriotisme, les méchants voulaient dominer les bons, les riches dominer les misérables) sinon une ligue de petits tyrans pour opprimer les faibles, les timides, qui sont le plus souvent inoffensifs. Ô perversité des mortels ! Croit-on qu'il y ait des gens prodigues de leur vie jusqu'à s'exposer à la mort pour leur patrie, par amour de la gloire ? Mais des rustres, des pauvres réfléchissaient ainsi : « Qu'y a-t-il de plus misérable que moi ? Si je survis, on me comptera parmi les premiers de la cité et, à la manière de celui-ci ou de celui-là, je me rendrai maître des biens d'autrui comme les autres font maintenant des miens. Si je meurs, mes descendants quitteront la charrue pour le char et le luxe. » Voilà ce qu'était l'amour de la patrie, l'aiguillon de l'honneur. Je ne voudrais charger de cette accusation ni les villes qui combattent pour leur liberté, ni les princes qui ne tirent de leur puissance d'autres profits que de maintenir la justice, de favoriser les gens de bien, d'élever les misérables, d'entretenir les vertus, de rendre meilleurs et leurs proches et ceux qui ont déjà atteint un haut degré de puissance : ainsi le travail est la seule récompense d'un tel honneur. Du reste ce n'est pas un vice pour les villes que de vouloir dominer, ni pour les citoyens de vouloir s'élever au dessus des autres. Mais la nécessité de l'ordre produit l'autorité, la perversité engendre la tyrannie.

Revenons à des idées plus ressassées, car celles-ci, peu de gens, les connaissent. Les honneurs nous dérobent le temps parce qu'ils nous obligent à prêter l'oreille à bien des gens et à bien des saluts ; ils nous arrachent à l'étude de la sagesse qui est-ce qu'on peut trouver de plus divin dans l'homme. Ô combien d'hommes (ce ne sont pas ceux qui m'écoutent) vivent bassement, qui, en consacrant à l'étude les deux heures qu'ils emploient chaque jour à se peigner et à se parer, pourraient en deux ou trois ans prétendre à cette récompense et à cette parure. Les honneurs empêchent aussi de donner des soins à sa famille et à ses enfants. Est-il rien de plus fou ? Ils nous exposent à l'envie ; l'envie entraîne la haine et la jalousie, que suivent le décri populaire, les persécutions, les accusations, les attentats, la perte de nos biens, les tourments ; nous y perdons la plus grande part de notre liberté, sinon toute et, à vouloir partager l'opinion populaire, tout ce qui nous est laissé de bon dans cette vie, le plaisir même. Sur cette voie nous avançons, avec les honneurs, comme sous leur protection, vers le plus funeste des maux qui est une lâche mollesse. Les jeunes gens pervers s'y enfoncent, les maisons en sont ébranlées jusqu'au fond et renversées.

À l'exception des honneurs, tout ce qui est appelé un bien contient quelque chose de bon. Les enfants sont le début de notre perpétuité ; l'amitié nous apporte une part importante du bonheur ; les richesses nous donnent toutes nos aises ; la vertu est une consolation dans le malheur, une parure dans le bonheur ; les associations et les collèges nous procurent une grande sécurité, maintenant et en toute circonstance. Devons-nous donc éviter et fuir les honneurs à tout jamais ? Assurément non. D'abord il est des cas où ils augmentent les richesses, l'influence et le gain comme chez les magistrats, les médecins, les peintres et, d'une façon générale, dans tous les arts, d'où le dicton que l'honneur nourrit les arts[1] ; deuxièmement, parce que parfois les honneurs garantissent d'un danger, comme le font les collèges et les associations pour ceux que tourmente une envie acharnée, la calomnie ou une injuste condamnation ; troisièmement, les honneurs donnent un surcroît de pouvoir, ce qui se trouve surtout dans l'armée, et dans certaines magistratures où les changements se font au choix, comme on dit, et par échelons successifs ; d'une façon générale, ils sont utiles pour effacer une flétrissure et une honte dont les désavantages sont pires que ceux des honneurs, ou par les profits qui dérivent de circonstances accessoires, ou bien lorsqu'on se trouve en un lieu où on est inconnu ; quatrièmement, quand on peut les remplir par sa seule valeur et sans que le soin qu'ils entraînent soit une gêne.

Le sort ne fut pas avare envers moi de faveurs de ce genre. Étant enfant, quand je me rendais au village de Cardano, j'avais une nombreuse escorte, sorte de présage de ma fortune. Dès que j'acquis la connaissance des lettres latines, je fus connu dans notre ville. Ensuite lorsque je fus à Pavie, nombreux étaient ceux qui spontanément me faisaient cortège. Et je reçus des offres telles que, si je les avais embrassées, la voie m'aurait été ouverte vers de grands honneurs auprès du pape Pie IV. Mes disputes publiques furent assez heureuses et Matteo Corti y prit part pour me faire honneur. J'enseignai les mathématiques, mais un an seulement parce que l'Académie fut licen-

---

1. Cicéron, *Tusc.*, 1, 2, 4.

2. En 1536, je fus appelé auprès du pape Paul III. À ce moment-là j'enseignais depuis deux ans les mathématiques, géométrie, arithmétique, astrologie, architecture[3].

En 1546, le cardinal Morone m'offrit une chaire à Rome où j'aurais également touché des honoraires pontificaux. L'année suivante, André Vésale et l'ambassadeur de Danemark me proposaient un traitement annuel de 300 écus d'or hongrois, une indemnité de six écus provenant des impôts sur le commerce des fourrures (ces derniers offrent avec la monnaie royale une différence de valeur du huitième, on les négocie moins facilement, moins sûrement et ils sont soumis en partie aux hasards [du commerce]) ; j'aurais en outre reçu le vivre pour moi, cinq domestiques et trois chevaux. La troisième proposition me fut faite en Écosse : j'ai honte d'énoncer la somme, mais en peu d'années j'aurais été riche. Je n'acceptai pas d'aller au Danemark parce que le pays est extrêmement froid et humide, les habitants absolument barbares, les rites religieux et les dogmes très différents de ceux de l'église romaine ; pour l'Écosse, il n'était pas possible de faire passer de l'argent par les banquiers ou les courriers en Angleterre et encore moins en France ou en Italie. Cette dernière proposition me fut faite en 1552 au mois d'août. Au mois d'octobre, le savant prince de Bois-Dauphin et Vilandri, secrétaire du roi de France, m'en firent une autre : huit cents écus couronnés par an ou, si je voulais seulement baiser la main du roi (comme on dit) et partir aussitôt après, un collier de cinq cents écus. D'autres me sollicitaient pour le service de l'empereur, qui assiégeait alors Metz. Je ne voulus accepter d'aucun côté de l'empereur, parce que je le voyais dans de grands embarras (il perdit la plus grande partie de son armée du froid et de la faim) ; du roi, parce qu'il n'était pas convenable d'abandonner mon souverain pour m'attacher à son ennemi.

Tandis que j'allais d'Anvers à Bâle, l'illustre Carlo Affaitato me reçut dans sa villa et fit tous ses efforts pour me faire accepter, malgré que j'en eusse, une mule de bonne race dont le prix approchait cent

---

2. Il s'agit des commentaires d'Euclide dont il fut chargé à Pavie en 1522. L'année suivante l'université chôma du fait des guerres. Cf. chap. IV.
3. À la fondation Piatti. Voir chap. IV et note 5.

écus d'or. Il était en effet d'une urbanité et d'une libéralité singulières, ami des hommes de valeur. Pendant le même voyage le noble génois Azzalino m'offrit une haquenée (ce que les Anglais appellent dans leur langue *obin*). Par discrétion je me gardai d'accepter, bien qu'à mon sens on ne pût rien souhaiter de plus beau ou de plus remarquable : elle était toute blanche et de belles proportions. Il avait deux chevaux parfaitement semblables, et il me donnait le choix.

L'année suivante, je reçus des offres du prince Don Ferrante (comme on l'appelait d'habitude) : j'aurais eu trente mille écus si j'avais servi, ma vie durant, son frère le duc de Mantoue ; dès le premier jour on m'aurait versé mille écus[4]. Je ne jugeai pas à propos d'accepter. Don Ferrante s'en étonna et fut fâché ; il y était d'autant plus enclin qu'il m'avait pressenti pour une affaire, honorable selon lui mais non pour moi, et comme les exhortations n'avaient pas eu d'effet, il était passé aux menaces. Il comprit enfin pourquoi, à la façon de l'hermine, je préférais la mort à une souillure et, de ce jour, il m'aima davantage suivant l'habitude des âmes généreuses. En 1552, comme je l'ai dit, j'eus une sixième proposition très large du vice-roi Brissac, faite surtout sur le conseil de Louis Birague, notre illustre concitoyen. Les autres me recherchaient comme médecin, Brissac comme ingénieur, ce qui était bien éloigné de mes goûts.

Avant de quitter ce propos, je veux indiquer d'un mot pourquoi je reçus des offres si riches d'un souverain aussi pauvre que le roi d'Écosse qui, à ce qu'on rapporte, n'a pas plus de quarante mille écus d'or de revenu annuel. Il a, dit-on, sous sa dépendance quatorze mille gentilshommes (je ne crois pourtant pas qu'ils soient si nombreux), liés par une loi ils doivent rester sous les armes dans les camps pendant trois mois pour le service du roi ; certains assurent qu'ils font ce service comme une faveur. Si quelqu'un d'eux meurt entre temps, le roi (ou d'après la coutume la personne à qui le roi délègue cette charge) est le tuteur de ses enfants jusqu'au moment où l'aîné atteint ou achève sa vingt-et-unième année. Pendant ce temps, une fois prélevées les dépenses de nourriture et de vêtements, tous les revenus appartiennent au tuteur sans qu'il ait de compte à rendre, parce qu'il

---

4. Plus haut, il dit exactement le duc de Mantoue son neveu. chap. IV, note 10.

remplace le roi. Qui plus est, le tuteur peut marier ses pupilles, garçons ou filles, à qui il veut, pourvu que le conjoint soit également noble ; et la dot ne dépend pas de la situation du pupille mais de la volonté du tuteur.

Je reviens à ce qui me concerne. Je fus nommé trois fois professeur à Pavie, ou quatre fois par le Sénat de Milan[5] ; trois fois par celui de Bologne[6] bien que la dernière nomination ait été nulle. Quarante gentilshommes attendaient à Paris mon retour d'Écosse pour me demander le secours de mon art, et l'un d'eux offrait pour son compte mille écus. Mais il m'était difficile de passer par là, et je n'osai pas le faire. Il existe sur ce point une lettre du président de Paris, Aimar Ranconet, homme, comme je l'ai dit ailleurs, très savant en grec et en latin. Au cours de mon passage à travers la France et l'Allemagne, il en fut pour moi comme autrefois pour Platon à Olympie. J'ai déjà cité aussi le témoignage donné sur mon compte par le Collège de Padoue, que je rapportai au Préfet de la ville[7]. Le cas ne fut pas différent à Venise, lorsque la chose ne pouvait être faite que si personne ne s'y opposait : il y avait plus de soixante voix et je les obtins toutes[8]. J'eus un pareil bonheur à Bologne : le Sénat comptait 29 voix, je fus élu avec 28 et je n'aurai pu l'être avec moins de 25.

Mon nom n'a pas été connu seulement de tous les peuples, mais aussi des princes, des rois, des empereurs, de tout l'univers. Quoi qu'on puisse dire que c'est une chose sotte et vaine, on ne peut cependant la nier. Et si l'on dédaigne chaque motif de fierté en particulier,

---

5. Les nominations à l'université de Pavie étaient faites par le Sénat de Milan qui appela Cardan à enseigner une première fois à Milan (1543). quand, du fait des guerres, l'université ne pouvait fonctionner à Pavie (Chap. IV et XXXVII) ; cf. *De libris propriis* (I, 69, 106) ; *XII genitur. exempla* (V, 523). Les autres nominations à Pavie eurent leur effet : 1. pour l'année scolaire 1544-1545 (Chap. IV et XXXVII) ; cf. *Synes. somn.* (V, 717 a), *De libris propriis* (I, 106) ; 2. de 1546 à 1551 (Chap. IV et XVIII) ; 3. enfin de 1559 à 1502 (Chap. IV) ; cf. *De utilit. ex advers. cap.*, II, 9 (II, 50).
6. La première nomination à Bologne est du 20 octobre 1562, pour un an seulement (Archivio di Stato di Bologna, *Partiti*, vol. 22). Le 3 avril 1563, Cardan est prorogé dans ses fonctions pour huit ans (*Ibid.*) et, avant l'expiration de ce contrat, le 28 juin 1570, il était maintenu dans ses fonctions pour deux autres années (*Ibid.* vol. 23).
7. Il n'y a pas trace de ce témoignage dans la Vie telle qu'elle nous est parvenue.
8. On peut supposer qu'il s'agit de son examen de maître-ès-arts qu'il dit avoir passé à Venise (Chap. IV).

leur multitude ne peut plus mériter le mépris : une science variée, des voyages, des dangers, les charges exercées, les offres reçues, l'amitié des princes, la réputation, les livres, les miracles dans les guérisons et dans d'autres événements, des dons rares et presque surnaturels, en outre un esprit familier, la connaissance d'une splendeur surhumaine, le fait d'avoir été membre de trois collèges [de médecins], à Milan, à Pavie et à Rome. De tous ces honneurs il n'en est aucun que j'aie sollicité d'un mot, sauf mon admission dans le Collège de Milan où je fus agréé à la fin du mois d'août 1539, et la chaire de Bologne ; dans ces deux cas je fus poussé par la nécessité, non par l'ambition. J'ai été, en outre, honoré du droit de cité par le Sénat de Bologne[9]. En général, comme je l'ai dit, les honneurs sont chose misérable pour les hommes. Mais, si je m'en tiens ici à mon sujet, je n'ai pas seulement obtenu quelque chose mais plus que je n'espérais, comme par exemple mon surnom[10]. Mais parlons maintenant des sujets de honte.

---

9. Par une décision du Conseil des Quarante en date du 26 mai 1563 (*Partiti*, vol. 22, fol. 36b).
10. Le surnom d'*homme des inventions* que lui donnait Alciat (chap. XLVIII).

XXXIII. DESHONNEURS ; PART QU'Y ONT EUE LES RÊVES. D'UNE HIRONDELLE DANS LES ARMES DE LA FAMILLE

Il faut décider la conduite à tenir à l'égard du déshonneur tout autrement qu'à l'égard des honneurs : pour la plupart des hommes il vaut mieux fuir les honneurs, mais souffrir le déshonneur n'est, d'après l'opinion populaire, utile ni honorable pour personne. Car, dit-on, en supportant les vieilles injures on en provoque de nouvelles. Si tu les endures, tu seras attaqué comme quelqu'un de méprisable, et humilié. Il ne faut pas ici faire état de l'enfance qui n'est pas capable de honte, ou du moins il conviendrait d'appliquer le mot d'Horace touchant l'éducation paternelle : « Il était lui-même mon gardien fidèle pour m'accompagner chez tous mes maîtres ».

Or, comme je l'ai dit, supporter les déshonneurs et la honte procure tous les mêmes inconvénients que les honneurs, et à plus haut degré, surtout lorsque les femmes y sont en jeu. L'honneur comme le déshonneur étant doubles, c'est un sort terrible que celui de l'homme dont l'honneur est à fleur de peau et qui, dans le fond, est pourri de honte. Respecté des sots et de la foule, détesté des gens supérieurs, il est en butte à la raillerie des insolents. Par contre, ceux dont l'honneur est tout intérieur sont méprisés pour le dehors ; ils mènent une vie sûre et tranquille s'ils peuvent être contents de leur destinée. D'autres, méprisés de toute part, vains et accablés de déshonneur, sont pareils à nos porteurs ou à nos vilains qui, sous le gouvernement de princes justes, arrivent à vivre avec assez d'aisance surtout s'ils s'unissent en sociétés. Ceux qui sont dignes d'honneur, aussi bien en eux qu'extérieurement, sont fort exposés aux calomnies, aux embûches privées, aux accusations : ils sont à l'abri des jugements publics, car ceux qui offenseraient des hommes si justes craindraient de s'exposer au ressentiment populaire ou de mettre leur vie en danger.

Tandis que j'étais à Bologne et qu'on discutait mon contrat, on vint deux ou trois fois la nuit, au nom des sénateurs et des juges, me demander de souscrire à cette proposition : qu'une femme déjà condamnée pour impiété et pour sortilège ou maléfice devait être acquittée du point de vue civil et religieux, surtout en vertu de cet argument que, d'après les philosophes, il n'y aurait pas de démons[1]. Pour une autre femme, qui n'avait pas encore été condamnée, on me demandait de la faire relâcher sous prétexte que son malade était mort entre les mains d'autres médecins. On m'apportait aussi des thèmes de nativités pour que j'en tire l'horoscope, comme un devin ou un prophète et non comme un professeur de médecine. Ils en furent pour leur peine inutile et leur mauvaise réputation.

Un jour, quand j'avais à peine douze ans, je déchargeai un fusil, et la bourre de papier alla blesser la digne femme d'un musicien ; la correction fut une gifle, si forte que je tombai.

La dispute que je soutins à Milan fut une entreprise au-dessus de mes forces et qui ne se termina pas heureusement. Quelques médecins firent pression sur moi pour m'amener, en 1536 ou 37, à conclure avec leur Collège un accord honteux qui, du reste, comme je l'ai dit[2], fut résilié en 1539, et je recouvrai tous mes droits. En 1536, du temps que je donnais mes soins à la famille des Borromée, je vis en songe, au petit jour, un serpent d'une grandeur extraordinaire, par lequel je craignais d'être tué. Peu après, je fus appelé auprès du fils du comte Camille Borromée, homme notable et illustre. J'y allai. L'enfant, qui

---

1. Sans doute se fondait-on pour cela sur les opinions fort sceptiques qu'il avait exprimées dans le *De rerum varietate* tant sur les sorciers que sur les démons et qui furent condamnés par la Congrégation de l'Index. Voir chap. IV n. 9.
2. Chap. IV.

avait sept ans, ne me parut pas gravement atteint, mais en observant le pouls je notai qu'il était intermittent, il allait. Je répondis que la fièvre ne semblait pas forte mais que néanmoins je craignais quelque chose en raison de cette défaillance du pouls, sans savoir précisément quoi. Je ne connaissais pas encore les livres de Galien sur le diagnostic par le pouls. Aucun changement ne s'étant manifesté jusqu'au troisième jour, je décidai de donner des pilules du médicament nommé turbith, accompagné de diarob. J'avais déjà écrit l'ordonnance, et un domestique était parti vers la pharmacie, quand je me souvins de mon rêve. Ce symptôme n'indiquerait-il pas que cet enfant doit mourir ? me dis-je. (Et les livres de Galien, quand ils ont paru, depuis, l'ont ainsi montré.) Les médecins qui me sont hostiles en accuseront mon remède. Je rappelle le domestique, qui n'était pas encore à quatre pas de la porte, en disant que je voulais ajouter quelque chose. Je déchire d'abord furtivement la première ordonnance et j'en compose une seconde avec des perles fines, de l'os de licorne et des pierres précieuses en poudre. On administre cette poudre, l'enfant la vomit. Les assistants comprennent que l'enfant est en danger. On fait appeler trois médecins distingués dont un, moins hostile à mon égard, m'avait assisté dans la cure du fils Sfondrato[3]. Ils examinent l'ordonnance et — que voulez-vous ? — bien qu'ils fussent deux à me haïr, Dieu ne permettant pas que les choses aillent plus loin, ils déclarent le remède excellent et ordonnent de le faire prendre encore. Ce fut mon salut. Le soir, en venant, je fus informé de tout. Le lendemain, à l'aube, on m'appelle. Je trouve l'enfant agonisant et son père prostré et pleurant. « Voici, dit-il, celui que tu ne croyais pas malade (comme si j'avais rien dit de tel). Du moins ne l'abandonne pas tant qu'il vit. » Je le lui promis. Je m'aperçus peu après que deux gentilshommes le retenaient. Il essayait de se dégager en criant ; ils tinrent bon. Il me rendait responsable de ce malheur. Bref, si j'avais employé le remède, diarob et turbith, qui n'était pas sûr du tout, c'en était fait de moi, puisque tant qu'il vécut il fit sur mon compte de telles plaintes que tous me fuyaient « comme si j'avais été touché du souffle de Canidie, plus dangereuse que les serpents africains ». Ainsi j'esquivai la mort ; et le dommage que je souffris de

---

3. Plus loin chap. XL.

cette honte, je le compensai par l'étude et, dans la suite, je n'eus pas à le regretter.

Je ne croirais pas que ce songe, comme tout ce que j'ai raconté plus haut, ait été fortuit, mais il est aisé d'y voir les avertissements à une âme pieuse que Dieu ne voulut pas abandonner dans l'excès de ses malheurs. Ce fut pour moi un aiguillon, du moment que la vision s'accordait avec l'événement. La maison du comte située sur la place de Santa Maria Pedone est toute peinte de serpents, pour rappeler la vipère qu'il avait ajoutée aux anciennes armes des Borromée.

De même, nous les Cardan, nous eûmes autrefois pour armoiries une citadelle de gueules, avec les tours et la tourelle supérieure du milieu de sable, sur champ d'argent. La tourelle les distinguait de celles des Castiglioni dont le nom glorieux est représenté par un lion dressé sur un château. L'empereur accorda aux Cardan un aigle de sable, sauf le bec, aux ailes étendues sur champ d'or ; — il en est qui figurent l'aigle avec le bec simple, d'autres avec le bec double ; on fait parfois d'or le champ tout entier, d'autres, suivant un ancien usage, le font d'or derrière l'aigle, d'argent derrière la citadelle. Pour ma part, le jour où je fus emprisonné, j'avais adopté pour mon cachet une hirondelle chantant sous un auvent, parce qu'il était très difficile de représenter les autres attributs, à cause de la variété des couleurs. Je choisis l'hirondelle parce qu'elle convenait, de bien des manières, à mon caractère : incapable de causer du dommage, elle ne fuit pas la société des pauvres et, tout en vivant continuellement parmi les hommes, elle n'est jamais familière ; elle change de pays, va et revient assez souvent ; ni solitaire, ni par troupes, elle se crée une famille ; son chant charme son hôte, et elle supporte impatiemment la prison. Seule, elle peut recouvrer la vue après l'avoir perdue ; si petite qu'elle soit, elle porte dans son corps des pierres fort belles[4] et jouit particulièrement de la douceur de l'air et de la chaleur. Habile à construire son nid, elle ne

---

4. Cf. *De rerum uarietate*, VII, 36 (III, 111) : *Confossis oculis pullorum hirundinum acu, sic ut crystalloides effluat, Aristoteles refert restitui oculum ac uisum : quod uerum est, nam ego in tribus pullis hoc expertus sum. Existimant aliqui, chelidoniae foliis a parentibus adhibitis, id contingere... Atque in horum uentriculis lapilli persaepe inueniuntur.* Ces pierres, les chélidoines, passaient pour avoir de grandes vertus quand les hirondelles qui les fournissaient avaient été prises au vol, sans toucher terre.

le cède sur ce point qu'au seul alcyon. Blanche sous le ventre, noire au dehors, elle revient à son ancien logis comme si elle éprouvait la reconnaissance et le souvenir. Aucun oiseau, même carnivore, ne la poursuit, aucun ne la surpasse ou ne l'égale dans le vol.

Mais je reviens à mon histoire. Par deux fois, à Piove di Sacco, mes cures eurent une issue malheureuse. Dame Rigona, originaire de notre ville, que j'avais saignée au pied le sixième jour, mourut le septième. Un pauvre sonneur de l'église mourut dans la nuit même où je lui avais donné un remède. La cause de ces deux malheurs fut que je n'avais jamais encore observé la maladie dont tous deux souffraient. Si la honte qui faillit en résulter s'était étendue, j'aurais été en mauvaise posture, tant mes affaires publiques et privées étaient désespérées. Dans le cas de Vignani, les choses allèrent mal, mais non jusqu'à la mort ; aussi m'abandonna-t-il, bien que j'eusse rendu à la santé neuf membres de sa famille. Trois fois, depuis cinquante-et-un ans que j'exerce la médecine, je me suis trompé. Galien ne s'est pas accusé de ses erreurs car elles ont été si nombreuses qu'un aveu n'aurait pu servir d'excuse.

Je n'ai jamais été exposé par là à aucun déshonneur public, bien que quelques bruits aient couru, dont nul ne se porta garant, surtout à Milan et à Bologne. Je crois que ces villes savent un gré infini à leur citoyen. Il n'en est pas de même pour Pavie dont pourtant je suis vraiment citoyen par la naissance, un long séjour et une maison achetée. Mais comme la fièvre résout certaines maladies et préserve de la mort des malades qui ne pourraient guérir d'aucune autre manière, à ce qu'affirme Hippocrate dans ses Aphorismes, ainsi la prison[5], survenant après ces cris qui me chargeaient de tant de crimes, les fit taire tous, et il ne resta plus trace de soupçon ; — bon exemple de ce que peut l'envie. — Et vous médecins, que vous ai-je fait ? La honte donc et le blâme prirent fin là où on espérait les voir commencer.

Mais laissons ces discours touchant l'infamie et le déshonneur. Ce sont, à mon âge, des cancans qui conviennent à des femmes plutôt qu'à des hommes. Ne fut-ce pas une belle invention, ce dialogue que l'on faisait circuler à Bologne sous le titre de *Melanphron*, c'est-à-dire la

---

5. Chap. IV et n. 9.

science obscure et noire. Mais il était si grossièrement conçu, si mal publié que l'expérience même montrait que la sagesse de l'auteur n'était ni blanche ni noire : aussi furent-ils contraints de détruire eux-mêmes leur œuvre[6].

Revenons dans ma patrie où je fus privé du service médical à l'hôpital Sant'Ambrogio, qui rapportait par an de sept à huit écus d'or[7] ; j'avais alors, sauf erreur, trente-sept ans. Déjà auparavant, à vingt-neuf ans, j'avais perdu à Caravaggio une charge dont le produit n'atteignait pas quatre-vingts écus d'or ; c'était un travail de bête de somme, mais un accord avait déjà été conclu à Magenta pour cinquante-cinq écus. Moi, au bout d'une heure, je m'en étais éloigné, tant je risquais d'y dépérir, bien loin de pouvoir y vieillir. À Bassano (c'est un village du territoire de Padoue) vers la même époque, malgré l'intervention de mes amis, je ne reçus pas l'emploi de médecin qui était payé cent écus d'or.

Une belle proposition fut celle de Cesare Rincio, un des premiers médecins de notre ville : si j'avais voulu me charger du service d'un village des environs de Novare, éloigné de cinquante milles de Milan, j'aurais eu douze écus de traitement annuel. Il ne faut donc pas s'étonner si je restai cinq ans à Piove di Sacco, quoique sans traitement. Gian Pietro Pocobello, à Monza, et Gian Pietro Albuzio, à Gallarate, acquirent un patrimoine d'environ vingt écus[8], grâce à un mariage contracté dans le seul espoir d'hériter. Ni l'un ni l'autre ne put en conclure un autre, car leur première femme survécut.

---

6. Il n'est rien resté de ce dialogue, mais on peut se faire une idée des critiques ou des moqueries qui atteignaient Cardan par la *pasquinata* de 1563, publiée par Frati d'après le ms 2136 de la bibliothèque de Bologne (*Una pasquinata contro i lettori dello studio bolognese nel 1563, Atti e mem. delle R. deput. di storia patria per la... Romagna*, IIIe série, XX (1902) pp. 172-186). Voici les traits décochés à Cardan :

   Guardati, infermo, non darti alle sue mani,
   Se dal' altri non sei prima abandonato,
   Che saresti per Dio tosto spaciato.

7. Cf. *Somn. synes* lib. IV, (V, 179) : *Anno 1538... cum esset ea dies in qua petiturus eram a Xenodochii Praefectis curam pedotrophii cuius possessione iam eram... ut qui longe maiorem utilitatem quam esset praemium loci eius praestitissem. Petii, repulsam tuli, magno cum rubore.*

8. Vingt *mille* écus, sans doute ?

XXXIV. MES MAÎTRES

Dès ma première enfance, vers neuf ans, mon père m'enseigna familièrement les éléments de l'arithmétique comme des sortes d'arcanes. Je ne sais où il avait puisé ces connaissances. Un peu plus tard, il m'apprit l'astrologie des Arabes et s'efforça de m'inculquer la mémoire artificielle pour laquelle je manquais d'aptitudes. Quand j'eus passé douze ans, il me fit connaître les six premiers livres d'Euclide, mais sans se donner de peine pour les questions que je pouvais comprendre par moi-même. Voilà ce que j'ai acquis et appris hors de l'école et sans connaître le latin. J'avais presque vingt ans révolus quand je me rendis à l'université de Pavie. Sur la fin de ma vingt-et-unième année je participai à une dispute sous Corti, premier professeur de médecine, qui me jugea digne de l'honneur d'argumenter quand je n'aurais rien osé espérer de tel de sa part. J'ai entendu aussi, en philosophie, Branda Porro et quelquefois Francesco Teggio de Novare. En 1524, à Padoue, je suivis les cours de Corti et de Memoria, pour la médecine. J'ai connu alors parmi les professeurs Girolamo Accoramboni qui enseignait la médecine pratique (comme l'on dit), Toseto Momo et le Spagnuolo, philosophe très célèbre.

XXXV. MES ÉLÈVES ET MES DISCIPLES

Le premier d'entre eux fut Ambrogio Bizozoro, plus tard capitaine d'un vaisseau ragusain, homme d'esprit et de courage ; le second Lodovico Ferrari[1], bolonais, qui enseigna les mathématiques à Milan et dans sa patrie, savant distingué en cette matière ; le troisième Giovanni Battista Boscano qui fut maître des requêtes au Sénat de l'empereur Charles V ; le quatrième Gaspare Cardano, petit-fils d'un autre Gaspare, mon oncle : il devint médecin et professa publiquement la médecine à Rome ; le cinquième Fabrizio Bozzi qui suivit la carrière des armes dans la région de Turin, quoiqu'on le regardât comme milanais ; le sixième Giuseppe Amato, secrétaire du gouverneur de la province ; le septième Cristoforo Sacco qui fut nommé notaire public ; le huitième Ercole Visconti[2], musicien, jeune homme fin et charmant ;

---

1. Voir chap. XLI. — Cardan a consacré une notice au plus glorieux de ses disciples dans les *XII geniturarum exempla* (V, 500-501) et en a écrit une courte biographie (IX, 568). Né le 2 février 1522, Ferrari entra chez Cardan à l'âge de quatorze ans, sans posséder aucune connaissance littéraire, et profita si bien des leçons de son maître qu'à dix-huit ans il pouvait enseigner les mathématiques. Collaborateur de Cardan dans l'étude des équations du troisième degré, il donna seul la solution de celles du quatrième degré. Sur son rôle dans la polémique qui mit aux prises Cardan et Tartaglia, voir chap. XLVIII, note 8.
2. Voir chap. XXX, XLIII, etc.

le neuvième Benedetto Cattaneo, pavesan, qui se consacra au droit ; le dixième Giovanni Paolo Eufomia³, musicien et assez cultivé ; l'onzième Rodolfo Silvestri⁴, bolonais, qui devint médecin et qui exerce la médecine à Rome pendant que j'écris ceci ; le douzième Giulio Pozzi, bolonais, le seul qui manqua à son devoir de témoigner pour moi ; le treizième Camillo Zanolino, également bolonais, médecin et notaire public, aux manières raffinées ; le quatorzième Ottavio Pizzo, calabrais, qui est maintenant près de moi. Les plus distingués d'entre eux furent le second, le quatrième et le onzième, mais, de ces trois, les deux premiers moururent jeunes, le second à quarante-trois ans, le quatrième avant quarante ans.

« Pour qui n'a pas de mesure, la vie est courte et la vieillesse rarement atteinte. Quoi que tu aimes ou que tu désires, ne te laisse pas trop aller à tes goûts. »

---

3. Voir chap. XLII. Eufomia se fit le complice du second fils de Cardan, Aldo, dans un vol avec effraction commis par celui-ci aux dépens de son père, à Bologne le 22 juillet 1569 : un coffre fut forcé et on vola environ trois cents livres d'argent et des pierres précieuses d'une valeur de cent trente-deux écus. Les coupables furent arrêtés, Eufomia condamné aux galères, Aldo banni. (Rivari, *op. cit.* — Cf. chap. XXVII, note 6 et chap. XLI.)
4. Voir chap. XLIII. Silvestri qui avait fidèlement accompagné son maître à Rome lui succéda au Collège des médecins le 24 novembre 1576 (Bertolotti, *loc. cit.*) et assura l'édition posthume de *De sanitate tuenda ac uita producenda* (Rome, F. Zanetti, 1580, in-fol.)

XXXVI. MES TESTAMENTS

Jusqu'à ce jour qui est le 1ᵉʳ .... 1576[1], j'ai fait plusieurs testaments, le dernier enregistré par Giacomo Machelli et Tommaso Barberi, notaires de Bologne, les autres à Milan par Bartolomeo Sormani, Girolamo Amati et Gian Giacomo Crivelli. Maintenant j'ai décidé d'en établir un autre qui sera le dernier, mais j'ai déjà fait aussi des codicilles. L'idée générale de tous est que je voudrais voir mes biens passer à mes fils, si faire se peut, mais le cadet s'est si mal conduit que je préférerais les reporter sur mon petit-fils. Deuxième point, que mes descendants soient aussi longtemps que possible sous curatelle, pour des raisons connues de moi. Troisième point, que mes biens soient mis en fidéicommis pour que, si ma descendance venait à manquer, mon patrimoine passât pour toujours intact, autant que possible, à mes proches. Quatrième point, que mes livres soient corrigés et publiés pour rendre au genre humain les services en vue desquels ils ont été composés. Cinquième point, que si

---

1. Les testaments de Cardan ont été recherchés et étudiés par Bertolotti (*Arch. stor. lombardo* IX, 1882), dont la publication a été complétée par Soriga (*Bull. Soc. Pavese di stor. patr.*, 1915) et par Rivari (*Mem. per la stor. dell' univ. di Bologna*, IV, 1916). Le premier testament est du 8 avril 1531, le dernier du 21 août 1576.

ma descendance directe disparaît, ma maison de Bologne soit affectée à un collège de la famille Cardan et que les héritiers, même s'ils ne sont pas de ma famille, prennent mon nom. Le sixième point a subi des variations suivant les circonstances.

XXXVII. DE QUELQUES MERVEILLEUSES PRÉROGATIVES NATURELLES ET, ENTRE AUTRES, DES SONGES.

Le premier indice d'une nature, pour ainsi dire, anormale fut ma naissance avec des cheveux longs, noirs, frisés, ce qui n'est pas absolument miraculeux mais au moins prodigieux, étant donné surtout que je vins au monde inanimé. Le deuxième se manifesta quand j'eus quatre ans et dura environ trois ans : sur l'ordre de mon père je restais au lit jusqu'à la troisième heure du jour et, si je m'éveillais plus tôt, le temps qui séparait mon réveil de l'heure habituelle, je l'employais à un spectacle délicieux qui jamais ne frustra mon attente. Je voyais des tableaux divers, comme de corps aériens (ils paraissaient composés de tout petits anneaux comme sont ceux des cottes de mailles, bien que je n'eusse pas, jusqu'alors, vu de cotte de mailles). De l'angle droit au pied du lit ils s'élevaient lentement en demi-cercle et descendaient vers la gauche jusqu'à disparaître complètement : c'étaient des citadelles, des maisons, des animaux, des chevaux avec leurs cavaliers, des herbes, des armes, des instruments de musique, des théâtres, des hommes d'allures différentes et diversement vêtus, des joueurs de trompette dont les instruments semblaient sonner, mais on n'entendait ni une voix ni un bruit ; il y avait en outre des soldats, des foules, des champs, des formes de corps que je n'avais jamais vus jusqu'alors, des bois et des forêts, d'autres choses dont je ne me souviens plus, et quelquefois un amas de choses diverses qui se bousculaient sans se mêler mais en se précipitant. Toutes les figures étaient transparentes, mais non pas au point que ce fût comme si elles n'étaient pas sous mes yeux, et elles n'avaient pas assez de consistance pour que le regard ne pût les traverser ; les anneaux eux-mêmes étaient opaques, les espaces entre eux transparents. J'y prenais grand plaisir et je regardais fixement ce prodige, tant que ma tante me demanda un jour si je voyais quelque chose. Tout enfant que je fusse je pensai : si je parle, ce qui m'offre toute cette magnificence s'indignera et m'enlèvera cette fête. Il y avait à ce moment-là des fleurs variées, des quadrupèdes, des oiseaux de toute espèce, mais à toutes ces belles apparences il manquait la couleur, car elles étaient aériennes. Aussi, moi qui n'ai jamais eu l'habitude de mentir ni dans ma jeunesse ni dans ma vieillesse, je restai longtemps avant de répondre. Elle dit alors : « Que regardes-tu donc si attentivement, mon enfant ? » Je ne me souviens pas de ma réponse, mais je crois n'avoir rien répondu.

Le troisième indice fut que, plus tard, je ne pouvais presque jamais, comme je l'ai dit, me réchauffer des genoux jusqu'aux pieds, sauf à l'approche du jour. Le quatrième, que, par la suite, en dormant, j'étais baigné d'une sueur chaude. Le cinquième était un songe très fréquent où je voyais un coq que je craignais d'entendre parler d'une voix humaine, et cela arrivait peu après. C'étaient des paroles pour la plupart menaçantes, et pourtant je ne me souviens pas de ce que j'ai entendu si souvent. Ce coq avait les plumes rouges comme la crête et les barbillons. Je crois l'avoir vu plus de cent fois.

Après ce temps, vers la puberté, ces visions disparues, deux autres prérogatives apparurent, qui sont restées presque continuellement et qui persistent encore aujourd'hui. Pourtant après que j'eus écrit mon livre des *Problemata* et que je l'eus communiqué à mes amis, l'une d'elles cessa quelque temps. Toutes les fois que je lève les yeux au ciel, je vois la lune et je la vois vraiment placée en face de moi ; j'en ai indiqué la cause dans mon livre. Voici la seconde : Ayant remarqué fortuitement que, si je me trouvais par hasard au milieu d'une rixe, il n'y avait ni sang versé ni blessures, je me suis mêlé volontairement aux bagarres et aux émeutes, et jamais personne n'a reçu de blessure. Plus tard, quand je me joignais à des chasseurs, aucun animal n'était blessé ni par les armes ni par les chiens. Cela, j'en ai fait l'observation étant en compagnie, un certain nombre de fois bien qu'assez rarement, et je n'ai jamais été frustré de ce privilège. C'est au point qu'une fois, pendant que j'accompagnais le prince d'Iston à Vigevano, un lièvre ayant été pris, quand on l'enleva de la gueule des chiens on le trouva sans blessure, au grand étonnement de tous. Ce n'est que dans les saignées volontaires et à l'égard de ceux qui subissent un châtiment public, que je suis privé de ce que je peux appeler un privilège. Une fois, sur le parvis du dôme de Milan, un homme avait été jeté à terre par plusieurs adversaires et plusieurs fois blessé. Au moment où j'intervins, comme il poussait des cris, il fut encore une fois frappé par un de ses agresseurs qui, aussitôt après, rejoignit les autres dans la fuite : ainsi je ne pus savoir si le dernier coup avait causé une blessure.

Ma huitième prérogative, c'est qu'en toute occasion je me suis relevé quand il ne semblait plus y avoir de secours. Bien que cela soit naturel, l'effet a été si fréquent et si constant qu'on ne peut plus le dire ni le juger naturel. Il est possible que ce coq aussi, qui m'apparaissait en rêve, soit une chose naturelle, mais l'avoir vu tant de fois et toujours de la même manière peut à coup sûr être qualifié de prodige. C'est comme si, s'agissant d'une affaire ou d'un objet important, il ne vient que trois points quand on jette trois dés non truqués ; le coup est alors naturel et doit être considéré comme tel jusqu'à la seconde fois, s'il se répète ; à la troisième ou à la quatrième, l'homme le plus sage a le droit de le tenir pour suspect. Le cas est identique pour le succès qui ne brille que quand tout espoir est perdu, de façon qu'on n'y puisse voir que l'action de la volonté divine. Je raconterai à ce sujet deux exemples assez probants.

C'était l'an 1542 en été. J'avais l'habitude d'aller chaque jour chez Antonio Vimercati, gentilhomme de notre ville, et j'y passais toute la journée à jouer aux échecs. Nous jouions avec des mises qui allaient d'un réal jusqu'à trois ou quatre et, comme je gagnais constamment, j'emportais chaque jour environ un écu d'or, tantôt un peu plus, tantôt un peu moins. Pour lui c'était un plaisir onéreux, pour moi c'était à la fois un jeu et un profit.

Mais par là j'étais tombé si bas que, pendant deux ans et quelques mois, je ne me souciai plus de mon métier ni de mes gains, réduits à rien, à l'exception de celui dont je viens de parler, et je sacrifiais la considération publique et mes études. Un jour, sur la fin du mois d'août, soit qu'il fût fatigué de perdre régulièrement, soit qu'il jugeât que le hasard m'était favorable, il prit une décision et, pour ne se laisser détourner de son dessein par aucune raison, par aucun serment, par aucune objurgation, il me força de jurer qu'à l'avenir je ne reviendrai jamais chez lui pour jouer. J'en fis serment par tous les dieux. Ainsi ce jour fut le dernier, et aussitôt après je me livrai tout entier à l'étude. Voilà qu'au début du mois d'octobre, l'université de Pavie chômant à cause des guerres et tous les professeurs s'étant transportés à Pise, le Sénat m'offrit d'enseigner[1]. J'embrassai cette chance inattendue parce que je ne devais pas quitter la ville ; différemment, je n'aurais accepté d'aucune façon, soit qu'il eût fallu quitter ma patrie, soit que j'eusse eu un concurrent. En effet, je n'avais jamais enseigné jusqu'alors, sauf les mathématiques, et encore les seuls jours de fête ; j'aurais dû abandonner mon gain quotidien dans la ville, subir les embarras d'un déménagement et courir le danger de me perdre de réputation[2]. Pour ces raisons, l'année suivante je ne voulais pas m'éloigner de ma patrie, mais (qui le croirait ?) la nuit qui précéda le jour où le Sénat envoya quelqu'un s'informer de ma décision, toute ma maison s'écroula à l'exception de la chambre où je dormais avec ma femme et mes enfants. Ainsi, ce que je n'aurais jamais fait de mon plein gré et que je n'aurais pu faire sans honte, je fus obligé de l'accepter à l'étonnement de ceux qui furent informés.

Je raconterai un autre exemple (quoique ma vie soit remplie de pareils), mais d'un autre genre. Je souffrais, et depuis longtemps, jusqu'à désespérer de ma vie — comme je l'ai dit ailleurs, — d'un empyème purulent. J'avais lu dans les notes de mon père que si, le

---

1. Cf. *De libris propriis* III (I, 106) : *Ob uigentia bella, Academia in urbem nostram translata est. Abeuntibus etiam professoribus ob inopiam rei pecuniariae, locum cius accepi qui Papiae iam anno MDXXXVI pro me fuerat subrogatus* (il s'agit de Boldone) *medicinamque professus Mediolani, inde Papiae*. C'est en 1543, peu après la naissance de son fils Aldo que Cardan fut appelé à enseigner à Milan (*XII Genitur. ex.*, V, 533). En 1544 il passe à Pavie et en 1545 il abandonne sa chaire pour la reprendre en 1546 (*Somn. Synes.*, IV, Op. IV, 717). Cf. chap. XXXII n. 1.
2. D'après les *XII genitur. ex.* (V, 523) le résultat sembla justifier cette crainte : *Res omnino infeliciter cessit, extra Academiam, sine auditore, inexpertus.*

25 mars de bon matin, on priait à genoux la Sainte Vierge d'intervenir auprès de son fils pour une faveur licite, en ajoutant l'oraison dominicale et la salutation angélique, on obtiendrait ce qu'on demandait. J'observai l'heure et le jour, j'exprimai mes prières et bientôt après, le jour de la Fête-Dieu de la même année, je fus complètement guéri. Une autre fois et bien plus tard, me souvenant de ce qui s'était passé, je suppliai la Sainte Vierge de me guérir de la goutte (c'était précisément de cette maladie que mon père citait deux exemples de guérison) ; j'en eus un grand soulagement et ensuite je guéris. Mais dans ce dernier cas je me servis aussi des secours de l'art.

Je donnerai de ces prérogatives quatre exemples, quatre admirables expériences qui se rapportent à mon fils. Le premier date de son baptême ; le second de sa dernière année ; le troisième de l'heure même où il avoua son crime ; le quatrième dura du jour où on l'arrêta au jour de sa mort. Il naquit le 14 mai 1534 et, comme je craignais pour sa vie, je le fis baptiser le 16 qui fut un dimanche[3]. Un clair soleil brillait dans la chambre ; c'était entre la cinquième et la sixième heure du jour. Suivant l'habitude, tout le monde était rassemblé autour de l'accouchée, sauf un jeune domestique ; on avait tiré le rideau de toile de la fenêtre et il touchait le mur. Un gros taon entra, vola autour de l'enfant, à la grande frayeur de tous les présents, mais sans lui faire de mal ; peu après il se prit dans le rideau et se mit à bourdonner si fort qu'on aurait dit un tambour. On accourt. On ne trouve rien. Il n'avait pu sortir par la fenêtre car nous avions observé attentivement. Alors tout le monde eut un soupçon de ce qui devait arriver, mais sans imaginer une fin si cruelle[4].

L'année où il mourut, je lui avais offert une robe de soie neuve comme en portent les médecins. C'était encore un dimanche. Il alla à la Porta Tosa où se trouvait un boucher devant la porte duquel étaient couchés des porcs : l'un de ceux-ci se leva de la boue, bouscula, salit et fit chanceler mon fils, malgré les efforts de son valet, du boucher et des

---

3. Le 16 mai 1534 était un samedi. *De libris propriis* III (I, 98) donne exactement *die domini proxima, scilicet XVII, sacro fonte leuatus est.*
4. La version donnée dans *De libris propriis, loc. cit.*, offre quelques différences dans les détails.

voisins qui essayaient de chasser l'animal à coups de bâton, si bien que la chose paraissait prodigieuse. Fatigué enfin, le porc laissa aller mon fils qui fuyait, et qui revint vers moi, triste à mourir. Il me raconta tout et me demanda ce que cela lui présageait. Je lui répondis de prendre garde que, s'il menait une vie digne d'un porc, il ne dût subir une fin semblable à la leur. C'était d'ailleurs, sauf pour le jeu et les plaisirs de la bouche, un excellent jeune homme de vie irréprochable.

En février de l'année suivante, j'habitais et j'enseignais à Pavie, quand, regardant par hasard mes mains, je vis à la racine de l'annulaire de la main droite l'image d'une épée couleur de sang. J'en fus épouvanté aussitôt. Que dirai-je de plus ? Le soir arrive un courrier, portant des lettres de mon gendre qui m'informe que mon fils a été arrêté, que je dois venir à Milan. J'y vais le jour suivant. Pendant cinquante-trois jours cette marque s'allonge et monte ; le dernier jour elle avait déjà atteint la pointe du doigt et était rouge vif comme du sang. Sans pouvoir pressentir ce qui allait suivre, j'étais épouvanté et hors de moi, je ne savais que faire, que dire, que penser. Au milieu de la nuit mon fils tombait sous la hache du bourreau. Le matin la marque était presque effacée, le jour suivant elle avait disparu. Une vingtaine de jours avant, pendant qu'il était en prison, je travaillais dans ma bibliothèque. J'entendis la voix de quelqu'un qui se confessait, d'autres qui s'apitoyaient, puis qui se taisaient bientôt après. Alors il me sembla qu'on m'ouvrait le cœur, qu'on le déchirait, qu'on l'arrachait de ma poitrine. Dans un transport de frénésie je sors dans la cour, où étaient des membres de la famille Pallavicini, les propriétaires de la maison, et je m'écrie, sans ignorer le tort que je pouvais faire à la cause de mon fils, s'il n'avait pas avoué son crime et, bien plus encore, s'il était innocent : « Hélas ! il est coupable de la mort de sa femme, il vient d'avouer, il sera condamné à mort et frappé de la hache ». Je m'habille aussitôt et je vais au tribunal. À mi-chemin je rencontre mon gendre qui me dit tristement : « Où vas-tu ? » Je réponds : « Je crains que mon fils ne soit coupable[5] et n'ait tout avoué ». Il me dit alors : « Il en est

---

5. Cardan a affirmé souvent que l'instigateur et l'auteur de la tentative d'empoisonnement sur sa bru était un valet de son fils, qui ne fut pas inquiété au cours du procès. Voir entre autres : *De util. ex. adver. cap.* IV, 12 (II, 267 sqq.).

ainsi. Cela vient d'arriver. » Là-dessus, quelqu'un que j'avais placé comme observateur accourut et raconta toute la suite des événements.

Parmi mes dons naturels, il y eut celui-ci : ma chair sentait le soufre, l'encens et d'autres odeurs encore, surtout vers trente ans, quand j'étais gravement malade. Après mon retour à la santé, il n'y eut plus que mes bras qui semblaient dégager une forte odeur de soufre, et je souffris alors de démangeaisons. Ces symptômes ont disparu depuis le début de la vieillesse.

Une autre particularité c'est que quand j'étudiais, débarrassé de tous autres soucis et avec le secours de mes maîtres, je ne comprenais ni Archimède ni Ptolémée. Dans une vieillesse avancée, après avoir interrompu ces études pendant trente ans, plein d'affaires, encombré de soucis, sans aucune aide, je les comprends tous deux clairement.

RÊVES

Le fait que mes rêves furent si véridiques ne peut-il pas paraître digne d'admiration ? Je ne voudrais qu'effleurer à peine ce sujet. Dans quel but en effet ? Mais ils étaient d'une clarté éblouissante et s'appliquaient à des circonstances décisives. Il en fut ainsi par exemple vers l'année 1534[6] quand je n'avais encore rien d'établi et que tout allait chaque jour de mal en pis. Au point du jour je me vis en rêve, courant au pied d'une montagne qui était à ma droite, en même temps qu'une multitude immense de gens de toute condition, de tout sexe, de tout âge, des femmes, des hommes, des vieillards, des enfants, grands et petits, des pauvres, des riches, tous vêtus diversement. Je demandai où nous courions tous. L'un d'eux me répondit : « À la mort ». Effrayé, moi qui avais les monts à ma gauche, je me tournai pour les avoir à ma

---

6. Ce rêve est un de ceux que Cardan a le plus souvent rappelés, par exemple dans les diverses rédactions des *De libris propriis*, II (I, 64) III (I, 101) et ailleurs. La comparaison montrerait comment le sens général de l'interprétation restant le même, Cardan la rectifie et la complète peu à peu à l'aide des accidents successifs de sa vie. En 1554 il ne savait pas ce que signifiait cet enfant qu'il tenait par la main, en 1562 il y reconnaissait le jeune Ercole Visconti, *alumnus meus qui statim a coniugo filii domum meam ingressus est : conueniunt enim aetas, tempus et forma ad unguem*. En 1575 c'est une troisième, ou une quatrième solution qui lui vient à l'esprit.

droite, je m'accrochai aux vignes qui couvraient le milieu de la montagne jusqu'au point où j'étais : elles portaient des feuilles sèches et aucun raisin, comme on les voit en automne. Je me mis à grimper, péniblement au début, car le bas de la montagne ou plutôt de la colline était très escarpé ; ensuite, cette partie dépassée, je montai facilement. Quand j'étais déjà au sommet de la montagne et que j'allais le franchir dans un élan de volonté, des rochers nus et abrupts apparurent ; et pour un peu je me serais précipité dans un gouffre profond, si sombre et si affreux que le souvenir de ce rêve, après quarante ans passés, m'attriste et m'effraie. Aussi, tournant vers la droite où le terrain n'apparaissait couvert que de bruyères, j'avançais avec crainte, sans savoir quel chemin prendre, quand je m'aperçus que je me trouvais à l'entrée d'une chaumière rustique, couverte de paille, de joncs, de roseaux. Je tenais par la main un enfant de douze ans environ, portant un vêtement couleur de cendre. À ce moment cessèrent tout ensemble mon sommeil et mon rêve. Ce rêve constituait évidemment un présage de l'immortalité de mon nom, des peines immenses et continuelles, de l'emprisonnement, des grandes craintes et de la tristesse qui m'attendaient ; au total une existence pénible, ce qu'indiquaient les cailloux, inféconde ce qu'indiquait le manque d'arbres et de plantes utiles, mais agréable pourtant, égale et unie. Il me promettait pour l'avenir une gloire éternelle car la vigne donne une récolte chaque année. Cet enfant, si c'était un bon génie, était un présage favorable car je le tenais étroitement ; si c'était mon petit-fils le présage était moins bon. Cette masure dans la solitude représentait l'espoir de la tranquillité. Mais cette épouvante et ce précipice pouvaient aussi signifier le malheur de mon fils dont le mariage causa la perte : il n'est pas admissible de supposer que ce malheur eût été omis dans mon rêve. Ce premier rêve me vint à Milan.

Le second, je l'eus peu après dans la même ville. Il me semblait que mon âme se trouvait dans le ciel de la lune, dépouillée du corps et isolée, d'où mes plaintes. J'entendis la voix de mon père qui disait : « Dieu m'a donné à toi comme gardien. Tout ici est plein d'âmes que tu ne vois pas, comme tu ne me vois pas, mais à elles tu ne peux pas parler. Tu resteras dans le ciel sept mille ans, et tout autant dans chacune des sphères jusqu'à la huitième, ensuite tu parviendras au royaume de Dieu. » Je l'interprétai ainsi : l'âme de mon père est mon génie tutélaire (qu'y aurait-il de plus bienveillant et de plus favorable ?) ; la Lune c'est la grammaire ; Mercure la géométrie et l'arithmétique ; Vénus, la musique, l'art de la divination et la poésie ; le Soleil, la science morale ; Jupiter, la science de la nature ; Mars, la médecine ; Saturne, l'agriculture, la connaissance des plantes et les autres arts inférieurs ; le huitième ciel, la glane dans toutes les sciences, la sagesse naturelle et les études diverses[7] ; après cela je reposerai enfin avec le Seigneur. Cette division a été presque reproduite dans les sept sections de mes *Problemata*. Le temps est proche où ils seront achevés ou publiés.

Il me sembla aussi parfois reconnaître un jeune homme affable à mon égard. Réveillé je ne me rappelais rien. Lorsqu'on lui demandait qui il était et de quel pays, il répondait avec peine *Stephanus Dames*. Il n'est pas possible de trouver, en latin, une interprétation à ces mots qui ont une consonance étrangère. J'ai assez souvent réfléchi que στέφανος signifie couronne, μέσος moitié ou milieu[8].

Voici un autre songe qui indiqua que je viendrais vivre à Rome. En 1550 j'étais à Milan sans emploi public. Le 8 janvier je me vis dans une ville pleine de palais magnifiques. Il y avait entre autres une maison dorée dont j'ai vu la pareille plus tard, quand je suis venu à Rome. On aurait dit un jour de fête, j'étais seul avec mon valet et ma mule, qui tous deux restaient cachés derrière une maison. J'entendais pourtant la voix du valet. Comme quelques personnes passaient dans la rue, je m'informai curieusement auprès de tous du nom de la ville.

---

7. Dante expose dans le *Convivio*, II, 14, un système analogue de correspondances entre les sciences et les planètes, mais, si la Lune répond aussi à la grammaire, la hiérarchie et le dénombrement des sciences se conforment aux divisions traditionnelles du *trivium* et du *quadrivium*. Mercure est apparenté à la dialectique, Vénus à la rhétorique, le Soleil à l'arithmétique, Mars à la musique, Jupiter à la géométrie, Saturne à l'astronomie. Plus haut, le ciel étoilé est rapproché de la physique et de la métaphysique, le ciel cristallin de la philosophie morale, et l'empyrée de la science divine.

8. L'explication donnée dans *Somn. Synes.* est bien différente : *Contigit... ut tunc uiderem me quotquot annulos haberem, praeter duos..., traddisse hispano mercatori... nec illum pecunias numerasse... Rogaui praenomen illius quod esset ? Ille primum suspensus grauate dicere uidebatur, tandem dixit* Stephanum *se uocari. Interrogaui postmodum de nomine et illud etiam difficilius exponere uidebatur : tandem dixit de* Mes, *est autem urbs quae paucis ante annis obsidione graui cincta a Caesare... capi non potuit.* (Metz assiégée par les Impériaux en 1552.)

Personne ne me renseigna ; seule une vieille me dit qu'elle s'appelait *Bacchetta*, c'est-à-dire la verge dont on bat les enfants et qu'on appelait autrefois férule. Ainsi Juvénal dit : « Et nous avons donc retiré notre main sous la férule ». Troublé, j'allais cherchant quelqu'un qui m'indiquât le véritable nom. Car, me disais-je, ce n'est pas un nom barbare, et je n'ai jamais entendu dire qu'en Italie il y eût un tel nom de ville. Je l'avais déjà fait remarquer à la vieille. Elle avait ajouté : « Dans cette ville il y a cinq palais ». « À ce que je vois, lui dis-je, il y en a plus de vingt. » Alors elle répéta : « Mais il n'y en a que cinq ». Je n'avais pas encore retrouvé mon valet et ma mule quand je me réveillai. Je ne peux rien apporter de certain, sauf qu'il s'agissait clairement de Rome, ni indiquer à quoi se rapportait ce nom de *Bacchetta*. Quelqu'un a dit que le mot s'applique à Naples[9]. La confusion de ce songe provenait des circonstances et du sujet pleins de trouble, ou bien de la volonté divine.

Au cours de l'été de 1547, je reçus un avertissement pendant que mon plus jeune fils était malade à Pavie : il me semblait qu'il était sur le point de mourir, et je m'évanouissais. Je me réveille, et au même instant accourt une servante qui me dit : « Levez-vous, je pense qu'Aldo va mourir ». « Qu'y a-t-il ? » « Il a les yeux révulsés et il est étendu immobile. » Je me lève, je lui fais prendre une poudre de perles et de pierres précieuses en quoi j'avais confiance ; il rend, je la lui donne une deuxième fois. Il garda le remède, dormit, sua et en trois jours fut rétabli.

De telles faveurs sont réservées aux hommes à la piété agissante, fermes dans leur foi en Dieu, prudents dans leurs desseins, sachant, en vue d'une fin salutaire, comme des pères de famille prévoyants, saisir les occasions utiles de conserver le corps et l'âme qui y est étroitement unie, en se servant de la méthode la plus convenable de traitement. Et cette méthode, si d'autres veulent l'imiter, ils se rendent ridicules comme de vains prophètes, car ce sont des choses qui ne se peuvent

---

9. Cf. *Somn. Synes.* IV, 4 *(V, 721)* : Tum somno solutus, narrareque somnium cognito, quem tamen a somno incognitum fuisse constat : admirariquo quaenam esset illa cinitas et quale nomen ? ille mihi, Neapolis est. Quid, ego inquam, Bachetae cum Neapoli ?

réduire en règles. Ce malheureux est celui qui m'a donné tant de peines[10].

J'ai vu encore bien d'autres songes étonnants et incroyables, que j'omets ici volontairement. Ces prodiges, mes pensées de divers genres, mes songes, les quatre accidents dont trois ont déjà été racontés, c'est-à-dire le contrat de Magenta, ma chute dans la mer, l'écroulement de ma maison et dont le quatrième, l'étonnante histoire des aiguillettes, sera rapporté plus loin[11], — tout cela, je dois le reconnaître comme des faveurs de Dieu. Mais personne ne pourrait établir comme une règle commune ce qui m'est arrivé de ce genre, soit par accident, soit dans des circonstances passagères, soit dans les rêves. Il serait largement et peut-être gravement déçu. Il ne le serait pas moins celui qui voudrait les rapporter à mes mérites. Ce sont en effet des dons de la libéralité divine qui ne doit rien à personne et encore moins à moi. On se trompe beaucoup en les attribuant à mon zèle, à mes travaux, à mes études qui auraient à peine pu en réaliser la millième partie. L'erreur la plus grave est celle des gens qui ont supposé que j'avais simulé tout cela pour le soin d'une vaine gloire, dont je suis bien éloigné. Enfin, pourquoi voudrais-je souiller de ces balivernes frivoles et de ces contes ridicules un mérite qui ne m'est pas seulement naturel (si vous voulez) mais qui, je le sais, vient de Dieu.

---

10. C'est son plus jeune fils Aldo. Voir chap. XXVII n. 6, XXV n. 3 et XLI.
11. Il y a bien dans le texte dont j'ai parlé plus haut, mais l'anecdote n'est racontée qu'au chap. XLIX.

XXXVIII. CINQ PRÉROGATIVES QUI M'ONT SERVI

Jusqu'ici j'ai parlé de moi comme d'un homme semblable aux autres, ou même un peu inférieur par nature et par éducation. Maintenant je parlerai d'un don admirable qui est en moi, d'autant plus admirable que je sens en moi quelque chose, et je ne sais pas ce que ce peut être. Et je sais que c'est moi, en me rendant compte que cela ne provient pas de moi, et que c'est présent au moment convenable, et non au gré de ma volonté. Ce qui en résulte est au-dessus de mes forces. J'en eus la révélation à la fin de l'année 1526 ou au début de l'année suivante, de sorte qu'il s'est écoulé depuis lors plus de quarante-huit ans. Je sens quelque chose, qu'accompagne un grand bruit, pénétrer de l'extérieur dans mon oreille, venant en ligne droite de l'endroit où l'on parle de moi. Si c'est en bien, le bruit s'installe du côté droit ; et s'il vient de gauche, il passe à droite, puis il reste régulier ; s'il y a débat, on entend un étonnant brouhaha ; si c'est en mal, le bruit s'entend à gauche et vient exactement du côté où les voix font du vacarme ; par suite, il entre de n'importe quel côté de la tête. Très souvent, si la chose tourne mal, au moment où elle devrait prendre fin, le bruit se renforce du côté gauche ou se multiplie. Très souvent aussi, si les choses ont lieu dans la ville où je suis, le bruit est à peine achevé qu'un messager entre pour m'appeler au nom de ceux qui parlaient de moi. Quand il s'agit d'une autre ville et que vient un messager, en faisant le compte du temps passé entre la délibération et le début du voyage, on arrive au même résultat ; et on voit le dessein exécuté dans la forme où il avait été conclu. Cette prérogative dura jusqu'en 1568, vers le moment où le complot allait réussir ; et moi je m'étonnais qu'elle cessât de se manifester.

Quelques années, huit environ, après le début de ce premier don, c'est-à-dire en 1534, je commençai à voir en songe ce qui allait arriver bientôt après. Si ce devait être dans la même journée, la vision apparaissait après le lever du soleil, parfaitement lumineuse et claire. Ainsi, autrefois je vis mon affaire avec le Collège [des médecins] jugée, conclue et perdue ; je sus aussi que je réussirais à obtenir une chaire à Bologne. Cette seconde prérogative cessa un an avant la première, c'est-à-dire en 1567 quand partit Paul, un de mes camarades ; elle dura donc environ trente-trois ans.

La troisième prérogative fut une splendeur[1] que je parvins à augmenter graduellement. Elle prit origine en 1529, puis s'accrut, sans atteindre son éclat complet avant la fin de mes soixante-treize ans, entre la fin d'août et le début de septembre 1574 ; mais, véritablement, ce n'est que cette année 1575 que je l'ai dans la perfection. Celle-ci ne m'abandonna pas, mais, à la place des deux précédentes qui m'ont quitté, elle me protège contre mes adversaires et dans les nécessités qui me pressent. Elle résulte d'une méditation ingénieuse et d'une lumière extérieure. Très agréable, elle offre plus d'avantages pour le prestige, l'exercice, le profit et la solidité de mes études que les deux autres jointes ensemble. Elle n'écarte pas l'homme des occupations communes et de la fréquentation de ses semblables. Elle rend apte à tout ; elle est d'un grand secours dans la composition des livres. Elle semble être le dernier degré de notre nature, car elle offre à la fois tout ce qui se rapporte à cet objet. Et si elle n'est pas d'origine divine, à coup sûr c'est la plus parfaite des œuvres humaines.

La quatrième de mes prérogatives commença en 1522 et dura jusqu'en 1570 ou 1573. Elle m'a été donnée, je pense, pour me

---

1. Sur ce don naturel de la splendeur qui n'est jamais bien précisé, voir aussi chap. XLIV, XLVII (à la fin) et LIV.

consoler quand je fus conservé en vie contre tout espoir, pour m'affermir dans la foi et me faire comprendre que je suis de Dieu et qu'il est tout pour moi, afin que je ne me laisse pas aller à une conduite indigne de tant de bienfaits. Et si quelqu'un disait : Pourquoi tous les hommes ou au moins quelques-uns d'entre eux ne voient-ils pas ces choses-là et d'autres semblables ? Je répondrais : Que faire, si d'autres comprennent ce qui, pour moi, n'est pas évident en soi ? — Mais quelle preuve d'amour que la mort cruelle d'un fils ? — S'il y a, pour quelqu'un, un autre moyen d'être immortel, je le réclame aussi : s'il n'en est pas d'autre, que m'importe davantage ? Toute mort est en effet cruelle et presque identique, sauf celle qui atteint un vieillard ; mais alors, égale est la souffrance qui vient de l'attente prolongée et certaine de la mort même.

Le cinquième caractère particulier, qui, lui aussi, fut constant, c'est que je ne suis jamais revenu à flot que dans les cas désespérés ; je n'ai sombré que dans les moments heureux, comme les vaisseaux qui passent, tour à tour, des fonds à la crête des vagues, et de cette crête dans les gouffres. Ainsi de toute ma vie. Oh ! que de fois j'ai versé des larmes sur mon sort misérable, non seulement parce que tout allait de mal en pis et que tout espoir m'était ôté, mais aussi parce que, même en réglant par la pensée mes affaires à mon gré, je ne trouvais pas de recours. Puis, sans que j'y eusse pris soin ni peine, en deux ou trois mois je voyais tout changé, si bien que je pouvais croire en jeu des forces supérieures à ma volonté ou à mes actions. Cela fut si fréquent que j'aurais honte d'en rapporter le nombre. Un changement analogue amena souvent l'écroulement simultané de tout.

XXXIX. ÉRUDITION OU SON APPARENCE

Que je sache vraiment quelque chose, ou que je n'en donne que l'impression, je n'ai, en tout cas, jamais appris la grammaire, non plus que le grec, le français ou l'espagnol, et je ne sais comment j'en ai acquis l'usage. Je n'ai pas davantage de connaissances en rhétorique, ni en optique, ni dans la science des poids, parce que je ne m'y suis pas appliqué. Il en est de même de l'astronomie parce qu'elle m'a paru trop difficile. En musique, par contre, je n'ai aucune aptitude pour la pratique, mais dans la théorie je ne suis pas incapable. Je ne me suis pas occupé de géographie, ni de philosophie combattive, de morale, de droit, de théologie car ce sont des disciplines trop vastes, étrangères à mon dessein et qui exigent qu'on s'y consacre tout entier. Mais je ne me suis appliqué à aucune science mauvaise, dangereuse ou vaine, par suite ni à la chiromancie, ni à la chimie ou science de composer les poisons. Je ne me suis pas adonné non plus à la physiognomonie[1] qui est une chose longue, très difficile et qui réclame, avec beaucoup de mémoire, des sens aiguisés que je ne crois pas posséder ;

---

1. Il a pourtant composé, et nous avons sous son nom un traité de métoposcopie publié, longtemps après sa mort, à Paris (chez Thomas Jolly, 1658 ; trad. fr. chez le même éditeur, la même année).

ni à l'art magique qui opère par incantations pour évoquer les démons ou les âmes des morts. Parmi les sciences dignes d'estime, je n'ai pas étudié la connaissance des plantes à cause de l'insuffisance de ma mémoire, ni l'agriculture qu'il vaut mieux pratiquer que connaître. De l'anatomie j'ai été détourné par plusieurs raisons.

Je ne me suis jamais attaché à la poésie, sauf pour quelques compositions nécessaires, et assez peu. Pourquoi donc m'a-t-on attribué tant de connaissances auxquelles je ne pensais même pas, sinon pour rabaisser ma réputation de médecin ? « L'intelligence qui s'applique à plusieurs objets a moins de force pour chacun d'eux. »

Quant à l'astrologie divinatrice, je l'ai pratiquée, et plus que je n'aurais dû, et j'y ai ajouté foi à mes dépens. L'astrologie naturelle ne me fut d'aucun usage ; j'en ai reçu les premières notions il y a trois ans, c'est-à-dire à soixante-onze ans. J'ai été très versé dans la géométrie, l'arithmétique, la médecine théorique et pratique, plus encore dans la dialectique, la magie naturelle, c'est-à-dire les propriétés des corps et choses semblables, comme par exemple le fait que l'ambre renforce la chaleur naturelle, et pourquoi[2]. Faut-il compter aussi l'habileté au jeu de dés ? Je possède la connaissance pratique de la langue latine et de quelques autres, ainsi que la théorie de la musique. Je n'ai pas abordé l'art nautique ; quant à l'art militaire que je n'ai pas à dénombrer parmi les sciences, je m'en suis abstenu en raison de nombreuses difficultés ; de même pour l'architecture. Il reste encore certaines demi-sciences comme l'emploi de lettres symboliques, leur composition, leur interprétation. Dans ma spécialité il me manque la pratique chirurgicale.

Si on fixe le nombre des disciplines importantes à trente-six, il en est vingt-six dont l'étude et la connaissance m'ont complètement manqué. Je me suis occupé de dix. D'aucuns ont estimé plus haut mes connaissances et mon habileté, à cause de mon aptitude à utiliser ce que je sais. Cette aptitude est aidée par une méditation profonde et assi-

---

2. Cf. *De sanitate tuenda* IV, 3 (VI, 246) *Ambrae uires : ...quam scimus quantum uitae conferat... depellens omnem sorditatem a corde et cerebro eoque confirmans... Caliditatem habet tenuem... repurgat (ut uerisimile est) humidum illud innatum, et uitam in immensum producit.*

par les liaisons établies entre beaucoup de choses bien comprises, par des principes meilleurs, qui ne sont pas inspirés par le désir de contredire comme chez Galien, qui ne sont pas trop lâches, en partie faux et imaginaires comme chez Plotin (il me sera permis par souci de la vérité de m'éloigner un peu de l'opinion commune, et non beaucoup comme d'aucuns croient) ; ce qui les dicte c'est un jugement exact et ferme, l'âge, mon caractère harpocratique et l'usage des cinq prérogatives que j'ai déjà souvent rappelées[3]. Mais il faut joindre encore aux dix sciences que je possède la connaissance étendue de l'histoire qui, tout en n'appartenant en propre à aucune science particulière, contribue beaucoup à la dignité et à l'ornement de ce qu'on raconte. J'ai voulu ajouter ces détails pour encourager mes lecteurs à se borner à l'étude d'un petit nombre de questions (puisque notre vie est courte et pleine d'embarras et de difficultés), et à le faire avec zèle et constance ; qu'on donne, entre tout, la préférence à ce qui est utile aux hommes et à nous-mêmes, qu'on adopte des principes liés et vrais et, au lieu d'abandonner les anciens par colère ou par ambition, qu'on se rende compte quels sont les meilleurs. Que tu sois entraîné par le souci de ta gloire ou que tu oses en espérer un profit, il vaut mieux mettre parfaitement au point une découverte que t'attacher à mille et ne rien terminer. « On rappelle plus souvent le nom de Perse pour un livre que le facile Marsus avec toute son Amazonis. » C'est ce que nous voyons qui est arrivé à Horace avec une seule œuvre, et peu considérable, mais parfaitement polie et exquise. Maintenant, il pourrait se vanter d'avoir été prophète : « Aussi longtemps que le Pontife accompagné de la Vierge silencieuse gravira le Capitole, il vivra dans les livres et les flots du Styx ne l'enfermeront pas ».

Il est bien évident que le Pontife a cessé de monter ainsi, et la gloire d'Horace est encore florissante. Ainsi donc, quant à moi, j'ai accru l'arithmétique au décuple et la médecine suffisamment. Mais il convient à un homme sérieux de se hâter vers son but. Pour cela, il faut lire beaucoup, être capable de dévorer un gros volume en trois jours, passer les notions banales ou peu utiles, attendre le moment favorable pour comprendre ce qui est obscur, après l'avoir marqué d'un signe.

---

3. Chap. XXXVIII.

Dans la construction de mes ouvrages, j'ai l'habitude de lier la fin d'un raisonnement au commencement du suivant. J'ai des garants divins de cette méthode. Que le discours soit net, pur, lié, ordonné, bien latin et respecte la propriété des termes ; que l'enchaînement de la composition aussi bien que du sens dérive d'un seul principe. Les sciences générales, comme la géométrie et l'arithmétique ne supportent pas d'être ornées. D'autres au contraire, comme l'astronomie et le droit ne se développent pas, mais il faut y introduire des subdivisions et des ornements.

XL. CURES HEUREUSES

1. — En 1537 ou 38[1], pendant l'été, j'étais très lié avec Donato Lanza que j'avais guéri d'hémoptysies, dont il souffrait depuis plusieurs années. Il avait souvent engagé le Sénateur Sfondrato, conseiller intime de l'empereur, à avoir recours à mes soins pour son fils aîné, atteint de convulsions infantiles qui, après l'avoir fait compter au nombre des morts plutôt que parmi les vivants, le laissèrent faible, difforme et pauvre d'esprit. Le fils cadet fut, à son neuvième mois, pris de fièvre. Luca Croce, qui le soignait, donnait bon espoir, comme il est de coutume. (Il était grand ami de Sfondrato tant par sa qualité de procureur du Collège, dont Sfondrato était le patron, que par les liens d'une longue fréquentation, des services et des bienfaits réciproques). Subitement, sans que cessât cette fièvre aiguë, l'enfant fut saisi de violentes convulsions. Devant l'évidence et l'imminence du danger de mort, Croce demanda à faire appeler Ambrogio Cavenago, et Sfondrato, se souvenant des conseils de Lanza, me fit appeler aussi.

Nous nous réunîmes à la deuxième heure du jour, en présence du père de l'enfant. Croce exposa la maladie en quelques mots, car il

---

1. Cardan avait déjà fait une revue de ses succès médicaux dans le *De libris propriis*, rédaction de 1554 (I, 82 sqq.).

connaissait Sfondrato pour un homme de bon sens, et il était, quant à lui, franc et savant. Cavenago n'ajouta rien puisqu'il lui convenait de ne prendre la parole que le dernier. « Vous voyez bien, dis-je alors, que cet enfant souffre d'un opisthotonos. » À ce mot, le protophysicien [Cavenago] crut que je voulais le railler en employant des mots obscurs et resta interdit. Mais Croce l'ôta de ce doute en disant : « Il veut indiquer la rétraction des nerfs en arrière ». — « Certes » répondis-je, et j'ajoutai : « je vais vous le montrer ». Je soulevai la tête de l'enfant pendante en arrière, attitude que les médecins, et tout le monde, attribuaient à la faiblesse de l'enfant, incapable d'en porter le poids. Je demandai qu'on essayât de la ramener à sa position naturelle, mais avec précautions.

D'aucune manière on n'y put parvenir. Tous restaient stupéfaits, surtout le père. Alors Croce laissa échapper ces mots : « *Or bene*, (c'est-à-dire voilà, expression commune à ceux qui commencent un discours) Don Girolamo n'a pas son pareil pour le diagnostic. » À peine eut-il entendu ces paroles, Sfondrato se tourna vers moi et me dit : « Puisque vous avez reconnu la maladie, pensez-vous qu'il y ait un remède ? » Les autres se taisant, moi, pour ne pas gâter par de vaines promesses la gloire que je venais de m'acquérir, je me tournai vers mes confrères : « Vous savez ce que dit Hippocrate dans ce passage, *Febrem convulsioni...* », et je récitai l'aphorisme. Croce se tint sur la réserve pour essayer de garder l'amitié de Sfondrato : si l'enfant guérissait il pourrait recouvrer la bienveillance dont il avait jusqu'alors joui, et si l'enfant mourait il ne paraîtrait pas avoir été jaloux de la gloire d'un rival. Aussi, d'accord avec le protophysicien Cavenago, me confia-t-il le traitement. Ils comprenaient bien que la modération leur vaudrait plus de louanges qu'une dispute.

J'ordonnai une friction et un enveloppement dans un linge mouillé d'huile de lin et de lys ; l'enfant devrait être traité très délicatement tant que son cou ne serait pas redressé ; la nourrice devrait s'abstenir de viande, l'enfant de tout aliment solide ou liquide autre que le lait en petite quantité ; son berceau placé dans un endroit chaud serait agité doucement, mais sans cesse, jusqu'à ce que vienne le sommeil². Quand les autres médecins furent partis, je me souviens que le père me dit : « Je vous le donne comme votre fils ». Et je lui répondis : « Vous êtes mal inspiré de remplacer pour lui un père riche par un pauvre ». Il répliqua : « Je veux dire, soignez-le comme s'il était à vous, sans rien craindre s'ils (c'est-à-dire les autres médecins) en sont offensés ». « Je préférerais, dis-je alors, qu'ils me fussent associés en tout et qu'ils me donnassent leur aide. » Je pris ces dispositions pour lui faire comprendre que je ne désespérais pas absolument de la cure, mais que je n'étais pas non plus assuré, et que j'étais plus modéré que savant et habile dans mon art. Les choses tournèrent bien. En effet, bien que la maladie fût proche du quatorzième jour et que le temps fût chaud, l'enfant fut en pleine convalescence en quatre jours. Ce que voyant, et à ce que je crois, moins parce que j'avais reconnu la maladie — ce qu'on pouvait attribuer à mon expérience sur ce point — ni parce que l'enfant guérit — ce qu'on pouvait juger un hasard —, mais parce que je l'avais guéri en quatre jours alors qu'on avait tourmenté son frère pendant plus de six mois pour l'abandonner à demi-mort, le père fut émerveillé. Ce fut, je pense, la raison qui le fit, par la suite, me préférer à tous les autres médecins. Car il est probable qu'il considéra ceci : Croce, mon rival et mon ennemi, du fait qu'il exerçait les fonctions de procureur [du Collège], avait parlé en ces termes devant lui et devant Cavenago, alors qu'il ne pouvait honnêtement louer un adversaire du Collège que s'il y était contraint ; il était bien évident par là que les obstacles dressés contre moi venaient de l'envie et de la jalousie plutôt que de ma naissance. Aussi, sous l'impression de la guérison de son fils, il raconta toute l'affaire au Sénat et agit auprès du gouverneur de la province, des autres ministres et des cardinaux, pour obtenir que s'ouvrît devant moi l'accès du Collège d'où par tant de décisions et à la suite de conventions et d'accords on m'avait rejeté, et, tout à la fois, que je fusse appelé à enseigner publiquement à l'Université. Il rémunéra mes soins par un cadeau et me fit bienvenir de tout le monde.

---

2. Le détail du traitement a été consigné dans : *Curatio XV, De opisthotono* (VII, 256-257).

2. — La cure suivante fut celle de l'archevêque écossais Hamilton[3] qui, à l'âge de quarante-deux ans, souffrait de crises d'asthme. Après avoir inutilement fait appel, d'abord aux médecins du roi de France, puis à ceux de l'empereur Charles-Quint, il m'envoya deux cents écus à Milan pour que j'aille à Lyon ; il y en ajouta ensuite trois cents pour que je me rende à Paris et pour que — si la guerre mettait obstacle à sa venue — je continue jusqu'en Écosse. J'y allai. Le traitement était fait d'après les prescriptions des parisiens par un médecin[4] que l'on rendait responsable de l'insuccès. Je fus obligé d'en expliquer la cause. L'archevêque se fâchait contre son médecin, le médecin contre moi parce que j'avais donné cette explication. Ainsi l'un me craignait et l'autre m'accusait de faire traîner le traitement en longueur parce que, dès que je l'eus commencé, il se sentit mieux. Au milieu de ces querelles je demandai congé de partir. On me l'accorda avec peine. Je laissai une ordonnance qui amena la guérison en deux ans. Je restai soixante-quinze jours auprès de lui. Il existe une attestation de cette guérison. L'archevêque m'envoya plus tard son premier valet de chambre Michel qui devait me ramener auprès de lui comme médecin, moyennant un riche traitement, mais je n'acceptai pas. Il paya pour ma venue dix-huit cents écus d'or dont quatorze cents parvinrent entre mes mains.

3. — Dans ma patrie, j'ai guéri en six mois d'une lèpre de deux ans Francesco Gaddi, prieur des chanoines de Sant' Agostino. Mais celui-ci et le précédent (ô misérable destinée des hommes !) ne furent guéris que pour périr de mort violente une dizaine d'années plus tard dans les luttes des factions[5].

4. — Marta Motta fut guérie en deux ans, après être restée treize ans clouée sur une chaise sans pouvoir marcher. Tandis que les deux

---

3. Voir chap. XXIX notes 2 et 7.
4. Le médecin, Guillaume Casanate (né le 5 octobre 1519), d'origine espagnole, était natif de Besançon et avait fait ses études à Toulouse. Son horoscope figure parmi les *XII Genitur.*, n° 9 (V, 541-542).
5. *Exempl. C. Genitur.*, n° 81 (V, 495) : *in annis 52* (en 1542, puisqu'il était né le 22 mars 1490) *captus est a suis et ad perpetuos carceres damnatus in quibus etiam nunc est*. Dans *De libris propriis* (I, 107) il rectifie : *coniectus in carcerem, misere uitam ibi... finiuit : nam per quindecim dies profundissima gorgyne fuit ut uinus sepeliretur.* — Ce Gaddi était un ami de Cardan qui avait bénéficié de son influence (*rex cognomine ob potentiam*) pour remplacer Cavenago comme médecin du Chapitre de Sant'Ambrogio.

précédents moururent de mort violente environ dix ans après leur guérison, celle-ci, quand j'ai quitté ma patrie, survivait depuis vingt-trois ans. À la vérité elle a, toute sa vie, marché courbée.

5. — Giulio Gatti, guéri de la phtisie, devint, peu après, précepteur du jeune prince de Mantoue.

6. — J'ai guéri de la fièvre hectique Gian Maria Astolfi ;

7. — D'un empyème Adriano le Belge qui par la suite me témoigna une reconnaissance admirable et une amitié que je n'ai jamais trouvées chez un Italien ;

8. — Ensuite Gian Paolo Negroli, marchand bien connu dans toute la ville, qui, après avoir pendant deux ans fait l'épreuve des soins des plus grands médecins, avait été abandonné comme phtisique ; lui aussi devint pour moi un grand ami.

9. — J'ai guéri l'aubergiste Gaspare Rolla, transformé depuis un an en un bloc de pierre vivant, et qui était absolument et pour toujours immobile ; il garda le cou tordu de côté.

10. — Que dire de ceci : il n'est mort aucun des malades que j'ai traités pour des fièvres, et à peine un sur trois cents pour les autres maladies. On en trouve la preuve parmi les actes de décès dans les livres des Magistrats de la Santé, dont la pratique et la fonction sont bien connues de tous les citoyens. Aussi, puisqu'il ne serait pas facile de faire la même démonstration, je ne crois ni bienséant ni utile d'apporter des témoignages pour d'autres villes, ni de me vanter ; — d'ailleurs les médecins s'en préoccupent peu.

11. — Je fus aussi appelé de l'Université de Pavie auprès du duc de Suessa qui me donna à cette occasion mille écus d'or et me fit un présent d'étoffes de soie ;

12. — Pareillement, de Bologne à Modène auprès du cardinal Morone de qui je dus accepter malgré moi des honoraires, car j'avais conscience de lui être redevable de bien davantage. Dans ces deux cas, il est vrai, je fus assisté par deux confrères distingués, mais je puis être satisfait de ce que j'ai fait par moi-même puisque, au total, j'ai rendu la santé à plus de cent personnes condamnées, à Milan, à Bologne et à Rome. Il ne faut pas trouver étonnant que j'ai parfaitement et avec bonheur pratiqué la thérapeutique car je possédais à fond la partie de la médecine relative au diagnostic. La preuve en est fournie par les deux

propositions que je faisais publiquement à Bologne : je m'engageais à guérir tout malade qui m'aurait été confié à temps, pourvu qu'il eût moins de soixante-dix ans et plus de sept (dans mon livre des *Prognostica* où j'ai plusieurs fois rappelé ceci, il faut lire sept au lieu de cinq), à condition que la maladie ne provînt pas d'une cause procathartique, coup, chute, grande frayeur ou poison (surtout réitéré) — que le malade fût en possession de sa raison — qu'il n'eut pas une affection chronique comme la phtisie ou une tumeur du foie ou un ulcère profond dans un mauvais endroit, ou un gros calcul dans la vessie, ou enfin qu'il ne fût pas sujet au mal comitial. Ma seconde proposition était que (tout en restant libre d'accepter ou non dans chaque cas), si le malade devait mourir, j'indiquerais le siège de la maladie ; et si, lui mort, on constatait une erreur de ma part, je serais tenu de payer une amende égale au centuple des honoraires reçus. Au début, avec l'espoir de me convaincre d'erreur, plusieurs médecins avaient ouvertement pratiqué des autopsies, comme pour le Sénateur Orso, le docteur Pellegrini, Giorgio Ghisleri — et chez ce dernier on jugea merveilleux que j'eusse diagnostiqué une maladie de foie lorsque les urines étaient excellentes tandis que l'estomac, dont il souffrait sans cesse, était sain ; ensuite on en fit plusieurs autres en secret, sans me trouver en faute ; aussi n'osa-t-on plus ni accepter, ni conseiller d'accepter mes conditions.

13. — Je reviens à mes cures. À Bologne je rendis à la santé Vincenzo Torrone souffrant depuis plus d'un an d'une coxalgie, qui le tenait continuellement au lit et que rien n'avait diminuée ni même soulagée.

14. — Je guéris d'une affection semblable la femme d'un marchand nommé Claudio, en plein hiver.

15-16. — À Rome la noble dame Clementina Massa et le jurisconsulte Giovanni Cesare Buontempo souffraient tous deux depuis environ deux ans et, réduits au plus mal, avaient consulté les plus célèbres médecins de la ville : je les guéris, et ils vivent encore. À Milan, quand je soignais les Espagnols, j'obtins de merveilleux succès.

Personne, en effet, ne peut se vanter d'avoir sauvé quelqu'un que j'avais déclaré inguérissable, tandis que j'ai rendu la santé à une foule de malades qui avaient été abandonnés.

J'ai dit ailleurs que la chance ne joue aucun rôle dans les arts. De quelle chance a besoin un barbier pour raser et un musicien pour chanter ou toucher d'un instrument ? Pas davantage en médecine. Mais il y a dans la médecine trois circonstances qui sont au-dessus de l'art et par lesquelles elle semble soumise au hasard. D'abord elle n'est pas aussi accessible aux sens que l'art du barbier ou d'un autre humble artisan. Quand donc un médecin tombe sur une infection interne ou sur une maladie multiple et compliquée, s'il ne peut agir utilement, la faute en est à l'incapacité de l'artisan et non à l'insuffisance de l'art. Or cet art se compose de tant d'éléments que, maintenant comme autrefois, il est partagé entre de nombreux spécialistes, chirurgiens, oculistes, médecins praticiens, lithotomistes, herboristes, spécialistes des fractures ; et chaque branche se subdivise en nombreux rameaux minuscules. Si donc le médecin se trouve en présence d'une maladie qu'il a eu l'occasion d'étudier longtemps et de traiter heureusement, on peut dire qu'il a de la chance, sinon c'est tout le contraire. En outre le médecin a besoin de remèdes, d'aides, d'assistants, de pharmaciens, de phlébotomistes, de cuisiniers et de la bonne marche des agents extérieurs : le feu, l'eau, le lit, la propreté, le silence, les amis ; la peur, au contraire, la tristesse, la colère font que, avec une maladie guérissable, le malade meurt tout de même. Bref, cela, du moment que c'est un art, n'est pas soumis au hasard. Mais il en va différemment lorsqu'un art comprend plusieurs genres, comme la médecine, ou dépend de plusieurs agents, bien qu'étant d'un seul genre, ou encore, tout en étant exécuté par un seul agent, comme la fabrication des clous, la frappe des monnaies, le labourage, les semailles, il est soumis à diverses conditions. J'ajoute, si cela fait quelque chose à l'affaire — et Hippocrate affirme que cela fait beaucoup — que j'ai exercé en divers lieux : d'abord à Venise, puis dans le territoire de Padoue, à Piove di Sacco (pour employer un mot italien), à Milan, à Gallarate, à Pavie mais peu, à Bologne, à Rome, en France, à Lyon, en Angleterre et en Écosse. Un autre avantage est mon âge : j'ai soixante-quinze ans, alors que Galien n'a pas dépassé soixante-sept, Avicenne ou Hasen cinquante-sept, l'un et l'autre ayant passé leur vie en voyages, Galien vingt ans entiers, Hasen toute son existence ; Aetius fut occupé par son évêché, Oribase proscrit dans le Pont, Paul [d'Égine] un vagabond.

17. — Mais laissons cela et racontons le cas de Giulio Ringhieri, un jeune gentilhomme qui habitait dans la via San Donato près de l'église de San Giacomo à Bologne. Il était au lit depuis plus de quarante jours, avec une fièvre très forte et un dangereux phlegmon ; il avait perdu connaissance et avait reçu les derniers sacrements, quand, le 27 juin 1567, je le guéris.

18. — Que dire d'Annibale Ariosto, jeune homme noble et riche, qui souffrait d'un abcès fistulisé à la poitrine. Il dépérissait ; la fièvre hectique s'ajoutait à une émission de deux livres de pus par jour, et il ne pouvait dormir. Les médecins l'avaient abandonné comme phtisique, avec tout le poumon gâté, et absolument inguérissable. Ils l'avaient isolé de peur que les quatre petits enfants du juge Michelangiolo Torrone ne fussent infectés. En trente jours je le guéris complètement de ses maux externes et internes, et je lui rendis un embonpoint et un teint qui faisaient l'admiration de toute la ville. En cinq cents ans Bologne n'avait peut-être rien vu de pareil à ces deux miracles.

19-20. — Ce fut encore bien mieux pour deux jeunes gens, Leonardo et Giambattista, qui habitaient à la Porte de Modène dans deux maisons contiguës. Atteints de diarrhée accompagnée de fièvre, ils avaient été abandonnés comme morts. Bien qu'ils n'eussent ni toux ni difficulté de respirer et que le onzième jour de la maladie fût déjà passé, je compris qu'ils souffraient d'un abcès suppuré au poumon et je prédis que seule l'expectoration du pus les guérirait. À l'étonnement des autres médecins et des parents, c'est ce qui arriva dans les vingt-cinq jours du début de la maladie. Après avoir craché environ une livre de pus sans mélange, ils furent rétablis en quatre ou cinq jours.

21. — Dans le même quartier habitait un jeune homme, Marcantonio Felicini, d'une très ancienne famille et, à ce que j'apprends, neveu d'un sénateur noble. Une longue maladie l'avait privé de la parole. En proie à une fièvre continuelle, il ne comprenait plus rien, était devenu muet, était tombé dans une faiblesse mortelle et avait été abandonné des médecins, qui avouaient ne pas comprendre une maladie comme ils n'en avaient jamais vue. Certains disaient qu'il avait été réduit dans cet état par un philtre. Je me chargeai de le soigner et, en quatre jours, je lui rendis les sens et la parole ; il me fallut encore dix ou douze jours pour le guérir parfaitement, et je crois qu'il vit

encore. Les autres médecins souffraient avec peine que je ne voulusse pas donner d'explications ou de conseils.

22. — Que dirai-je d'Agnese, femme de Claudio, marchand français de notre ville[6], laissée pour morte par les premiers médecins ? Ils avaient bien raison, car je n'ai jamais eu plus de peine pour guérir un malade, quoique j'en aie vu beaucoup bien près de mourir.

23. — Je rappelle ce que j'ai ailleurs signalé d'une façon générale sur les aliénés, les épileptiques, sur quelques aveugles guéris, sur les hydropiques, les bossus, les estropiés, les boiteux dont l'état a été amélioré ;

24. — Les fils d'un charpentier près de Porta Tosa ;

25. — La guérison presque miraculeuse de Lorenzo Gaddi ;

26. — Celle de l'ambassadeur du prince de Mantoue ;

27. — La cure remarquable de Juarez, espagnol distingué, et de tous ces gens-là.

28. — Que dirai-je de Simone Lanza ; 29. — de Marescalchi ;

30. — de la fille de Giovanni Angiolo Linati ;

31. — d'Antonio Scazzoso ;

32. — enfin du cas merveilleux du fils du marchand Martino ;

33. — de la femme du pharmacien des « Trois rois » ;

34. — de ceux que j'ai guéris de douleurs invétérées ;

35. — d'hématurie.

36. — De la fièvre quarte double, il n'est personne que je n'aie guéri.

37. — Je sauvai du poison tous les enfants de Sirtori, quoique on m'eût appelé tardivement ; mais les parents moururent tous deux.

38. — Je mentionnerai aussi l'hydropisie du boulanger Agostino ;

39. — ma dispute avec Cavenago et Candiano dans la cure d'Ottaviano Mariani, qui prouva que mon bonheur dans les guérisons n'était pas diminué. Et j'omets une quantité incroyable d'exemples.

40. — Le cas d'Antonio Maioraggio fut malheureux ; mais par contre je n'ai jamais eu de déboires dans le traitement de la fièvre, de la peste, de la podagre. Cela faisait dire aux médecins milanais que le mérite n'en revenait pas à l'excellence de mon art mais à mon heureuse

---

6. *Atque hic solus mercator Gallus in urbe nostra remansit. De libris propriis* (I, 84).

fortune : ceux qui devaient mourir tombaient entre leurs mains, ceux qui devaient être sauvés entre les miennes.

Ne t'étonne pas, lecteur, et ne me soupçonne pas de mentir. Les choses sont bien ainsi ; et du même genre il en est arrivé bien plus et de plus grandes ; je ne sais pas le chiffre exact, mais j'estime qu'elles atteignent et dépassent cent quatre-vingt. Ne suppose pas pourtant non plus que j'en tire une vaine gloire ni que je désire ou que j'espère être placé au-dessus d'Hippocrate. Pour ce qui est de mentir, pourquoi le ferais-je impudemment ? On peut s'informer. Un seul mensonge découvert tout s'écroule. Ensuite serait-ce pour la gloire et le gain ? Mais s'il m'arrivait d'autres malades graves en grand nombre, je ne trouverais rien de plus malheureux, car je ne suis pas sûr d'agir encore avec le même bonheur qu'autrefois. Pline et Plutarque rapportent que César, après être sorti vainqueur de cinquante batailles rangées, mettait moins de hâte à engager le combat pour ne pas altérer et souiller la gloire qu'il s'était acquise. Combien plus facilement cela pourrait m'arriver ! Et puis, comment espérer quelque chose de grand de la pratique quotidienne ? Il y faudrait un prince, en admettant qu'il reste un espoir. Quant à la gloire, j'en attends encore moins, ou plutôt absolument rien. En effet celle d'Hippocrate ne tient pas au grand nombre de ses guérisons (de son propre témoignage sur quarante-deux malades vingt-cinq moururent et dix-sept seulement furent guéris), mais à ce qu'il a observé les causes. Pour moi, je lui suis inférieur par deux motifs : d'abord parce que mes heureux succès paraissaient venir du secours divin et non de ma science ; or j'ai eu tant de réussites en ce genre que je n'oserais égaler mes espoirs à mon œuvre passée, et rarement on a le droit de se vanter que les résultats dérivent de notre sagesse et de notre réflexion (quoique je me sois appliqué de mon mieux à ces qualités). Hippocrate eut à faire avec des maladies très violentes : le pays, en Thessalie et dans le voisinage, est rocheux, les vents sont rudes, les vins forts, les légumes et les eaux mauvais, le régime de vie déréglé. Il n'avait ni médicaments, ni choix dans les moyens et se trouvait en face de pratiques mortellement dangereuses. Si j'avais vécu à ce moment-là, dans ce pays, je n'aurais certes pas pu réaliser de tels miracles. Si lui avait exercé la médecine dans un siècle plus calme, dans un pays agréable, abondant en commodités de toute sorte, il n'aurait pas été victime d'un tel désastre.

Quelle présomption y a-t-il donc de ma part ici ? Mais admettons-la (car je sens que le Seigneur m'approuve, moi qui raconte des choses vraies, comme je crois). Et quoi ? peut-on dire, n'a-t-il pas déjà payé largement pour une volupté si frivole ? puisque la fleur n'a pas été suivie de son fruit, puisqu'il vit dans une grande pauvreté, exposé à tant d'injures, affligé de tant de malheurs ? Je sais bien que j'ai acquis cette gloire sans pouvoir être soupçonné de mensonge et même sans provoquer l'envie.

XLI. MERVEILLES NATURELLES MAIS RARES, À PROPOS DE MA VIE ET DE LA VENGEANCE DE MON FILS

Parmi les prodiges naturels, le premier et le plus rare c'est que je suis né dans ce siècle où toute la terre a été découverte, alors que les anciens n'en connaissaient guère plus d'un tiers. D'un côté, nous parcourons l'Amérique (j'indique maintenant chaque région : le Brésil, la plus grande partie des terres autrefois inconnues, la Terre de feu, la Patagonie, le Pérou, Charcas, Parana, Acutia, Caribana, Picora[1], la Nouvelle-Espagne, Quito, Quirina qui est la partie la plus occidentale, la Nouvelle-France et, plus au sud, la Floride, Cortereale, Estotitland, Marata) ; en outre à l'orient, sous l'antipode, le pays des Antisciens qui sont peut-être des Scythes ; et des pays septentrionaux encore inconnus, la Laponie, Binarchia, les Amazones et ce qui est dans l'île des Démons (si ce ne sont pas des terres fabuleuses). Assurément, pour qu'une juste répartition soit faite, il s'ensuivra de grands malheurs. Les connaissances se sont étendues ; les arts utiles vont être amoindris et méprisés et l'on échangera le certain pour l'incertain. Mais la place de

---

1. Tous ces noms géographiques ne sont pas sûrement identifiables. Cardan a toujours été curieux des découvertes géographiques récentes, et ses ouvrages, le *De rerum varietate* en particulier, témoignent qu'il allait chercher ses informations dans les livres de voyageurs, surtout espagnols.

ces considérations est ailleurs ; en attendant jouissons des fleurs de notre champ. Qu'y a-t-il de plus merveilleux que l'artillerie, cette foudre des mortels bien plus dangereuse que celle des Dieux. Et je ne te passerai pas sous silence, ô grand aimant qui nous conduis sur les vastes mers, par les nuits ténébreuses et les tempêtes horribles, dans des pays étrangers et inconnus. Ajoutons-y en quatrième lieu l'invention de l'imprimerie, conçue par l'esprit des hommes, réalisée par leurs mains, qui peut rivaliser avec les miracles divins. Que nous manque-t-il encore, sinon de prendre possession du ciel ? Ô démence des hommes, si nous ne reconnaissons pas la vanité [de nos découvertes], si nous ne recherchons pas les principes ! Quel orgueil si nous ne sentons point d'étonnement ! Mais je reviens à mon sujet.

C'était le 20 décembre 1557. Tout semblait pour moi aller heureusement. Je n'avais pas dormi jusqu'à minuit ; quand je voulais m'endormir, mon lit parut trembler et, avec lui, toute la chambre ; je crus à un tremblement de terre. Plus tard enfin le sommeil me prit. Le matin, dès qu'il fit jour, je demandais à Simone Sosia, qui est maintenant ici à Rome et qui avait dormi près de moi dans un lit pliant, s'il avait remarqué quelque chose. Il répondit : « Un tremblement de la chambre et du lit ». — « À quelle heure ? » — « À six ou sept heures » répondit-il. Je vais alors sur la place et je demande à plusieurs personnes si elles avaient senti cette nuit un tremblement de terre. Personne ne répondit affirmativement. Je rentre. Un domestique accourt au-devant de moi, tout triste, et m'annonce que [mon fils] Giovanni Battista avait épousé Brandonia Seroni[2], une jeune fille sans aucune fortune, qu'il aimait. D'où des chagrins et des larmes. Je me rends sur place et je vois la chose faite. Ce fut bien le début de tous ses malheurs. Je réfléchis que le messager divin avait voulu m'annoncer, dans la nuit, ce qu'il savait avoir été conclu le soir. À l'aube, avant que mon fils quittât la maison, je l'avais rencontré et je lui avais dit (moins à cause de l'avertissement miraculeux, que parce qu'il semblait égaré) : « Mon fils, prends garde de rien faire aujourd'hui qui puisse être un grand

---

2. Sur son caractère et sa conduite cf. *De utilitate ex adversis capienda*, IV, 2 (II, 267 sqq.) et *Defensio Ioan. Baptistae Cardani filii mei...* dans l'édition de Bâle, 1561, de *De util. ex adv. cap.*, pp. 1107-1144.

malheur. » Je me souviens de l'endroit, c'était près de la porte, mais je ne sais plus si je dis un mot du prodige. Quelques jours après, je sens de nouveau trembler la chambre. Je tâte de la main, je sens mon cœur palpiter ; j'étais, en effet, couché sur le côté gauche. Je me relève, agitation et palpitations cessent. Je me recouche, tout recommence, et je reconnais que les deux faits dépendent l'un de l'autre. Je me rappelai alors que la fois précédente, quand j'avais cru remarquer un tremblement, mon cœur avait palpité ensuite, ce qui était naturel. Mais comment ce trouble affectait-il mon valet, je ne le comprenais pas. Je remarquai seulement que le tremblement était double : un naturel qui a pour cause la palpitation du cœur, un autre causé par l'esprit qui intervient par ce moyen. Je suis arrivé à cette conclusion par analogie avec ce qui se passait il y a bien des années : autrefois en effet, si je me levais avant le jour, j'étais tourmenté de lourds et pénibles soucis ; dans ces dernières années, même s'il m'arrive de veiller, les soucis ne se produisent pas, parce que cette veille est provoquée plutôt par un état maladif que par une émanation surnaturelle.

Il m'arriva quelque chose de semblable en 1531. Contre son habitude, une chienne d'humeur tranquille hurlait sans arrêt ; des corbeaux s'installèrent sur le faîte de la maison en croassant plus qu'à l'ordinaire ; des fagots de bois qu'un domestique brisait dégageaient des étincelles brûlantes. Ce fut l'année où je me mariai à l'improviste, et depuis ce moment ç'a été un cortège de malheurs.

Tout ce qui m'arrivait n'était pas pourtant avertissement divin. J'avais environ treize ans quand un corbeau, sur la place de Sant'Ambrogio, me prit par un pan de mon habit et ne voulut plus me lâcher, malgré tous mes efforts soit pour l'entraîner soit pour le repousser ; cependant, de longtemps, rien de funeste n'arriva à moi, ni à aucun des miens.

J'ai observé aussi d'autres grands phénomènes, mais tout à fait naturels. Dans mon enfance, deux heures avant le coucher du soleil, une étoile, semblable à Vénus, brilla avec tant d'éclat que toute la ville put la voir. En 1531 au mois d'avril, je vis à Venise, où j'étais alors par hasard, trois soleils entourés de rayons, tous trois à l'orient, et ce spectacle dura presque trois heures entières. Auparavant, vers 1512, dans le territoire de Bergame près de l'Adda, il tomba en une nuit, à ce qu'on dit, plus de mille pierres. Le soir précédent une immense flamme pareille à une énorme poutre avait traversé le ciel. Étant enfant, j'ai vu une de ces pierres qui pesait plus de cent dix livres dans la maison de Marc Antonio Dugnani, près de l'église de San Francesco (je ne me souviens pas si c'étaient des livres communes ou des grandes, cent onze livres grandes équivalant à deux cent cinquante-neuf livres de Milan). La pierre était de forme régulière, de couleur cendrée assez foncée, et toute fissurée, ce qui permettait de supposer sa chute : frottée elle dégageait une odeur de soufre ; elle était en tout semblable à une pierre à aiguiser. Ce pouvait être aussi artificiel, car dans la région on extrait ces pierres de la terre et on les vend à travers le monde entier comme queux. J'ai tenu à donner ces détails parce que, ni chez Gasparo Bugati ni chez Francesco Sansovino, diligents écrivains italiens de notre temps[3], je ne trouve rien sur ce sujet. Mais dans quel but ces gentilshommes auraient-ils façonné ces pierres ? Et on en montrait d'autres encore, çà et là, bien que de moindre volume, ce qui ne devait pas être un spectacle agréable aux princes qui régnaient alors. On sait que ces phénomènes encouragent les séditieux à ourdir des changements, et peut-être en effet ont-ils une action en cela, pour une raison évidente.

Mais que ce soit l'un ou l'autre, il est certain qu'à Venise, environ vers le même temps, la terre trembla si fort que les cloches des églises sonnèrent d'elles-mêmes ; ce prodige eut lieu en 1511.

En 1513, lorsque Maximilien Sforza, prince de Milan, ayant perdu ses états, était assiégé dans Novare par les Français, les chiens des Français vinrent en troupe dans la ville, léchant et caressant les chiens des Suisses. À cette vue Jakob Mutt d'Altdorf, officier des troupes suisses, qui avais pris part à plusieurs batailles, courut trouver Sforza, lui promettant une victoire certaine sur les assiégeants, victoire remportée le lendemain. Je parais ici être sorti de l'ordre et du propos que je m'étais fixés, mais tout cela tend à montrer que suis né à une époque où j'ai pu voir bien des choses étonnantes. Quand j'étais jeune (et maintenant quand je viens de me réveiller), les objets qui se trouvaient dans ma chambre apparaissaient comme entourés d'une lumière

---

3. Voir chap. XLVIII, n°s 17 et 18.

qui peu après s'évanouissait. On rapporte que Tibère avait le même don.

La nuit qui précéda le 23 janvier 1565, le jour que Caesius se retira et que Crassus entra, mon lit prit feu deux fois, d'où je prédis que je ne resterais pas à Bologne ; la première fois je résistai, à la seconde je ne pus. En 1552, une petite chienne domestique, d'humeur douce, laissée à la maison, monta sur ma table et déchira le manuscrit de mes leçons publiques. Mon livre *De fato*, qui paraissait plus à sa portée, ne fut pas touché. À la fin de l'année, contre toute attente, je cessai d'enseigner publiquement pour huit ans entiers[4]. Quelquefois on peut tirer une conjecture de menus détails qui persistent outre mesure. Ainsi que je l'ai déjà expliqué, tout chez les hommes est fait de petites choses d'une seule espèce, qui se répètent, à la manière des mailles des filets, et prennent divers aspects, comme font les nuées. Les accroissements ne se font pas seulement par degrés très petits, il faut encore diviser cette petitesse peu à peu en un nombre infini de parties, pour ainsi dire. Seul se distinguera dans les arts, les conseils, les affaires civiles, et atteindra les cimes celui qui le comprendra et saura en tenir compte dans ses actes. C'est pourquoi, dans tous les événements, il est bon d'observer ces détails minuscules. Le jour où Lodovico Ferrari[5] arriva à Bologne avec son cousin germain Luca, une pie, dans la cour, criailla si longtemps et tellement plus qu'à l'ordinaire que je compris que je devais attendre l'arrivée de quelqu'un ; c'était le 30 novembre 1536. Y avait-il un rapport entre les deux faits ? Pas du tout. Combien de fois les présages n'aboutissent à rien ! Les uns comme Auguste ont tiré profit d'observations mal fondées, d'autres comme Jules César ou Sylla de les avoir méprisées. Il en est de même pour le jeu de dés, dans lequel il n'y a pas de règle, ou du moins cette règle est obscure. Mais ce qui dépasse la nature n'est pas du domaine de la raison naturelle ; ce qui lui est soumis ne contient rien de merveilleux, sauf pour les ignorants.

Ce fut différent le jour où je faillis me noyer dans le lac de Garde[6] ;

---

4. C'est à la fin de 1551 qu'il cesse d'enseigner (cf. chap. IV). L'année 1552 est occupée presque tout entière par son voyage en Écosse (départ de Milan le 21 février, retour le 29 décembre).
5. Chap. XXXV et n. 1.
6. Chap. XIII.

je craignais de m'embarquer sans savoir pourquoi et l'air était parfaitement tranquille. La même année, plusieurs phénomènes apparurent dont les uns indiquaient la délivrance, les autres un malheur, comme la rupture de mon collier où était suspendue une émeraude. Mais auparavant, trois bagues que je portais à divers doigts (la chose est vraiment étonnante) s'étaient groupées sur un seul doigt ; qu'elles eussent pu quitter mes doigts et qu'elles se fussent réunies, tout était fort digne d'admiration, surtout du fait que, par la suite, la libération et la condamnation se réalisèrent. Mais ce sont des dons de Dieu, car tout ce qui touche au prodige n'est rien de moins. J'étais, dès ma première enfance, condamné à une mort prématurée par bien des signes : la difficulté de respirer, le grand froid aux pieds qui persistait jusqu'au milieu de la nuit, les palpitations de cœur dans mon âge mûr, cette sueur abondante qui se transforma plus tard en un flux d'urine durable, les dents espacées et très faibles, la main droite mal construite, la ligne de vie très courte, inégale, brisée, ramifiée et les autres lignes principales ténues comme des cheveux ou tout à fait tortueuses ; les astres qui menaçaient absolument ma mort, dont tout le monde disait qu'elle arriverait avant mes quarante-cinq ans. Tout s'est révélé vain. Je vis, j'ai soixante-quinze ans. Ce n'est pas que ces disciplines soient trompeuses, mais leurs adeptes sont incapables. Si elles étaient telles, cela ne pouvait se manifester avec plus d'éclat que chez Aristote, à propos duquel on ne lit rien de pareil. Mais passons à l'histoire de mon fils qui mérite vraiment plus d'attention[7].

Son sort se décida en cent vingt-et-un jours[8]. Il mourut en s'écriant que sa mort était causée par l'ignorance de celui qui avait obtenu la sentence par ses arguments et ses objurgations. C'était le Sénateur Falcuzio[9], homme de premier plan, qui fut suivi par toute l'assemblée.

---

7. Voir chap. XXVIII et notes 1 à 5.
8. Chiffre mal explicable. Entre l'arrestation (17 février) et l'exécution (10 avril) il ne s'écoula que 53 jours. Il faut peut-être y ajouter les deux mois que durèrent les hésitations (*fassus est rem totam, adeo stulte ut adiecerit se iam duobus mensibus ante hoc deliberasse. De util. ex adv. cap.*, IV, 12)
9. Cardan avait précédemment dédié une édition de ses *Contradicentium medicorum libri duo* au Sénat de Milan (*Amplissimis, prudentissimis honestissimis Caesaris Senatoribus mediolanensibus*, VI, 295-298) et parmi les noms qu'il couvrait d'éloges on trouve ceux qu'il stigmatise ici.

Aussitôt après la condamnation de mon fils, il tomba malade, comme pris par la phtisie, et mourut en ayant craché ses poumons. Le président lui-même, Rigoni[10], qui pressait le jugement, fit enterrer sa femme sans cérémonie religieuse, chose étonnante mais que j'ai entendu affirmer par plusieurs témoins ; on raconte aussi que, malgré sa réputation d'intégrité, il n'échappa que par la mort au procès qu'on lui intentait ; ensuite son fils, un jeune homme, fut emporté par la mort, de sorte qu'on pourrait dire que sa maison tout entière fut ravagée par les Furies. Quelques jours après, le beau-père de mon fils, qui avait travaillé à sa mort, fut jeté en prison et, après avoir perdu son emploi de collecteur d'impôts, réduit à mendier ; son fils qu'il aimait beaucoup finit à la potence, ayant été condamné en Sicile, à ce que j'ai appris. De tous ceux qui accusèrent mon fils aucun n'échappa sans un grand malheur, une condamnation, ou la mort : jusqu'à notre souverain et prince[11], par ailleurs généreux et humain, qui l'avait abandonné par jalousie à mon égard et à cause de la foule des accusateurs. Lui aussi, fut en proie à toute sorte de tourments : des maladies graves, le meurtre de sa nièce assassinée par son mari, de pénibles démêlés. Puis il arriva même un malheur public : l'île de Zotophagite[12] perdue et la flotte royale dispersée. Je ne serais pas assez imprudent ou insensé pour croire que rien de tout cela ait à faire avec moi ; mais, de même que dans les orages les moissons sont détruites, les hommes de bien succombent aux époques de grandes calamités, quand ils n'ont plus l'appui des bons princes, absorbés par les malheurs publics ou par leurs

---

10. Bugati, *Historia universale*, p. 1024, le nomme Pietro Paolo Arrigone presidente del Senato.
11. Le duc de Suessa, gouverneur du Milanais, qui n'intervint pas en faveur de Giovanni Battista. Cardan a raconté (*De util. ex adv. cap.*, III, 9-10) qu'il avait perdu la faveur de ce prince en insistant maladroitement pour obtenir la restitution d'un livre précieux qu'il lui avait prêté. Peu de temps avant, Cardan lui avait dédié avec de grandes flatteries une édition de *De Subtilitate* (Bâle, 1560).
12. Faudrait-il lire *Lotophagite insula*, l'île des Lotophages ? et penser au désastre de l'expédition de Tripoli en 1560. Cf. Bugati, *Historia universale*, p. 1037 : *Sciagura dei Christiani alle Gerbi ; rimasero perse uentisette galere nostre, una galeotta, con quattordici naui, le monitioni, le artiglierie et altre ricchezze, et che fu più da quindici, in diciotto mila anime.*

propres malheurs. Ce sont les temps que guettent soigneusement les malhonnêtes imposteurs, car ils y mettent tous leurs espoirs.

XLII. APTITUDE À PREVOIR DANS MON ART ET DANS D'AUTRES DOMAINES

Quelle que soit la raison qui m'a procuré à cet égard plus de réputation que je n'aurais désiré, je ne saurais dire si ce fut une inspiration divine, ma constitution harpocratique ou une certaine excellence du raisonnement et de l'esprit. En médecine, mes premiers pronostics brillants furent ceux de Cecilia Madi et du fils de Gian Giacomo Resta et, par la suite, tant d'autres que personne, dans tout ce temps, ne peut se vanter de m'avoir convaincu d'une méprise. Bien mieux, ceux qui s'efforçaient de m'ôter tout mérite dans les autres branches de mon art, me laissèrent toujours la première place en celle-là, sans que j'eusse désiré rien de pareil. Sans parler du reste, n'avais-je pas, à Bologne, fait la proposition suivante : si quelqu'un voulait payer dix écus pour les malades, et que je pusse examiner soigneusement le sujet deux ou trois fois ou même une fois seulement, j'aurais remboursé au centuple ce que j'avais reçu, si je m'étais trompé sur la région indiquée comme devant être la cause de la mort. On fit l'autopsie de plusieurs gentilshommes, la première fois en ma présence puis, quand on vit que je ne me trompais jamais, pour ne plus être exposé à rougir si souvent, on fit les autopsies en secret. Mais jamais, en l'espace de huit ans où j'y professai publiquement la médecine, il n'arriva que personne osât, non pas me contredire, mais même ouvrir la bouche, tant j'étais heureux dans mes diagnostics.

En dehors de mon art, ce que je dis dans le conseil du roi d'Angleterre, Édouard VI[1], des malheurs qui menaçaient son royaume, et quels étaient ces malheurs, peut bien provoquer l'admiration. Je passerai sous silence, parce qu'on me l'a imposé, ce que j'ai voulu dissimuler dans mon poème sur la mort de mon fils, à propos de ce qui allait se passer dans les huit ans qui suivraient sa mort, mais cela tient pourtant plutôt du miracle que de simples oracles. Je l'ai déjà dit, je ne m'en attribue pas le mérite, car je préférerais mourir que rechercher la gloire par ce moyen. En effet, j'ai annoncé dès le début la perte de Chypre et j'en ai indiqué les causes. Je n'ai pas hésité un instant sur le sort de la citadelle d'Afrique. Je ne voudrais pas que quelqu'un jugeât mes prédictions tirées de trop loin, inspirées par un démon ou dérivées des astres, alors que j'y emploie seulement l'oracle d'Aristote : il n'y a de vraie divination, dit-il, que de la part des hommes avisés et sages. Je recherchai avec soin les éléments de la situation ; je m'étais d'abord informé de la nature des lieux, des mœurs des hommes, de la valeur des princes ; j'avais dépouillé l'histoire d'un grand nombre de faits importants et peu connus ; puis, aidé de mes artifices, que je vais exposer, j'émettais mon jugement.

Apprenez donc quels sont mes artifices : une doctrine solide, le dilemme, le trope, l'amplification, une *splendeur* singulière, un exercice prolongé, diligent assidu dans la dialectique, et la réflexion plus importante encore que cet exercice.

Certaines choses, cependant, me sont arrivées dans des conditions telles que j'aurais peine à en rendre compte. Je me rappelle que, dans ma jeunesse, un certain Giovanni Stefano Biffi était convaincu que j'étais chiromancien, et pourtant rien de moins vrai. Il me demanda une prédiction de sa vie. Je lui répondis qu'il avait été trompé par ses associés ; il insista ; je lui demandai pardon d'avoir à lui donner une annonce plus grave et je dis qu'il était en danger prochain d'être pendu. Dans les huit jours, il fut arrêté et mis à la question ; il nia obstinément

---

1. Voir chap. XXIX, n. 8.

le crime dont on l'accusait ; néanmoins, six mois plus tard, il finit sa vie sur le gibet, après avoir eu la main coupée.

On ne pourrait pas dire également fortuit ce qui vient d'arriver, dans le courant de ce mois, avec Gian Paolo Eufomia, un jeune homme autrefois mon élève, et dont il existe une preuve écrite. Il était bien portant. Un soir je me fais donner un papier sur lequel j'écris : s'il ne prend pas garde il mourra bientôt. Il n'y avait là ni consultation des astres, ni recours à mes trucs. J'indiquai les raisons que je passe ici sous silence, je les lui communiquai. Dans les huit ou dix jours il tomba malade et mourut peu après. De tels faits paraissent presque des miracles aux ignorants. Si un homme avisé lit ce livre et réfléchit, il dira que j'ai vu ce qui était déjà réalisé et non que j'ai prévu l'avenir.

Et à Rome ! Tant de témoins ont assisté au repas au cours duquel je dis : « Si je ne pensais pas que cette nouvelle vous sera pénible, je vous dirais quelque chose ». — « Peut-être, dit l'un d'eux, veux-tu dire que l'un de nous doit mourir ? » — « Oui, répondis-je, c'est ce qu'il me semble, et dans l'année. » Le premier décembre, celui qui s'appelait Virgilio mourut.

Ajoutez que nos affaires sont faites de petites choses qui apportent de grands changements, et que ce sont ces petites choses ou de plus petites encore, si je puis dire, qui en décident. Je ne parlerai pas de ce que j'ignore. Quand j'habitais dans la maison de Ranuzio à Bologne, il vint un Français qui voulait me parler seul à seul. Je lui dis qu'il devait suffire que les autres n'entendissent point. Et comme je restais ferme là-dessus, il s'en alla. Mis en soupçon, je l'envoyai chercher : personne ne put le voir. Que croyez-vous ? Il méditait un crime.

Que dirai-je de Chypre ? Plus d'une fois, en entendant décrire les forces et les préparatifs des Turcs et des Chrétiens, j'avais dit que nous devions craindre d'être vaincus, le cardinal Sforza en est témoin. J'indiquais les raisons, et l'événement montra que l'île avait été perdue à cause de la force de l'ennemi et de nos fautes. Des savants attentifs et habiles obtiennent des réussites de ce genre sans être assurés nécessairement et dans tous les cas : il n'y a de certitude complète que dans les arts manuels comme celui du forgeron.

XLIII. CHOSES ABSOLUMENT SURNATURELLES

Je ne mettrai pas au nombre des miracles ce qui m'arriva étant étudiant à Pavie. Un matin avant d'être bien éveillé, j'entendis un coup sur le mur (la chambre à côté était vide), puis de nouveau quand je fus réveillé, et ensuite encore une fois, comme des coups de marteau. Le soir j'appris qu'à la même heure était mort Galeazzo Rossi, un ami rare dont j'ai parlé bien souvent[1]. D'abord, tout pouvait se rapporter à un songe ; en deuxième lieu, il se peut, comme je l'ai dit, que cela procédât d'une cause naturelle, d'un courant d'air par exemple ; troisièmement, en me voyant ému par ce prodige et retenu toute la journée chez moi par la peur, on a pu supposer cette mort, ou en fixer le moment à l'aube quand elle s'était produite bien plus tôt les cas de décès à cette heure-là, par suite de maladie, sont rares. Pour ces motifs, je ne placerai pas parmi les miracles un prodige dont tant d'éléments sont incertains, mais je laisse à chacun de décider à sa guise.

En 1536, quand j'habitais près de la Porta Tosa[2], au mois de juillet si je ne me trompe, passant de la salle à manger dans la cour, je sentis une forte odeur de cierges à peine éteints. Épouvanté j'appelle un valet,

---

1. Un récit circonstancié dans *De rerum varietate*, XV, 84 (III, 299).
2. À Milan.

pour lui demander s'il percevait quelque chose. Lui, croyant qu'il s'agissait d'un bruit, répondait que non. Je lui fis remarquer que je ne voulais pas parler d'un son, mais d'une odeur. Il dit alors : « Ô quelle forte odeur de cire ! » « Tais-toi », lui dis-je et je posai la question à une servante et à ma femme. Tous étaient surpris sauf ma mère qui ne sentait rien, à cause, je crois, d'un rhume de cerveau. Ce prodige me paraissait une menace de mort. Je me couchai, mais sans pouvoir m'endormir, et, autre prodige plus grand que le premier, voilà que j'entendis des porcs grogner dans la rue (il n'y en avait point en réalité), — puis des canards menèrent grand bruit. Que m'annonce tout ceci ? me disais-je, et d'où viennent tant de sinistres merveilles ? Pourquoi les canards se joignent-ils aux porcs ? Ceux-ci continuèrent à grogner toute la nuit. Le matin, troublé de tant de visions et ne sachant que faire, j'errai hors de la ville après le déjeuner. En rentrant je vis ma mère qui m'engageait à me hâter. Notre voisin Giovanni, autrefois commissaire à l'hygiène en temps de peste, avait été frappé par la foudre. On racontait que, douze ans avant, quand il remplissait ces fonctions et que la peste faisait rage, il avait beaucoup volé ; il avait une concubine, ne se présentait jamais à la confession, et peut-être avait-il commis d'autres actions pires. Il était notre voisin, et nous n'étions séparés que par une petite maison. Je l'examinai et je reconnus qu'il était bien mort. Cette mort me délivra d'inquiétude. On dira : « Mais alors, à quoi bon ces prodiges pour toi ? » « Peut-être pour me sauver ! » Car quelquefois, bien que rarement, il m'était arrivé de m'asseoir sous le porche de sa maison pour causer, parce que l'endroit était très frais.

J'eus un autre avertissement lorsque ma mère était à l'extrémité. Je me réveillai quand le soleil brillait déjà assez haut ; je voyais et je ne distinguais rien. J'entendis quinze coups (je les ai comptés), comme de l'eau tombant goutte à goutte sur le pavé ; dans la nuit précédente j'en avais compté environ cent vingt ; mais je doutais, pour les avoir entendus à ma droite, que ce ne fût quelqu'un de la maison, qui cherchât à se jouer de mon inquiétude. Les coups qui se produisaient pendant le jour n'auraient servi qu'à donner crédit à ceux de la nuit. Peu après j'entendis comme le bruit d'une voiture portant des planches, qu'on aurait déchargées, tout à la fois sur le plafond. La chambre trembla, et à ce moment ma mère mourut, je l'ai déjà dit. J'ignore la signification des coups.

Je négligerai ce que je crus entendre vers la mi-juin 1570 : malgré la porte fermée et les barreaux des fenêtres, quelqu'un allait et venait dans ma chambre, puis s'asseyait auprès de moi sur un coffre qui craqua. Peut-être faut-il rapporter ceci à la tension excessive de mon esprit. Je ne pus d'ailleurs interroger personne sur ce sujet.

Qui fut celui qui me vendit un Apulée en latin, quand j'avais déjà vingt ans, sauf erreur, et qui s'éloigna aussitôt ? Moi qui jusqu'alors n'avais été qu'une fois à l'école, moi qui n'avais aucune notion de latin, j'avais inconsidérément acheté le livre parce qu'il était doré. Le lendemain je me trouvais aussi avancé en latin que je le suis présentement[3], et en même temps je fus en état de comprendre le grec, l'espagnol et le français, mais seulement dans les livres de sciences, car pour la langue parlée, les ouvrages d'imagination et les règles de grammaire je les ignore complètement.

En 1560 au mois de mai, quand la douleur de la mort de mon fils m'avait peu à peu fait perdre le sommeil, et que ni la privation de nourriture, ni les coups dont je tourmentais mes jambes en chevauchant à travers champs, ni le jeu d'échecs auquel je passais mon temps avec l'aimable Ercole Visconti, lui aussi déjà épuisé par les veilles, ne m'étaient d'aucun secours, je priai Dieu qu'il me prît en pitié. Du fait de ces veilles continuelles, je devais mourir, ou perdre la raison, ou, du moins, abandonner mon enseignement. Si je démissionnais, je n'avais rien pour subvenir honnêtement à mon existence ; si je devenais fou, alors je serais la risée de tous et je gaspillerais le reste de ma fortune. Aucun espoir ne brillait de changer de situation à cause de ma vieillesse. Je demandai donc à Dieu de m'envoyer la mort puisqu'elle nous est commune à tous et, aussitôt je me mis au lit. Il était tard, et je devrais me lever à la dixième heure de la nuit[4] ; il ne me restait que deux heures pour me reposer. Le sommeil me prit aussitôt, et je crus entendre sortir des ténèbres une voix qui approchait, sans que je pusse distinguer, à cause de l'obscurité, ni de qui elle venait ni quelle elle

---

3. Voir chap. IX note 1.
4. Voir Introduction et n. 13, les plaintes qu'il faisait sur l'heure matinale de ses leçons.

pouvait être. Elle disait : « De quoi te plains-tu ? » ou « De quoi t'affliges-tu ? », et, sans attendre ma réponse, elle ajouta : « Du meurtre de ton fils ? » À quoi je répliquai : « En doutes-tu ? » Alors elle me répondit : « Mets dans ta bouche la pierre que tu portes suspendue à ton cou, et, aussi longtemps que tu l'y garderas, tu ne te souviendras pas de ton fils ». Éveillé là-dessus, je me demandais ce que l'émeraude avait à faire avec l'oubli, mais puisqu'il n'y avait aucun autre espoir de me sortir d'affaire et me souvenant de ces mots à propos d'Abraham : « Il a cru à l'espérance contre toute espérance et cela lui a été compté comme justice[5] », je plaçai la pierre dans ma bouche. Aussitôt — ceci dépasse toute croyance — j'oubliai tout ce qui avait rapport au souvenir de mon fils, aussi bien à ce moment-là, quand de nouveau je fus pris par le sommeil, que par la suite durant un an et demi environ, pendant que j'écrivais mon livre *Théognoston* ou deuxième livre des *Hyberborea*. Entre temps, quand je mangeais et quand j'enseignais, ne pouvant profiter de la bienfaisante influence de l'émeraude, j'étais tourmenté jusqu'à sentir la sueur de la mort. Ainsi je recouvrai le sommeil et, à ce qu'il me semblait, toute ma manière d'être habituelle. Ce qui est absolument merveilleux c'est que jamais, entre les changements dans un sens ou dans l'autre, je ne pus remarquer aucun intervalle.

La nuit qui précéda le 15 août 1572, la lumière était allumée et je veillais — il n'était pas loin de la deuxième heure de la nuit — voilà que j'entendis un grand bruit à droite comme si on déchargeait une voiture pleine de planches. Je regardai : le son s'était produit à l'entrée de ma chambre. De la chambre où dormait mon valet et dont la porte était ouverte, je vis entrer un paysan. Je regardai attentivement vers lui pour bien des raisons. Il s'avança à peine jusqu'au seuil et prononça : « *Te sin casa* ». Cela dit, il disparut. Je ne reconnus ni la voix ni le visage et je ne pus retrouver en aucune langue ce que cela signifiait. J'ai déjà répondu à la question : pourquoi cela ? Mais si quelqu'un objecte : pourquoi de pareils miracles arrivent-ils à peu de gens et pourquoi, s'il en est ainsi, les hommes s'efforcent-ils d'atteindre le pouvoir, les magistratures, les objets de leurs espérances par tant de

---

5. Épître aux Romains, 4, 18 et 22.

moyens même abominables ? Je répondrai que ce n'est pas ici la place de l'indiquer, que mes épaules ne sont pas faites pour porter un tel poids et que je renvoie aux théologiens. Qu'il me suffise d'avoir fait un récit véridique.

Je ne parlerai pas de ce tonnerre qui, à Bologne, tomba sur ma chambre, mais sans foudre et sans fracas, ce qui est un moindre mal. Le bruit des planches fut toujours mauvais quoique, en aucun cas, il n'ait été suivi de mort, sauf pour ce qui est de ma mère, mais elle succombait déjà à la maladie et à la vieillesse. Je n'insisterai pas non plus sur les caprices de mon horloge, qui peuvent être facilement rapportés à des causes naturelles ; non plus que sur cette terre qui, en octobre et novembre 1559, paraissait sortir de dessous le foyer et des environs : je la vis de mes yeux, non pas à moitié endormi, mais en pleine lumière.

Vers le 24 mars 1570 j'avais écrit, pour mon protecteur le cardinal Morone, une ordonnance dont une feuille tomba par terre, ce qui m'attrista. Je me levai alors, et la feuille se souleva en même temps que moi, se déplaça jusqu'à ma table et là, dressée, elle se colla à la traverse. Poussé par l'étonnement, j'appelai Rodolfo [Silvestri] et lui montrai la merveille, mais il n'avait pas vu le mouvement. Pour moi, qui ne m'attendais pas à tant de malheur, je ne pus comprendre le présage que c'était : sur la ruine de ma fortune une brise plus douce soufflerait un jour.

Plus tard, au mois de juin, si je ne me trompe, en écrivant à ce même cardinal, je cherche mon sablier. Après l'avoir cherché longtemps et partout, je pense à ramasser par terre de la poussière pour la jeter sur ma feuille, je soulève celle-ci et je vois qu'elle avait dissimulé ma boîte à sable qui était ronde, haute d'un pouce et quart avec un diamètre d'un pouce. Comment avait-elle pu rester cachée sur une surface plane ? Le présage s'appliquait au cardinal et confirmait l'espoir que j'avais conçu de son humanité et de sa sagesse : il agirait auprès d'un pontife excellent, pour que je n'aie pas à supporter de si grands malheurs comme prix de tous mes labeurs.

Mais tout cela fut rendu clair, facile à comprendre et certain par ce qui suivit le 8 octobre de la même année. J'avais été emprisonné le

6 octobre[6] et j'avais donné une caution de mille huit cents écus. Ce jour-là, à la neuvième heure du jour, comme le soleil brillait dans ma prison, quand les autres[7] furent partis, je dis à Rodolfo Silvestri de fermer la porte de ma chambre. Il trouvait pénible de le faire et il était très surpris de ce qui lui paraissait un ordre à rebours du bon sens. Pour moi, soit par la volonté de Dieu, soit sous l'influence de cette idée que je voulais associer un acte de ma volonté à ce que j'avais été contraint de supporter malgré moi, je persistai. Il obéit donc. À peine la porte de la chambre était-elle fermée, elle fut frappée d'un si grand coup qu'on pouvait l'entendre de loin. Sous nos yeux, le coup se répercuta avec autant de fracas sur les battants de la fenêtre, éclairés par le soleil ; il sembla heurter aussitôt sur la fenêtre et sur les barreaux avec un son aigu, et se dissipa. À ce spectacle, je me mis à gémir sur ma misérable destinée. Mais ce que j'interprétais comme la marque certaine d'une mort fâcheuse se révéla comme ayant rapport à la vie. Peu après, en effet, je commençai à raisonner ainsi avec moi-même : si tant de gentilshommes, jeunes, bien portants, heureux, s'exposent à une mort assurée rien que pour plaire à leur roi, tout en n'ayant rien à attendre de la mort, toi, vieillard décrépit et presque déshonoré, comment peux-tu souffrir pour un crime, si on te juge coupable, ou pour une injustice, si tu ne mérites pas cette peine, devant Dieu dont la bienveillance montre qu'il n'a pas détourné son regard de toi ? Alors il me sembla déjà être à l'abri de la mort que je redoutais, et je menai une existence aussi heureuse que le comporte la nature humaine. De cette façon, je continuai une vie que j'avais cru perdue, en me souvenant qu'avant je ne pouvais rester, ne fût-ce qu'un moment, dans ma prison sans croire étouffer.

Cet étonnant prodige a eu pour témoin, comme je l'ai dit, Rodolfo qui, l'année suivante, fut reçu docteur.

Ces événements merveilleux, au moment où ils se réalisent ou quand ils sont encore récents, attirent à eux l'homme tout entier. Par contre, lorsqu'il se sont refroidis ou qu'ils ont pâli, à moins de les avoir, en quelque sorte, solidement fixés par quelque marque comme

---

6. Voir chap. IV note 9.
7. Sans doute les agents de la justice.

avec un clou, on en vient presque à douter de les avoir vus ou entendus. Je suis persuadé que les raisons de ce fait sont beaucoup plus profondes que la distance qui sépare notre nature des causes de ces phénomènes. Je sais bien que, là-dessus, les gens qui veulent paraître fins soulèveront des plaisanteries et des rires. Leur chef de file serait Polybe, philosophe sans philosophie, qui n'arriva pas à comprendre la tâche de l'histoire, mais qui, en lui donnant trop d'extension, s'est rendu ridicule. Malgré tout, il est parfois merveilleux, par exemple au deuxième livre de ses histoires, là où il parle des Achéens. Bref, Tartaglia avait raison de dire que personne ne sait tout. Ou mieux, ils ne savent rien ceux qui ne savent pas qu'ils ignorent beaucoup de choses. Voyez Pline qui, tout en nous ayant laissé une si brillante histoire, se montre un bœuf quand il traite du soleil et des astres. Qu'y a-t-il donc d'étonnant si, se mêlant de sujets plus élevés et plus divins, Polybe a si clairement révélé son ignorance ? Il me suffit, et je le jure religieusement, d'avoir la connaissance et l'intelligence de ces prodiges, qui me sont plus chères que la domination même durable de l'univers. Que serait-ce si je voulais ajouter ici les récits que faisaient mes aïeux ? Ils sont semblables à des contes et me paraissaient autrefois risibles. Pourtant, après ce que j'ai moi-même saisi avec tant de certitude, quelle petite figure cela ferait. Mais je n'ai pas osé accorder assez d'estime à la sagacité et à l'exactitude de mes aïeux, pour espérer qu'une confirmation soit possible. Je me contente de rappeler que ces prodiges se produisent le plus souvent à l'improviste et à propos de ceux qui doivent mourir, surtout de ceux qui se sont distingués dans le bien ou dans le mal. Donc, s'il en est ainsi, il s'agit moins d'accidents fortuits que de signes naturels ou divins, qui ne sont pas produits par les mouvements de l'âme inquiète, agitée par la terreur, ou incertaine. Les émotions excessives effacent, avec des miracles d'un autre genre, les croyances sans fondement et ne les favorisent pas. À quoi servirait à une fille, qui supplierait Dieu pour la délivrance de son père, de voir celui-ci en songe ?

Mais en voilà assez sur ce sujet. Je n'ai voulu que marquer ici le plus brièvement possible le moment et les circonstances de ces prodiges à propos desquels il ne saurait y avoir un soupçon d'erreur ou d'artifice. J'en ai omis un nombre immense d'autres, qui furent patents, mais dont la valeur d'exemple n'était pas aussi remarquable, ou qui, tout en étant certains à mes yeux, n'étaient pas appuyés de si abondants témoignages ; chacun pourra s'en rendre compte d'après mes Commentaires[8].

Je te demande seulement, lecteur, quand tu lis ceci, de ne pas prendre l'orgueil humain comme mesure, mais de comparer la grandeur de l'univers et du ciel avec ces étroites ténèbres où nous roulons dans la misère et l'inquiétude, et tu comprendras facilement que je n'ai rien raconté d'incroyable.

---

8. Il faut entendre je crois, les *In Cl. Ptolemaei de Astrorum iudiciis commentaria*, Bâle, 1554 (*Op.* t. V).

XLIV. DÉCOUVERTES IMPORTANTES QUE J'AI FAITES DANS LES DIVERSES SCIENCES

Tu dois savoir, [lecteur], qu'il n'est peut-être aucune de mes inventions que tu puisses placer au-dessus des autres.

En dialectique, dont on ne connaissait qu'une seule forme, l'aristotélique, j'ai établi des divisions dans l'objet de cette discipline et dans son emploi, pour que chacun, selon ses études, pût saisir les préceptes des diverses dialectiques, l'euclidienne, la ptolémaïque, l'hippocratique, la galénique et la scotique. En outre, j'ai élargi l'emploi du dilemme, ainsi que celui de la *doctrina crassa*, du *trope* de l'amplification, de la splendeur[1] ; à l'aide de ces méthodes beaucoup de gens ont tâché de voir les spectres et presque de séparer l'âme du corps. Parmi les expériences[2] de la sagesse, j'ai enseigné à préférer celles qui paraissent merveilleuses : elles permettent de tirer beaucoup d'un étroit

---

1. Il a déjà été question de ces prétendues méthodes au chap. XLII. Cf. le jugement qu'il porte sur sa Dialectique dans *De libris propris* (I, 113).
2. Toute cette page semble bien obscure. Si on admet qu'à partir de ces mots Cardan passe des divisions de sa Dialectique aux méthodes d'enseignement (qu'il a du reste l'habitude d'y rattacher, Cf. *Dialectica*, I, 303-304) le sens serait celui-ci : une leçon, dans sa brève durée d'une heure, doit former un tout complet, riche d'enseignements frappants par leur originalité, mais ne saurait condenser le travail de plusieurs mois. La fin du paragraphe avec ses allusions aux succès obtenus dans les leçons improvisées (cf. chap. XIII) appuierait cette interprétation.

espace et semblent introduire dans les choses terrestres, par le moyen du cercle, la même perfection — le début rejoignant la fin — que dans les immortelles. On ne doit pas pouvoir non plus, en une leçon, entasser des images ou des exemples qui permettent d'imiter, de suppléer ou d'égaler le travail de plusieurs mois dans le cours d'une heure. Maintenant, il est vrai, la chose a été portée si loin que l'enseignement extemporané, dont on faisait autrefois si grand cas, a cessé justement d'attirer l'admiration. Ils sont même dignes de pardon ceux qui rapportent de tels succès à un mauvais démon, quand ils ne reconnaissent ni un bon génie, ni la bienveillance de Dieu.

L'arithmétique, je l'ai étudiée tout entière, ainsi que les chapitres de ce qu'on appelle l'algèbre et toutes les propriétés des nombres, surtout de ceux qui ont un rapport de similitude entre eux[3] ; j'ai donné de mes découvertes, ou de ce qui était connu avant moi, un exposé soit facile soit admirable soit les deux ensemble. En géométrie j'ai traité de la proportion confuse et réciproque des quantités infinies avec les finies, et la réduction en quantités finies, quoique cette méthode ait été déjà découverte par Archimède[4]. En musique j'ai trouvé de nouveaux modes ou plutôt j'ai remis en usage, d'après Ptolémée et Aristoxène, ceux qui avaient été trouvés autrefois.

Dans la philosophie naturelle[5], j'ai ôté le feu du nombre des éléments. J'ai enseigné que tout est froid ; que les éléments ne se transforment pas l'un en l'autre, mais se renouvellent (palingénèse[6]) ; que les qualités vraies ne sont que deux, le chaud et l'humide. J'ai fait connaître les propriétés du sel et de l'huile. J'ai montré qu'il n'y a pas dans les mixtes d'autre principe de la génération des animaux parfaits que la chaleur céleste ; que Dieu doit être appelé incommensurable ; que tout ce qui a des parties disposées selon un ordre possède âme et

---

3. Les équations ?
4. Sur ces découvertes en mathématiques, *De libris propriis* III (I, 112).
5. Un résumé méthodique de cette partie de l'œuvre de Cardan a été donné par Rixner et Siber, *Leben u. Lehrmeinungen berühmter Physiker um Ende des XVI. u. am Anfang des XVII. Jahrhunderts*, II. Heft, Hieronymus Cardanus, Sulzbach, 1820, in-8, XII-244 pp. — Cf. aussi Libri, *Histoire des mathématiques*, II, 169 sqq. ; Duhem, *Origines de la statique*, I, 34-60.
6. *Variamque subire sortem quam* παλιγγενεσίαν *tu uocare soles*, fait-il dire à son interlocuteur dans le *Dialogus de Morte* (I, 677).

vie ; que l'immortalité de notre âme selon les philosophes est réelle et non vaine comme une ombre ; que tout est organisé d'après un nombre fixe, comme les feuilles et les graines dans les plantes ; que le principe de similitude est le mode d'action d'un agent ou d'une matière, et que de là dérive tant de variété et de beauté ; que la terre existe comme élément séparé et non comme un mixte avec l'eau, et que, par suite, elle fait saillie souvent dans des régions opposées. J'ai expliqué pourquoi l'orient est supérieur à l'occident ; pourquoi lorsque le soleil s'éloigne après le solstice, la chaleur aussi bien que le froid augmentent pendant plusieurs jours ; ce qu'est le destin et comment il agit. J'ai trouvé les causes de phénomènes étonnants ; par exemple dans mille coups de mille dés non truqués on obtient nécessairement un résultat toujours identique[7] ; toutes les feuilles de plantes pourries engendrent suivant leur nature des animaux différents ; la nature n'est rien qu'une chose imaginaire et vide, principe de beaucoup d'erreurs, introduit par Aristote uniquement pour ruiner par un mot l'opinion de Platon. Parmi les innombrables autres découvertes, la plus importante est que j'ai enseigné à ramener l'observation des choses de la nature à une méthode et à des règles pratiques, ce que personne avant moi n'avait tenté.

Dans la philosophie morale, j'ai posé l'égalité non seulement de tous les hommes mais de tous les êtres vivants, d'où naturellement on peut conjecturer une compensation des actions après la mort ; j'ai enseigné l'utilité que tirent les hommes de leurs malheurs, quelle est la meilleure vie et comment elle peut se concilier avec l'égalité ; j'ai établi qu'il y a trois règnes ; que, dans le règne humain, il est bien souvent meilleur de ne pas savoir ce qui est bien ou mal, si on ne sait le degré du bien ou du mal ; que, pour les autres règnes, il en va différemment, même en ce qui concerne le bonheur dans chacun d'eux ; qu'il importe d'acquérir la connaissance des hommes d'abord en général, puis d'après les divers peuples et les autres caractères distinctifs, enfin la connaissance particulière de l'un ou de l'autre individuellement.

Dans l'art médical, j'ai établi la véritable règle des jours critiques ; j'ai indiqué le traitement de la podagre et celui de la fièvre pestilente ;

---

7. Est-ce un énoncé de la loi des grands nombres ?

les transmutations multiples en huile ; la méthode pour faire des purgatifs en partant de médicaments non purgatifs ; les propriétés des eaux spéciales ; l'art aussi varié qu'utile de cuire les aliments ; la transformation de médicaments dangereux ou répugnants en médicaments utiles et d'emploi facile ou agréable ; les remèdes qui guérissent l'hydropique et le fortifient, assez pour qu'il puisse le même jour aller par la ville ; j'ai montré aussi comment le traitement d'un membre malade permet de parvenir à la connaissance et à la guérison des maladies d'une autre partie du corps, et comment dans la lecture trois ou quatre fois répétée d'un seul livre [de médecine] on peut trouver la connaissance de diverses maladies et des soins qu'elles exigent. J'ai remis en pratique la vraie méthode d'opérer les hernies, dont nous avions à peine des traces et des ombres de connaissances. J'ai écrit une interprétation des livres les plus difficiles d'Hippocrate, surtout des authentique, mais elle n'est pas achevée le jour où j'écris ceci, le 1er décembre 1575. En outre j'ai largement traité du mal français, j'ai fait de nombreuses expériences dans les maladies les plus difficiles, l'épilepsie, la folie, la cécité, d'autres sur un petit nombre de malades comme l'emploi du crin de cheval dans l'hydropisie, d'autres encore dans les squirres, les prurits dans la miction, les affections articulaires, plusieurs autres dans les calculs rénaux, la colique et les hémorroïdes, et d'autres enfin au nombre d'environ cinq mille. Je laisserai de côté quarante mille questions ou problèmes résolus et deux cent mille de moindre importance, ce qui fut cause que cette lumière de notre patrie[8] m'appelait l'homme des inventions.

---

8. André Alciat.

XLV. LIVRES QUE J'AI ÉCRIT ; À QUEL MOMENT, POURQUOI. CE QUI EST ARRIVÉ

IMPRIMÉS

Mathématiques :

Ars magna 1
De proprotionibus 1
Regula Aliza 1

Astronomie :

Commentaires sur Ptolémée 4
De genituris exemplis 1
De interrogationibus et electionibus 1
De septem erraticis 1
De usu ephemeridum 1
De emendatione motum et cognitione stellarum 1
Astrologiae encomium 1

Physique :

De subtilitate avec l'*apologia* 22
De rerum varietate 17
De animi immortalitate 1

Morale :

De utilitate capienda ex adversis 4
De consolatione 3
Exhortatio ad bonas artes 1

Opuscules divers, 1er volume :

De libris propriis 1
De curis admirandis 1
Neronis encomium 1
Geometriae encomium 1
De secretis primus 1
De uno 1
De gemmis et coloribus 1
De morte 1
Tetim seu de humana conditione 1
De minimis et propinquis 1
De summo bono 1

Opuscules divers, 2e volume :

Dialectica 1
Hyperchen 1
De Socratis studio 1
De aqua 1
De aethere 1
De decoctis 1

Opuscules médicaux, 3ᵉ volume :

De causis, signis et locis morborum 1
Ars curandi parva 1
Consiliorum liber primus 1
De medicorum abusibus 1
Quod nullum simplex medicamentum noxa careat 1
Triceps 1
Apologia in Thessalicum medicum 1
Apologia in Camutium 1

Commentaires de médecine :

Aphorismes d'Hippocrate 7
De venenis 3
De aeris constitutione (en tout 11 livres) 1
Commentaires aux *Prognostica* d'Hippocrate 4
Commentaires au livre *De septimestri partu* (en tout 5 livres) 1
Commentaires au *De aere, aquis et locis* 8
Consiliorum liber secundus (en tout 9 livres) 1
Commentaires au *De alimento* 2
Commentaires à l'*Examen aegrorum* 22

Divination :

De somniis 4

Autres imprimés que je n'ai pas comptés :

De sapientia 5
Antigorgias 5
Medicinae encomium 1
Ephemeridum supplementum 10

MANUSCRITS

Mathématiques :

Geometria nova 1
De numeris integris 1
De numerorum proprietatibus 1
De alogis 1
De commentitiis seu fictis 1
De musica 1

Physique :

De natura 1
De secretis quartus 1
Hyperborea 2

Morale :

De moribus 3
De optimo vitae genere 1
Memoriale 1
De vita nostra 1

Art médical :

De urinis 4
De habitatione Romae 1
De dentibus 5
De tuenda sanitate 4
De lue Indica 1
Consiliorum tertius 1
Actus 1
Contradicentium medicorum libri 12
Manuarius 4
Commentaires au livre *De victus in acutis* 6

Comentaires à l'*Ars medica* de Galien 1
Floridorum seu in primam primi 2
Commentaires à l'*Epidemia* d'Hippocrate 5

Théologie :

Hymne, *Vita B. Virginis*
Vita B. Martini cum dispunctionibus

Théologie :

Paralipomena 6
De clarorum virorum libris 1
De inventione 1
Problemata 1
De conscribendis libris 1
Proxeneta 1
De ludis 2
De carcere dialogus 1
Flosculus dialogus 1
De nodis 1
Antigorgias 1
Medicinae encomium 1
De metoposcopia 7
Technarum calidarum 1
De usu ephemeridum seu inventionis novae 1
Sacra 1

Les motifs qui m'ont poussé à écrire, je pense qu'on les a déjà compris : ce furent les avertissements des songes répétés deux, trois, quatre fois et davantage, comme je l'ai rapporté ailleurs, mais aussi le désir de perpétuer mon nom[1]. Par deux fois, du reste, j'ai détruit un bon nombre de livres volumineux : d'abord vers ma trente-septième

---

1. Chap. IX et XXXVIII, ici n. 6.

année, j'en brûlai neuf parce que je compris qu'ils seraient sans valeur et d'aucune utilité. Il y avait là-dedans beaucoup de fatras, surtout en médecine. De ces livres je ne tirai rien et je n'en conservai aucun en entier, sauf le *De malo medendi usu*, qui fut ma première publication[2], et les rudiments d'arithmétique dont je me servis pour bâtir mon *Arithmetica parva*. Un peu plus tard, vers 1541, je publiai un opuscule *De supplemento ephemeridum* qui, après avoir été augmenté dans la deuxième édition, reçut de nouvelles additions et fut encore réédité[3]. En 1573, lorsque mes malheurs avaient déjà pris fin, j'en brûlai cent vingt autres, mais je ne fis pas comme la première fois ; j'en tirai tout ce qui me parut utile et j'en conservai quelques uns tout entiers, comme le *Liber technarum calidarum*[4], extrait de mon grand recueil de contes, et le *Liber de libris clarorum virorum*. J'en ai transformé d'autres, comme Diomède qui reçut « des armes de bronze en échange d'armes d'or, ce qui valait neuf contre ce qui valait cent[5] ». Je fis mes livres parce qu'ils me plaisaient, je les détruisis parce que j'en fus mécontent, et l'événement me donna raison dans les deux cas. Plus tard, à la suite de songes répétés[6], j'écrivis les livres *De subtilitate* que j'imprimai, puis augmentai pour une deuxième édition et que je publiai enfin une troisième fois avec de nouveaux suppléments. Je passai

---

2. En 1536 (cf. chap. XV et n. 1). Il omet les almanachs qu'il avait publiés antérieurement (chap. XXV et n. 2).
3. La première édition, à frais d'auteur, dédiée au prince d'Iston, est inconnue de tous les bibliographes. La 2ᵉ dont il parle est celle de Nuremberg, 1543 ; la 3ᵉ parut en 1547, également à Nuremberg.
4. Ce recueil, dont le titre italien était *Delle burle calde* et qui n'a jamais été publié, est un des « libri volgari che diceva il Ridolfo (Silvestri), che fu suo discepolo, che li dettava mentre mangiava e mentre voleva ricreare e sollevare la mente da più serj studj ». (Lettre de Fabrizio Cocanaro au Cardinal Frédéric Borromée, en date du 22 février 1619, citée par Argelati, *Bibl. script. mediol.*, I, 2, p. 314).
5. Ce recueil, dont le titre italien était *Delle burle calde* et qui n'a jamais été publié, est un des « libri volgari che diceva il Ridolfo (Silvestri), che fu suo discepolo, che li dettava mentre mangiava e mentre voleva ricreare e sollevare la mente da più serj studj ». (Lettre de Fabrizio Cocanaro au Cardinal Frédéric Borromée, en date du 22 février 1619, citée par Argelati, *Bibl. script. mediol.*, I, 2, p. 314).
6. Cf. *De Subtilitate*, XVIII (trad. fr. 453) : « Souvent i'ay esté admonesté en songeant d'escrire et composer cet œuvre diuisé, comme il me sembloit, en 21 parties... et i'estoy tant espris de volupté et grand plaisir en ce songe, que iamais ie n'en senty vn pareil : il me sembloit que ie fusse rauy hors du sens... »

ensuite à l'*Ars magna*, que je composai pendant que j'étais aux prises avec Giovanni Colla et Tartaglia, qui m'avait fourni le premier chapitre et qui préféra m'avoir pour rival et supérieur à lui, plutôt que pour ami lié par la reconnaissance, alors que la découverte appartenait à un autre[7]. Pendant que je voyageais sur la Loire, n'ayant rien à faire, j'écrivis mes commentaires sur Ptolémée, en 1552. J'ajoutai, en 1568, les traités *De proportionibus* et *Aliza regula* à mon livre *Ars magna* et je publiai le tout ; puis, j'ajoutai à mon arithmétique les deux livres de la *Geometria nova* et celui *De musica* ; mais ce dernier, six ans plus tard, c'est-à-dire en 1574, je l'ai corrigé et fait recopier. J'ai publié les livres *De rerum varietate* en 1558 : c'étaient les restes des livres *De subtilitate* que je n'avais pu mettre en ordre et corriger à cause de la multitude de mes occupations : mes fils peu soumis ou sans capacités, mes revenus à peu près nuls, l'enseignement sans répit, la direction de ma maison, l'exercice de mon art en ville, les consultations, la correspondance, et tant d'autres choses qui ne me laissaient pas le temps de respirer et moins encore de corriger [mes livres]. Parmi tous ces tracas, je publiai pour la première fois les livres *De consolatione*, j'y ajoutai ensuite le traité *De sapientia* pour le faire réimprimer en 1543. Entre temps j'écrivis de nombreux opuscules qui sont partie publiés, partie inédits, et tous les livres de médecine, dont quatre ont paru : *Aphorismorum [Hippocratis Commentaria], De alimento, De aere, aquis et locis*, et *Prognostica*. Il est resté en manuscrit jusqu'ici les deux livres

---

7. Cardan n'a pas toujours été aussi modéré dans la polémique. (Cf. *De libris propriis*, I, 122). Ces quelques lignes résument avec discrétion la longue querelle que provoqua la résolution de l'équation du troisième degré. Ayant appris par Giovanni Colla (Zuan Tonini da Coi), un aventurier des mathématiques, que le brescian Nicolò Tartaglia avait trouvé des règles pour la solution du problème du cube égal à un nombre, Cardan à force de prières et de promesses obtint communication, sous une forme d'ailleurs sibylline, de ces précieuses règles. Il s'était engagé à ne les point publier mais, passant par Bologne, il eut les preuves que Tartaglia avait été devancé par un autre mathématicien, Scipione del Ferro. Il se considéra dès lors comme dégagé de sa promesse et communiqua au public, dans son *Ars Magna*, et les découvertes de Del Ferro-Tartaglia et les compléments dont il les avait enrichies en collaboration avec son disciple Lodovico Ferrari. D'où plaintes, accusations, injures de la part de Tartaglia, à qui Cardan avait cependant rendu pleine justice. Voir *Quesiti et inuentioni diuerse di* Nicolò Tartaglia (3e éd. Venise, 1554), l. IX, *Quesito* XXV et suiv. — Pour les suites de la polémique voir ici chap. XLVIII, note.

des *Floridi*, les commentaires sur l'*Ars medendi* de Galien, le premier et le second livre des commentaires sur *De epidemia* d'Hippocrate. Lorsque j'arrivai à Bologne, je fis paraître mon traité *De somniis*, qui sera assurément utile aux gens raisonnables, mais peut-être mauvais pour la foule grossière. Mais qu'est-ce qui n'est pas nuisible, si on s'en sert mal ou inconsidérément ? Les chevaux, les épées, les armes, les forteresses sont, entre les mains des méchants, des instruments affreux, pour les gens de bien, ce sont des choses moins commodes que nécessaires. Il est assez difficile de distinguer les livres utiles et les inutiles, pour qu'on doive établir un troisième groupe dont la lecture serait réservée aux seuls doctes. J'ai rédigé une Dialectique pour enseigner à construire ces figures naturelles, mais à peine vraisemblables, puis je fus si charmé de mon œuvre que, de joie, je la publiai ; mais elle n'est ni complète, ni exempte de fautes. J'ai donné l'*Ars medendi parva* dans l'intérêt du public, quand je me suis aperçu que mes autres traités ne verraient le jour que trop lentement. J'ai écrit le livre *De immortalitate animi*[8] plutôt pour étudier la question que pour la trancher, et, puisqu'il n'est pas suffisant pour la grandeur du sujet, le second livre des *Hyperborea* le remplacera. Des dialogues, j'en ai composé un pour soulager le malheur dont j'étais écrasé, l'autre pour confondre la démence des hommes, de façon à satisfaire à quatre tendances contraires : la douleur et un plaisir extravagant, une sotte passion et la crainte. Le *Proxeneta* naquit d'un élan de ma volonté : le *Memoriale* rappelle une science où j'ai excellé. Les quatre Promptuaires ramassent en peu d'espace les fleurs et les fruits de tout l'art médical : ils sont tels qu'après les avoir étudiés tu n'auras besoin d'aucun autre [livre], mais si tu n'as pas commencé tes études par eux tu peux considérer que rien n'est fait. Les commentaires sur les livres [d'Hippocrate] *De victu in acutis* fondent sur une doctrine solide la conduite à tenir à l'égard des malades atteints d'affections aiguës, qui peuvent être sauvés : c'est une catégorie de maladies que j'ai soignées, je l'ai déjà dit, avec grand bonheur. Les livres *De urinis* ne sont pas encore achevés : ils témoignent des

---

8. À l'appui de l'accusation d'athéisme, souvent portée contre Cardan après sa mort, on a affirmé qu'il avait écrit un traité *De mortalitate animi*, mais il ne semble pas que personne ait jamais vu ce livre.

merveilles de la nature, qui enferme un contenu si important dans si peu de chose ; il en est comme de la partie par rapport au tout ; leur disposition est pourtant simple, et c'est de là que vient la plus grande difficulté pour les reproduire. L'ouvrage a été élaboré avec soin et il est appuyé, comme de juste, sur de nombreuses expériences. Les livres *Contradicentium medicorum* abordent tous les points douteux de l'art et, dans la mesure où je l'ai pu, ils tentent de les résoudre ; si mon opinion a été trouvée bonne, pourquoi dois-je la condamner ? Si j'ai des doutes, pourquoi ai-je fixé des règles ? On pourrait appliquer aux *Problemata* la phrase connue : « Les poètes veulent à la fois être utiles et plaire ».

Mes livres sur les jeux ? pourquoi un joueur de dés, qui est écrivain, n'écrirait-il pas sur le jeux ? Et peut-être, comme on dit, à la griffe on connaît le lion.

J'ai réduit à sept les treize livres de la métoposcopie, une partie de la physiognomonie que j'ai apprise de Girolamo Visconti. Suétone a fait de magnifiques éloges de cet art. J'y ai discerné des ombres de vérité. Est-elle vraie, est-elle fausse ? Il est bien difficile de vérifier car on est abusé par ce qui est faux, en raison du grand nombre des individus et des caractères [physiognomoniques] et à cause de l'irrégularité de leurs changements[9].

Les *Paralipomena* aussi sont les débris conservés d'un ouvrage plus ancien. Personne ne pensera que, ce que j'ai détruit, je l'aie détruit pour une autre raison que celle-ci : je n'étais pas satisfait de la confusion et du désordre de la composition ; aucun choix dans les faits, les plus humbles mêlés aux plus élevés, les horribles aux purs, les utiles aux inutiles, ceux qui sont le produit de l'art à ceux qui viennent du hasard, les traits curieux aux absurdes ; quelles suppressions que j'y fisse, je ne pouvais espérer corriger le reste et le réduire en un ensemble bien ordonné. Aussi ai-je jugé bien meilleur de prendre un autre parti : être utile à mes protecteurs et à mes amis pendant qu'ils vivent et qu'ils voient, et tandis que ma conduite à leur égard est connue de tous ; qui plus est, tout en faisant une grande économie de temps, je pouvais laisser à la postérité, avec plus de clarté et de certi-

---

9. Cf. chap. XXXIX n. 1.

un bien plus grand nombre de leçons qu'en donnant au public ce que j'avais détruit. Je dis que la conduite la plus belle consiste à vivre de façon que personne ne puisse regretter de n'avoir pas reçu de nous les services qu'un homme de bien doit rendre. Aussi ai-je écrit le *De inventione*, le *De conscribendis libris* et le *De libris clarorum virorum*, pour confirmer par mes actes ce que j'avais célébré en paroles ; l'*Hymne* et les *Vies*[10] pour affirmer du moins que, dans mon âme, je ne suis pas ingrat envers ceux de qui j'avais beaucoup reçu ; les notes complémentaires[11], parce que, à mon avis, pour qu'un livre soit d'une très grande utilité il ne suffit pas d'y apporter un soin scrupuleux, il faut encore pousser ce soin jusqu'à la perfection ; car, si tout ce qui est supérieur s'impose et constitue une parure, les erreurs, les négligences, le manque de soins fatiguent l'esprit des lecteurs, enlèvent de l'autorité aux livres eux-mêmes et sont un dommage pour le bien commun. L'exemple d'Aristote et de Galien m'a appris que ce travail était possible : pour eux ce scrupule était nécessaire parce qu'ils traitaient de sujets généraux ; c'était à la fois prudent et bienséant pour moi qui m'occupais de fragments. Dans la mesure de mes forces, j'ai mis cette exactitude à écrire le livre *De optimo vitae genere*, quand je ne trouvais que cette voie pour me débarrasser du souvenir de mes maux passés, de la gêne des dangers présents et de la menace des dangers à venir : pouvoir, dans notre condition mortelle se créer une immortalité ; mourir sans souffrir les désagréments de la vieillesse et pourtant dépasser la jeunesse ; rester calme dans l'agitation perpétuelle des événements et constant dans la révolution continue du temps. Je voudrais que ces quatre points se fussent réalisés, en négligeant tant de malheurs et d'autres désagréments, qui ont été pour moi beaucoup plus nombreux qu'il n'est nécessaire à chaque mortel.

En résumé, tout ce qui est arrivé devait arriver, comme par exemple, la mort des miens. Mais il n'était pas nécessaire que ce fût de cette façon ? — Qu'importe ? — Le retour sera le même pour tous. — Mais non tout de suite ! — Le malheur importe-t-il beaucoup si l'événement doit se produire bientôt après. Il n'y eut, il n'y aura jamais

---

10. *Hymnus seu Canticum ad Deum* (I, 695-701), *Vita B. Virginis, Vita B. Martini*.
11. Les *dispunctiones* dont il a accompagné la vie de Saint-Martin.

aucune trêve pour les mortels. Compare ce qui arrive maintenant à ce qui se passait, et à la situation au temps de Polybe. De nos jours ce sont parures de roses ; alors on pouvait parler de malheurs : aucune sûreté, des meurtres sans motifs, l'esclavage ; la spoliation de tous les biens n'était qu'un badinage. Un autre avantage pour nous est la contemplation de la vie éternelle et bienheureuse, que nous connaissons et que ne connaissaient pas les gens de cette époque. Que peut-il donc arriver de malheureux à celui qui fait ces réflexions ? La naissance, la fin, la destinée sont communes à tous, mais pour nous la mort laisse la véritable joie. Nous nous trompons de quatre manières, comme je l'ai exposé plus haut : en croyant qu'il y a dans cette vie quelque chose de solide, et notre erreur est encore plus grande s'il s'agit d'actions médiocres ; en ne nous rendant pas compte qu'il n'y a rien ici-bas de durable et encore moins d'éternel ; troisièmement, en estimant que l'esprit vieillit même si l'âme survit, parce que son activité qui est liée à celle du corps se ralentit. Mais j'affirme absolument que rien en nous ne vieillit, ni l'âme ni le corps. Car, pour l'âme, si l'instrument subsiste, son action persiste aussi, comme je le crois maintenant. Quant au corps, selon les philosophes, surtout les platoniciens comme on le voit dans le Phédon, il n'est pas la part la plus élevée de notre être ; pour l'activité de l'esprit, qui est la partie la plus élevée et la plus parfaite, bien qu'elle puisse être entravée [par les circonstances extérieures], elle n'en a pas besoin [pour se produire] ; ce sont en effet deux choses différentes. Le soleil a besoin d'air pour briller ; l'air est la cause de l'éclat du soleil ; le manque d'air empêche le soleil de briller. Voilà la pensée qui a inspiré mon projet, voilà le but de ce livre.

Un deuxième livre [de ce genre] a pour titre *Memorialis*. Toute la doctrine rassemblée dans le premier, comme je l'ai dit, est ici divisée et répartie de façon à te fournir des consolations et même des secours dans quelle situation que tu puisses te trouver. Un troisième est le Promptuaire, qui n'a pas seulement en vue le gain et l'honneur, mais veut montrer qu'il est beau de remplir une fonction de charité et de s'acquitter de son devoir ; il veut te faire connaître aussi la grandeur de tes devoirs là où les autres ne croient même pas en avoir. Et si c'est une satisfaction pour un architecte de n'avoir pas construit une maison au hasard, mais suivant les règles de l'art, elle doit être bien plus grande pour un homme qui a pu sauver un autre homme et reconnaît ce dont il est capable. Le quatrième ouvrage — celui-ci — est le nombril de mes écrits : je l'ai composé pour mon plaisir et par sentiment religieux. Si je l'avais sciemment souillé de quelque mensonge comment voudrais-tu que soit mon âme devant Dieu ? ou quel plaisir pourrais-je y prendre ? Il est vrai que les hommes sont comme des bêtes brutes, qui n'aiment pas ce qui est bon mais seulement ce qu'elles peuvent digérer, comme les araignées font des mouches et les autruches du fer[12]. (Car je ne me soucie pas de ceux qui s'acquièrent de la considération en tâchant, par des fourberies, de paraître savoir ce que personne ne sait ; l'expérience montre ensuite qu'ils ignorent beaucoup de choses que les autres connaissent.) En cinquième lieu vient l'ouvrage *De tuenda sanitate* et enfin le second livre des *Hyperborea*. Le cinquième de ces ouvrages constitue l'achèvement du troisième, le sixième l'achèvement du premier. Je souhaiterais que, sauf ces dix-neuf, aucun de mes livres ne survécût. Quelqu'un s'étonnera peut-être ! Virgile n'a-t-il pas désiré la destruction de l'Énéide (ou plutôt il l'a voulue et l'a ordonnée) en laissant subsister les Bucoliques et les Géorgiques ? Et moi, ce n'est qu'après avoir passé toutes mes œuvres en revue que j'ai été amené à cette résolution.

J'ai suffisamment expliqué les raisons pour lesquelles j'ai composé mes livres *De natura* ; j'ai écrit le *Theognoston* pour remplacer les *Hyperborea* ; le *De moribus*, à l'imitation d'Aristote parce que dans sa République il a estimé que la tyrannie la plus longue pouvait à peine durer cent ans, ce qui est faux ; j'ai écrit mes mémoires parce que je semble y avoir été poussé par le loisir, par la nécessité et par beaucoup de circonstances favorables, et parce qu'il n'est pas sans agrément pour moi de revivre le passé, si Épicure ne se trompe pas absolument ; le *De dentibus*, pour indiquer un traitement certain de longues maladies, comme j'avais fait dans mes commentaires sur les maladies aiguës ; le *De lue indica*, parce qu'on m'avait souvent écrit pour me consulter et

---

12. *De Subtilitate*, X (trad. fr., f°) : on dit qu'elle cuit et digère le fer ce qui aduient pour sa uéhémente chaleur et épaisseur du uentricule. — C'est une très ancienne légende qui figure dans la plupart des encyclopédies et des bestiaires médiévaux. Voir par exemple Brunetto Latini, *Trésor*, l. V, 174.

que j'avais réuni d'abondants matériaux sur la question. Pour mon livre *De tuenda sanitate*, bien des raisons me poussaient à le composer : Galien s'attache avec trop d'exactitude à l'ordre qu'il a établi et laisse beaucoup de points obscurs, la plupart incertains, tous incomplets ; il n'est pénible de le dire, mais avec ses frictions et ses exercices il s'égare si souvent, vagabonde, s'attarde et ne s'est jamais souvenu d'indiquer le vin qu'il faut donner aux bien portants et aux jeunes gens ; il semble avoir évité exprès d'en parler dans tant de passages qui s'y prêtaient et dans tant de volumes. Je laisse de côté ce fait que les habitudes des anciens ne conviennent pas tout à fait à notre temps, ni celles des Grecs aux Italiens, et que les choses elles-mêmes, ne sont pas identiques : il rapporte dans le second livre *De alimentis* qu'en Cyrénaïque on mange l'arum comme une rave et qu'on n'en éprouve aucun mal. Il n'a pas connu non plus le procédé de la distillation qui n'avait pas encore été trouvé à cette époque. Et ce qui n'a pas eu peu d'influence sur moi, c'est l'autorité de celui dont la puissance suprême et la bienveillance frappent les yeux. Le petit livre *Actus*, je l'ai ajouté comme pour faire bon poids, et comme une étincelle dans les armes à feu.

Du reste si quelqu'un voulait ramener tous mes livres à la mesure des dix-huit premiers, en retranchant ce qui est le moins à propos ou le moins nécessaire, comme je l'ai fait moi-même en quelques passages de mes autres livres, dans le *De varietate rerum* par exemple, il donnerait plus de valeur à mon œuvre et je lui en serais reconnaissant. Mais souviens-toi que, tous les livres — ou du moins les bons — ayant été écrits avec le secours du ciel qui nous arrive de trois manières, ils ont pu recevoir leur éclat de cette lumière qui est commune à tous ; car toute sagesse vient de notre Seigneur Dieu et, suivant l'opinion des platoniciens, notre entendement reçoit l'intelligence du bien auquel il s'unit et il éclaire l'âme tournée vers le ciel. Une autre manière plus évidente se manifeste quand cette illumination divine pénètre en nous par une faveur particulière ; certains platoniciens en ont douté faussement, mais notre religion ne laisse pas de doute là-dessus ; c'est un privilège des hommes vertueux. La troisième se réalise quand on saisit cette lumière dans certaines occasions offertes, comme il m'est arrivé en la présente année 1576, le 14 mars. Au moment où j'écrivais dans mon livre *De tuenda sanitate* le chapitre de la férule, dont je faisais l'éloge car elle était de mon goût, je rencontrai au marché des légumes à Rome, dans le voisinage du marché au poisson, un vieillard mal vêtu ou plutôt en haillons, qui me déconseilla de la consommer en disant : d'après l'opinion de Galien la férule peut tuer rapidement tout comme la ciguë. Et comme je lui répondais que je savais bien distinguer la ciguë de la férule, il me dit : « Prenez garde, je sais ce que je dis », et il murmura quelque chose de Galien. Rentré chez moi, je trouvai le passage, que je n'avais pas remarqué avant. Cela me fit apporter quelques légers changements à l'opinion que j'avais exprimée, et j'ajoutai un bon nombre de restrictions. Il faut qu'elle soit cueillie en Italie ; l'examen de la tige permet de comprendre quand l'emploi en est tout à fait sûr, si elle n'est pas nuisible parce qu'elle est froide ; elle peut pourtant être employée sans abus, comme un médicament naturel sans être habituel ; il faut la cueillir au retour du printemps et non au début de l'été dans les endroits où le trèfle est abondant ; si on craint d'en faire l'essai, qu'on l'offre à un chien ou à une poule, en la mêlant à du curcuma, du citron et du pain cuit avec de l'ail.

Qui aura ces remarques présentes à l'esprit tirera assez grand profit de la lecture de mes livres et saura, comme je l'ai dit au début, remercier qui le mérite. Je l'engage aussi à corriger [mes erreurs] d'après la loi d'Auguste. Mes derniers livres, je l'ai déjà dit, sont écrits avec le même art que les anciens, mais non avec le même soin.

XLVI. DE MOI-MÊME

Parmi ces réflexions et d'autres semblables, il me vient à l'esprit une question qu'on pourrait me poser : si avec tous ces accidents de ma vie, malheureux, favorables ou indifférents, je ne regrette pas de vivre ou d'avoir vécu. Il serait stupide de ne pas penser d'avance à ce que l'on va dire et de ne pas ajouter à ses paroles la raison qui a poussé à les prononcer. Mes malheurs sont la mort cruelle de mon fils aîné, la sottise du cadet, la stérilité de ma fille, mon impuissance dans le commerce avec les femmes, ma pauvreté continuelle, les luttes, les accusations, les préjudices subis, les maladies, les dangers, la prison, l'injustice avec laquelle on m'a tant de fois préféré des gens sans mérite. Mais laissons les banalités. Si celui qui n'a ni fils, ni honneurs, ni richesses n'est pas malheureux, comment pourrait l'être un vieillard à qui reste un peu de tout cela ? Il faut comparer ma situation présente à mon extraction et à la condition des plus malheureux que moi, plutôt qu'à celle des plus favorisés. Je n'ai pas le droit de regretter l'état où je me trouve ; bien plus, si nous en croyons Aristote, je suis plus heureux que les autres, grâce à la connaissance sûre et rare de beaucoup de choses grandes. Je prétends que je suis plus heureux par cela même que, comme les stoïques, j'ai pu mépriser les choses mortelles, et j'en recueille maintenant des fruits assez considérables, grâce auxquels, vieillard décrépit, je ne trouve rien à regretter de ma jeunesse ; et les changements qui se sont faits dans mes sens physiques ou dans mes biens de fortune, ni l'activité de ma pensée ne sont pour me rendre malheureux. Je dirais bien davantage : je suis très heureux, puisque je sais que notre nature participe de la nature divine. Quoi donc ? Si quelqu'un en danger de mort reçoit la nouvelle qu'il a encore quinze ans à vivre, comme le roi Ézéchias, n'en sera-t-il pas plus joyeux ? S'il s'agit de trente ou de cent il le sera bien davantage. Mais si de cent il passe à mille, de quelle joie immense ne sera-t-il pas touché ? N'en oublierait-il pas toutes les délices de la terre ? S'il s'agit de dix mille ou de cent mille années, il ne pourra déjà plus rester maître de lui ? Fais qu'il soit éternel. Lui restera-t-il encore quelque chose à demander ou à espérer ? Mais qui vit sans cet espoir est privé d'un double et véritable bien, c'est-à-dire de l'espoir et de ses conséquences. Si donc il a plu à Dieu de faire participer à l'immortalité notre nature mortelle, il ne faut pas dédaigner ces bienfaits gratuits et apprécier mal notre condition.

XLVII. MON GÉNIE FAMILIER

On admet comme assuré, je l'ai dit, que des esprits familiers[1] ou protecteurs (les grecs les appelaient *anges*, les latins, moins bien, *esprits*) ont donné leur aide à certains hommes, Socrate, Plotin, Synésius, Dion, Flavius Josèphe, et moi-même. Tous vécurent heureux sauf Socrate et moi qui, comme je l'ai dit, jouis pourtant d'une condition excellente. Auprès de César le dictateur, de Cicéron, d'Antoine, de Brutus et de Cassius il y eut des esprits mauvais quoique brillants ; Antoine et Cicéron en eurent de glorieux, mais tous deux funestes ; celui de Josèphe fut distingué, de sûre noblesse ; c'est à lui que Josèphe dut son courage militaire, la faveur dont il jouit auprès de Vespasien et de ses fils, ses richesses, ses ouvrages historiques, sa triple descendance, la force de combattre dans les malheurs de son peuple, la prescience de l'avenir qui le rendit célèbre pendant sa captivité ; c'est par lui qu'il fut délivré de la folie des siens et sauvé des

---

1. Il a beaucoup varié sur l'existence de ce génie. Ailleurs, dans le *De rerum varietate*, livre XVI, chapitre 93, il a expliqué ce qu'il fallait entendre sous ce nom, c'est-à-dire les dons intellectuels et les vertus morales qu'il avait reçus en partage. Dans le même ouvrage, en revanche, il donne des détails circonstanciés sur le démon dont son père se vantait d'avoir la familiarité (III, 320).

flots de la mer. Mais ce furent évidemment des démons. Moi, je crois avoir eu près de moi un esprit bon et pitoyable.

J'étais depuis longtemps convaincu de sa présence, mais je n'ai pu saisir la façon dont il m'avertissait des événements proches qu'au terme de ma soixante-quatorzième année, lorsque j'ai entrepris d'écrire ma vie. Avoir connu exactement pendant si longtemps tant d'événements imminents et au seuil même, comme on dit, [de leur réalisation], les avoir prévus avec vérité serait, sans un secours divin, presque un plus grand miracle que le concours d'un esprit. Le fait même peut être expliqué d'après ce que j'ai raconté : mon esprit familier prévoit ce qui doit m'arriver bientôt. Sachant, par exemple, que mon fils (qui vraisemblablement avait ce soir-là promis d'épouser Brandonia Seroni) se marierait le lendemain, il provoqua cette palpitation de cœur d'une façon particulière, de lui connue, pour donner l'impression que ma chambre tremblait[2]. Et il exerça la même action sur mon valet, si bien que lui et moi nous sentîmes un tremblement de terre que ne remarqua aucun habitant de la ville, puisque la terre n'avait pas tremblé. Si mon fils ne s'était pas marié — et cela n'aurait pas été possible sans grandes querelles — je n'aurais pas pu me considérer comme trompé, je lui aurais dû au contraire une reconnaissance plus grande pour m'avoir indiqué comment éviter ce malheur. De même, dans ma prison[3], il provoqua pour moi et mon jeune compagnon l'apparence de ces bruits, sur un ordre du ciel, je le crois, pour affirmer ma confiance dans l'assistance divine, en m'annonçant que j'échapperais à la mort, et pour me faire paraître moins cruelles toutes mes épreuves.

D'après ces faits, on comprend que cet esprit est puissant : il se manifeste par des signes qui sont perceptibles aussi à d'autres que moi, ou qui frappent deux sens à la fois, comme dans ce *Te sin casa*[4]. De même les prodiges de l'année 1531 — le chien, le corbeau, l'étincelle[5] — se réalisèrent parce que cet esprit est capable de mouvoir l'âme d'animaux privés de raison ; de la même manière, les hommes sont

---

2. Voir chap. XLI.
3. Voir chap. XLIII.
4. Voir chap. XLIII.
5. Voir chap. XLIII.

frappés de crainte par des ombres et se laissent décevoir par des objets qui brillent, comme une pierre précieuse ou du métal.

Dans l'ensemble, les démons des anciens présentèrent de nombreux caractères différents : les uns formulaient des défenses comme celui de Socrate, les autres des avertissements comme celui de Cicéron au moment de sa mort, d'autres faisaient connaître l'avenir par les songes, par les bêtes, par les accidents, en nous poussant à aller à un endroit déterminé, en nous trompant par un sens ou par plusieurs à la fois — ce qui est plus noble —, ainsi que par des phénomènes naturels, ou enfin — et c'est ce que je considère comme le plus noble — au moyen de signes surnaturels. Il y a aussi de bons et de mauvais démons.

Il reste des doutes sur un point : pourquoi cette sollicitude pour moi et non pour d'autres ? Car je ne suis pas supérieur par les connaissances comme d'aucuns le pensent, — c'est peut-être le contraire. Dois-je cette faveur à mon amour sans bornes pour la vérité et la sagesse, accompagné du mépris des richesses, même dans l'état de pauvreté où je suis ; ou à mon goût de la justice ; ou encore pour que j'attribue tout à Dieu et à peu près rien à moi ; ou peut-être dans un autre but connu de lui seul ?

Autre question : pourquoi ne donne-t-il pas clairement ses avertissements ? Je le voudrais bien ! Mais il avertit d'une chose par le moyen d'une autre ; ainsi, par ces bruits confus il me rappelait d'avoir confiance, que Dieu voit tout, quoique je ne le voie pas de mes yeux. Il pouvait bien m'avertir ouvertement par un songe ou par un autre prodige plus clair, mais peut-être cela révélait-il davantage la sollicitude divine et la gravité des accidents qui suivirent, les craintes, les obstacles et les angoisses ; et le bruit strident remplaçait la crainte. L'obscurité sert à nous faire comprendre que c'est l'œuvre de Dieu, et non à nous instruire du danger à éviter. C'est donc de la sottise que de montrer trop de hâte dans les connaissances de cet ordre, et plus de sottise encore de vouloir divulguer des choses auxquelles font obstacle de tant de manières, dans l'esprit des hommes, une longue habitude et l'irrégularité des signes avertisseurs. Si ce qu'ils annoncent est vrai, on peut en tirer peu d'utilité, si c'est faux à quoi servent-ils ? Il en est donc comme de ces hommes généreux, qui peuvent faire beaucoup de dons que nous ne pouvons accepter.

Encore une question : pourquoi y a-t-il des avertissements incompréhensibles comme le *Te sin casa* et *Tamant*[6], et les quatre années de vie d'après la réponse du singe, et les vermisseaux qui apparurent dans les assiettes[7]. Il n'est pas vraisemblable que ce soit le produit d'une erreur, quand rien ne résiste à la puissance divine qui connaît les circonstances essentielles. Aussi, quoique je n'aie point de notion certaine, il est vraisemblable que cette cause, c'est-à-dire l'esprit, est mise en mouvement comme la nature, suivant un ordre déterminé, et il en est ici comme dans la nature, où les monstres naissent sans que la nature se fourvoie jamais par vice de matière. Je ne crois pas vrai que cet esprit soit plus noble que l'intelligence de la nature : il est pourtant exposé à l'erreur à cause du milieu qui, nous devons le supposer, lui sert aussi d'instrument. De même que, certaines années, il naît beaucoup de monstres dont la puissance du soleil a entravé le développement, ainsi le pouvoir d'un corps céleste ou l'âme, agissant comme instrument, produisent des imperfections et des erreurs dans la connaissance de l'avenir au moyen de ces signes. Et, si on prétend que ces erreurs-là se produisent dans la nature par vice de la matière et ici par un défaut de la volonté agissante, je dis que cet esprit étant un être immatériel et bon dépendant de Dieu — c'est ce que les théologiens appellent un bon ange — il montre exactement par la volonté de Dieu ce qui doit arriver et ne tombe jamais dans l'erreur. La nature est aussi instruite à faire toujours comprendre correctement à l'âme de ce qu'elle perçoit de l'esprit, mais l'instrument à l'aide duquel elle veut instruire n'est pas toujours bien préparé à recevoir. Que ce soit une vapeur ou un autre moyen, il en résulte une forme imparfaite qui ne montre rien ou montre autre chose que ne voudrait l'esprit ou la nature ; de là l'erreur ou l'ignorance. La seule différence tient à ce que

---

6. Dans *Somn. Synes.*, IV, 4 (V, 721), Cardan, rapportant les songes où il avait entendu parler ou chanter, indique, parmi les mots perçus, celui de *Tamant*, qu'il interprète comme suit, en faisant de sages réserves : *Tamant, ut uisum est, infortunium repentinum et magnum significat. T enim litera male sonans est, et muta et dura... Et quamuis Tamant significet bis mille sexcentum septuaginta, melius tamen est praetermittere aliquid coniecturae, quam leuitatis suspicione aspergi.*
7. Ces traits merveilleux ne figurent pas au nombre de ceux qui sont racontés dans la Vie.

les philosophes les attribuent à une matière inapte à recevoir la forme, les théologiens à la volonté de Dieu, pour l'ordinaire à cause de nos péchés.

Du reste je ne voudrais pas qu'on s'abusât sur le mode de ma connaissance dont j'ai si souvent parlé, en comprenant que j'ai reçu de mon esprit familier tout ce que je sais. À quoi bon alors l'intelligence ? Ou bien je saurais tout, et je serais Dieu ! Or ma science, comparée à la connaissance des immortels, est comme l'ombre d'un homme par rapport à un palais immense. Il y a trois voies pour arriver à la connaissance. D'abord par les sens, au moyen de l'observation de beaucoup de faits ; c'est ce dont le peuple et les ignorants font grand cas en moi. Mais bien que ce mode de connaissance soit double (elle considère seulement ce qui est ou le pourquoi de ce qui est), dans la plupart des cas il suffit de savoir ce qui est, parce que j'ai jugé indigne d'application la recherche de la cause de ces bagatelles. La seconde est la connaissance qui s'applique à des objets plus élevés, en recherchant la cause conformément aux diverses disciplines ; on l'appelle d'ordinaire démonstration, parce qu'elle remonte de l'effet à la cause. Je l'emploie pour m'acheminer à l'amplification, à la splendeur, et aller du particulier au général.

Dans cette voie j'ai rarement réussi par mon art, mais le plus souvent j'ai reçu le secours de mon esprit familier. Cette connaissance est celle qui, chez moi, a été prisée par les savants : ils jugeaient qu'elle procède de mon érudition et de la pratique, et c'est pourquoi la plupart m'ont considéré comme doté d'application et de mémoire, quand ce n'était rien moins que cela. La troisième, qui est la connaissance des objets incorporels et des immortels, m'est venue tout entière de mon esprit familier par démonstration simple, c'est-à-dire qu'il indique la cause. Cette connaissance est très certaine grâce à la démonstration. Pourtant ce ne sont pas ici les mêmes notions que plus haut, soit qu'elles mènent souvent à l'absurde, soit qu'elles ne représentent pas une explication mais une constatation, comme dans cette proposition : « L'angle extérieur est égal à la somme de deux angles intérieurs adjacents ». Donc cette démonstration n'est de mise que dans la philosophie naturelle ou divine ; quant à la mathématique elle n'est presque faite que de déductions. Quoique cela paraisse difficile à admettre, c'est pourtant vrai. La connaissance de ce fait est la raison pour laquelle je puis construire une démonstration, résoudre des problèmes et comprendre les langues, quoique je ne sache pas les parler, de sorte que les solutions se présentent à mon esprit sans même que j'y réfléchisse. L'amplification et la *splendeur*, je les ai reçues partie par l'exercice, partie par le secours de mon Génie ; je me suis appliqué à la *splendeur* plus que quarante ans avant de l'obtenir ; tout l'art d'écrire et celui d'improviser les leçons, je les tiens de mon esprit familier et de la *splendeur*. Mais ce genre de science m'a procuré jusqu'ici auprès des hommes plus d'envie que de réputation, plus de gloire que de profit. Il m'a plutôt fourni un plaisir qui n'est ni médiocre ni commun, les moyens de prolonger ma vie, une consolation dans tous mes malheurs, un secours dans l'adversité, une récompense dans mes peines et mes travaux ; il embrasse toute la part féconde du savoir, qui est plus grande que les autres, et il est nécessaire pour achever et pour orner toutes les connaissances. Dans l'ensemble les faits sont ainsi. Je peux me tromper sur les causes et je m'en remets aux plus savants que moi, je veux dire aux théologiens.

XLVIII. TÉMOIGNAGES D'HOMMES ILLUSTRES SUR MON COMPTE

Les témoignages les plus honorables qui aient été portés sur moi vinrent de quatre ennemis. Le premier fut celui du célèbre Matteo Corti[1]. Interrogé par le Sénat sur le successeur à lui donner, il répondit que j'étais le meilleur possible et que je ne serais inférieur à aucune fonction et à aucune attente. Le second fut celui de Delfino, qui enseignait à côté de moi dans la deuxième chaire. Un jour, sur la place publique, devant ses élèves et en ma présence, quelqu'un disait que, si je partais, Montano occuperait la première chaire. À quoi j'ajoutai : « Le travail serait plus pénible pour toi à côté de quelqu'un si habile dans la brigue auprès des étudiants[2] ». Il répondit : « Pour ce qui est de la première place, je ne la céderais jamais, même si Galien enseignait. Mais je tiens qu'il est plus honorable pour moi d'être le second auprès de toi que d'être le premier avec un autre. Et je ne crois pas que ma besogne puisse être, avec personne, plus pénible qu'avec toi, puisque, malgré la faveur des principaux citoyens, celle de presque toute la ville

---

1. Voir chap. XIV.
2. Ce devait être pratique courante puisque le Sénat de Milan était obligé de prendre des mesures pour y mettre un terme à l'université de Pavie. Le 4 janvier 1556, il faisait défense *ne quis scholares praehenset, aut ambiat, uel sollicitet, ut Doctores audiat quos prachensator maluerit.* (Mem. e doc. Pavia, II, p. 19, n° XX).

et de tant d'autres personnages distingués, malgré même la liberté que j'ai obtenue pour les exilés, il ne m'a pas été possible d'arriver à réunir le tiers du nombre de tes étudiants. »

Camuzio, un autre collègue, a fait imprimer un livre où il se plaint vivement qu'à Pavie et dans d'autres universités on cite mon nom pour l'opposer à l'autorité de Galien[3], qu'on devrait me préférer sans hésitation parce que, à défaut d'autre motif, il est mort depuis si longtemps que la jalousie à son égard est complètement éteinte, et qu'il a l'approbation de tant d'écrivains. Ce livre de Camuzio se trouve partout.

Sebastiano Giustiniani, vénitien, gouverneur de Padoue, homme avisé, curieux de belles-lettres, de philosophie et de théologie, et qui avait été chargé de nombreuses missions pour la république de Venise, assistait un jour de l'été 1524 à une dispute publique où avait argumenté, entre autres, Vincenzo Maggi de Brescia, qui, bientôt après, enseigna publiquement la philosophie à Ferrare. Quand il m'entendit disputer après beaucoup d'autres, il demanda qui j'étais. Quelqu'un lui dit : « Un milanais nommé Girolamo Cardano ». La dispute terminée, il me fit appeler et, devant toute l'Université, il me dit : « Travaille, jeune homme, car tu surpasseras Corti ». Stupéfait par l'étrangeté du propos, je me taisais ; alors il ajouta : « Tu as compris, jeune homme ! Je te dis : travaille, car tu surpasseras Corti ». Tous ceux qui l'entendirent furent stupéfaits, surtout parce que je n'étais pas sujet vénitien ; j'étais même originaire d'une ville qui n'était pas absolument amie, du fait des guerres qui avaient longtemps régné entre Venise et nos princes.

Sans ignorer que je laisse dans mes écrits bien d'autres témoignages sur ce point, j'ai jugé à propos d'ajouter ici ceux qui m'ont mentionné avec honneur dans leurs œuvres. Ces livres sont imprimés et se trouvent en vente partout.

---

3. Dans la dédicace à Daniele Barbaro, patriarche d'Aquilée, des *Disputationes* (Cf. chap. XII, note 1) : *Siquidem in hac Insubria nostra quamplures uideas non solum auditores uerum etiam iam din promotos ad lauream quos minime pudeat Cardanum contra Galeni placita ueluti physicum Appollinem in medium producere, idque non mediocri laborantium dispendio...*

1. — Adolfus Crangius dans ses remarques sur Trittenheim[4] ;

2. — Adrien Aleman dans ses commentaires sur le livre d'Hippocrate *De aere, aquis et locis* ;

3. — André Vésale dans son Apologie contre Puteus, mais sous le pseudonyme de Gabriel fils de Zacharie ;

4. — André Tiraqueau, jurisconsulte, dans *De nobilitate* et *De legibus connubialibus* ;

5. — Auger Ferrier dans son livre *[De lue hispanica seu] morbo gallico* ;

6. — L'auteur des annotations sur le livre des nativités d'Hermès ;

7. — Antoine Mizauld dans son livre *De sympathia et antipathia* ;

8. — Amatus Lusitanus dans ses commentaires sur Dioscoride ;

9. — Andrea Bacci dans [*De thermis, lacubus, luminibus, balneis totius orbis...*], mais avec jalousie, comme je le lui ai montré ;

10. — Andrea Camuzio dans la dispute, comme j'ai dit plus haut[5] ;

11. — Anton Maria [de' Conti] ou Marcantonio Maioraggio, comme il signait après avoir changé son nom, dans son *Antiparadoxon* ;

12. — Adrien Turnèbe dans la lettre qui précède sa traduction du livre de Plutarque *De oraculorum defectu* ; mais en ayant supprimé mon nom il s'accuse lui-même ;

13. — Brodeau dans ses *[Dix livres de] mélanges* ;

14. — Borrel, une pierre de moulin qui ne sait rien et ne peut rien apprendre ;

15. — Charles de l'Écluse dans [*Aromatum et simplicium aliquot medicamentorum apud Indos nascentium historia*] ;

16. — L'espagnol Christophorus dans l'itinéraire du prince d'Espagne [*De itinere Philippi regis*] ;

17. — Gasparo Bugati dans sa Chronique [*Historia universale*] parmi les médecins et les professeurs ;

18. — Dans le supplément de la Chronique par Sansovino, parmi les médecins et les professeurs ;

19. — Conrad Gesner, partout ;

---

4. Cf. *De libris propriis* (I, 123).
5. Chap. XII.

20. — Conrad Wolffhart dans son livre [*Prodigiorum ac ostentorum chronicon*] ;

21. — Constantin dans ses Annotations sur Amatus [Lusitanus], surtout là où il traite des pierres ;

22. — Christoph Schlüssel de Bamberg dans le troisième livre des Éléments [d'Euclide] ;

23. — Daniele Barbaro, patriarche d'Aquilée dans le Xe livre, chap. 8, de ses commentaires sur Vitruve ;

24. — Daniel Santbech, dans le septième livre des *Problematum [astronomicorum et geometricum sectiones VII]* ;

25. — Donatus de Mutis dans l'exposition de certains aphorismes ;

26. — *Epitome bibliotheca* [?] ;

27. — Francesco Alessandri dans son Antidotaire ;

28. — François de Foix, comte de Candale, dont le blâme doit être tenu pour un éloge, dans sa Géométrie ;

29. — Francesco Vimercati dans ses Météores ;

30. — Fuchs dans son abrégé de médecine ;

31. — Kaspar Peucer dans son [*Commentarius de praecipuis generibus*] *divinationum* ;

32. — Gaudenzio Merula de Novare, dans son *De bello Erasmicano* ; ce fut le premier qui imprima mon nom ;

33. — Georg Maler, médecin, dans ses livres qui sont nombreux ;

34. — Guglielmo Gratarolo, médecin de Bergame ;

35. — Gabriele Falloppio, dans son livre sur les fossiles, quoiqu'il me contredise ;

36. — Guillaume Rondelet dans son histoire des poissons, avec jalousie ;

37. — [Rainer] Gemma Phrisius dans son *Arithmeticae [praticae methodus facilis]* ;

38. — Girolamo Castiglione dans son *Oratio de laude patriae* ;

39. — Hieronymus Bock dans son *Kräuterbuch* ;

40. — Jérôme Monteux, médecin du roi de France ;

41. — Jacques Peletier (du Mans) dans ses ouvrages de mathématiques ;

42. — Jean du Choul dans *De [varia] quercus historia* ;

43. — Johannes [Luis] Collado dans *[in Galeni librum] de ossibus [commentarius]* ;

44. — Giovanni Battista Ploti dans son traité *De in litem iurando* ;

45. — Johann Schöner dans les *[De iudiciis astrorum et] nativitatum [libri III]* ;

46. — Johann Dobneck au début de son *Historiae [Hussitarum libri XII]* ;

47. — Joachim Heller dans son édition de *Ioannis Hispalensis [astrologi hispani epitome totius astrologiae]* ;

48. — Giuseppe Ceredi, *[Tre discorsi] sopra il modo d'alzar acqua [da luoghi bassi]* ;

49. — Johannes Stadius dans ses *Tabulae [aequabilis et apparentis motus corporum cœlestium]* et ses *Ephemerides [ab anno 1554 usque ad an. 1568]* ;

50. — João de Barros dans le quatrième chapitre de la première *Decada da Asia* ;

51. — Jules César Scaliger dans ses *[Exotericarum exercitationum liber XV] in libris de Subtilitate* ;

52. — Jacques Charpentier dans son commentaire *de Alcinoi [institutio ad Platonis doctrinam]* ;

53. — Ingrassias dans son livre *De tumoribus* ;

54. — Le livre collectif *De aquis* ;

55. — Le premier livre collectif *De morbo Gallico [omnia que extant apud omnes medicos cuiuscumque nationis, collecta per Aloys. Luisinum]* ;

56. — Levin Lemmens, *De occultis naturae miraculis* ;

57. — Lorenzo Damiata dans sa géographie encore inédite ;

58. — Leo Suavius, *De arsenico et auripigmento* ;

59. — Luca Gaurico, dans son livre *[Omar] de nativitatibus [et in terrogationibus]*, quoique avec jalousie ;

60. — Matthæus Abel, dans son livre *De situ orbis*[6] ;

---

6. Cf. *De libris propriis* : *In* Dionysium *de situ orbis* (I, 121).

61. — Martinus Henricus, abondamment, dans ses *Quaestiones medicae*[7] ;

62. — Melanchthon au début de ses *Doctrinae [physicae elementa]* ;

63. — Melchior Wieland, prussien ;

64. — Michael Stifel dans son *Arithmetica [integra]* ;

65. — Michele [Raffaele] Bombelli, de Bologne, dans son *Algebra* ;

66. — Nicolò Tartaglia, qui après avoir médit, fut obligé à Milan de chanter la palinodie[8] ;

67. — Philandrier dans ses *[In decem libros] Vitruvii [de architectura] annotationes* ;

68. — Pierre Pena et Mathias de Lobel dans leur livre *Stirpium adversaria* au chapitre *De phtora et antiphtora* ;

69. — Reiner Solenander, à propos des eaux thermales ; [*Opus de caloris fontium medicatorum causa eorumque temperatione*] ;

70. — Severinus Bebelius au deuxième livre *De succino* ;

71. — Taddeo Duno, dans une œuvre remarquable ;

72. — Valentin Nabod, de Cologne, dans son Commentaire sur le *Alchabiti [astronomiae iudiciariae tractatus]* ;

73. — Vareus dans sa poésie italienne [?].

---

7. Cité par Naudé dans son édition, parmi les *Testimonia praecipua de Cardano* rassemblés aux pages 323-374.

8. « On sait, a écrit Cardan ailleurs (*De libris propriis*, I, 80), comment Tartaglia fut battu par Lodovico Ferrari dans l'église des Franciscains et contraint non seulement de chanter la palinodie mais aussi de promettre de publier ses aveux, ce qu'il n'a point tenu. » Les accusations de Tartaglia contre Cardan (voir chap. XLV note 2) avaient provoqué une réponse de Ferrari qui lança un cartel à l'insulteur de son maître le 10 février 1547. Il lui proposait une sorte de duel mathématique qui se prolongea par lettres jusqu'en octobre. Les textes des cartels ont été publiés à Milan en 1870 par Giordani : *I sei cartelli di matematiche disfide intorno alla generale risoluzione delle equazioni cubiche di Lodovico Ferrari con sei contro-cartelli in risposta di Nicolò Tartaglia...* in-8. — Bien que dans l'ombre, Cardan eut sa part dans la résolution des questions débattues (Cf. *De Subtilitate*, XV [III, 589]). La conclusion du débat n'étant pas suffisamment nette, une dispute publique, proposée alors par Ferrari, acceptée à contre-cœur par Tartaglia, eut lieu le 10 août 1548 à Milan dans l'église dite Giardino dei Frati Zoccolanti. Au lieu de la continuer les jours suivants, Tartaglia s'enfuit secrètement pour Brescia dès le lendemain. Il en a donné neuf ans plus tard, dans son *General trattato di numeri e misure...* II[a] parte (Venise, 1556) f° sq. un récit où il est loin de reconnaître sa défaite.

Je sais que plusieurs autres, dont je ne me rappelle pas maintenant les noms, m'ont mentionné dans leurs ouvrages. Parmi ceux qui ont parlé mal de moi, je n'en connais aucun qui, dans ses études, ait dépassé la grammaire et je ne sais par quelle audace ils se mirent au nombre des érudits. Ce sont Brodeau, Fuchs, Rondelet, Borrel, Charpentier, Turnèbe, Foix et Tartaglia. Car Scaliger, Duno, Ingrassias, Gaurico et Solenander m'attaquèrent pour s'acquérir de la réputation.

Maintenant écoutez d'autres attestations. Pour ce qui est des témoignages écrits, peut-être Galien et Aristote même en ont-ils reçu à peine autant de leur vivant (si je n'en suis pas redevable à l'art de l'imprimerie). André Alciat, que je nomme ici pour l'honorer, outre son habitude, que j'ai rapporté ailleurs, de m'appeler *l'homme des inventions* feuilletait chaque jour mes livres, surtout celui qui est intitulé *De consolatione*. Ambrogio Cavenago, premier médecin de l'empereur, m'appelait *l'homme des travaux*. Jules César Scaliger m'a attribué plusieurs titres que j'aurais recherchés, en m'appelant *esprit très profond, très heureux et incomparable*. Et toute la jalousie à laquelle j'ai été en butte n'a pu faire que mon nom ne soit pas mentionné dans les leçons publiques à Bologne, à Pavie et ailleurs. Angelo Candiano et Bartolomeo d'Urbin, tous deux célèbres et médecins fameux, combien de fois les a-t-on trouvés (et ils ne s'en cachaient pas) avec mes livres entre les mains, quoiqu'ils ne fussent guère mes amis. Mais mettons un terme à ce propos, pour ne pas sembler poursuivre l'ombre d'un rêve, car les choses de ce monde sont vaines, et la louange qu'on en fait est futile.

XLIX. MON JUGEMENT SUR LES CHOSES DE CE MONDE

Le malheur des humains a deux grandes causes. Alors que tout est vain et futile, l'homme cherche quelque chose de substantiel et de solide. Et quand on croit manquer de ce quelque chose de solide, — le malade de la santé, le pauvre des richesses, l'homme sans famille des enfants, le malheureux d'amis — on cherche, on ne trouve pas, et on se torture ; c'est encore pis quand on trouve ; on est déçu et on continue à chercher, car il manque toujours quelque chose. Ainsi Auguste se plaignait du défaut d'amis et de l'impudicité dans sa famille. Ceux-là se trompent eux-mêmes. L'autre cause se trouve chez ceux qui croient savoir ce qu'ils ignorent : ils se trompent et ils trompent autrui ; d'autres feignent de savoir, et eux aussi trompent les autres.

À ces maux s'en ajoutent deux autres qui tiennent aux circonstances, quand on vit dans des pays et à des époques où l'État fait naufrage à cause de lois mauvaises. Essayer de résister est bien difficile, plein d'angoisse et absolument déraisonnable ; échapper aux conditions générales est aussi dangereux sans être moins difficile : les bien-fonds et l'argent souffrent les répercussions des malheurs publics. L'autre effet du hasard est l'incertitude où est enfermée notre courte vie ; à cause de quoi la plupart des hommes meurent à la tâche pour le profit d'autrui. Ces difficultés, qui existent pour tous, sont plus grandes pour les vieillards et les gens peu avisés, et il est presque impossible d'en triompher pour qui est sans expérience ou sans attention. Elles sont aggravées par la sottise d'autrui qui, accompagnée de l'ignorance, rend les méchants plus mauvais encore pour eux-mêmes et pour les autres. C'est pourquoi certains se joignent à des groupements. Pour d'autres le premier moyen à proposer est la pensée de Dieu et de la mort : de l'un, comme de celui qui ne trompe pas ; de la seconde, comme du mal suprême, qui nous force à mépriser tout le reste, qui est assuré et qui mettra fin à nos maux. Le second moyen est de prendre plusieurs appuis, pour que, si l'un est détruit, tu ne tombes pas ou tu ne deviennes pas l'esclave des tiens. Le troisième de juger les choses non d'après la quantité, mais d'après la qualité : il faut en effet préférer les humbles débuts de grandes choses à ce qui, grand en apparence, est moindre par essence. Étant donné qu'on a divers besoins, et qu'il n'est pas possible de les satisfaire tous, il ne faut s'attacher sans mesure à aucun d'eux, mais prendre pour but la nécessité et la sécurité. Par suite, il ne faut pas rechercher tous les biens également, mais à proportion de leur valeur, par exemple la vertu parce qu'elle n'a besoin d'aucun secours, les richesses parce qu'elles aident à tout. Le sixième moyen est l'éducation, qui peut beaucoup sur les enfants. Mais si rien n'a eu d'effet utile, que tes enfants soient naturellement méchants et stupides, rebelles par goût de la liberté, et que, déjà grands, ils soient paresseux, que tu en aies un seul et que tu sois un vieillard, voilà le plus grand des malheurs, si tu y ajoutes la pauvreté, les procès, le patrimoine dispersé, ou les temps malheureux : tous ces maux, sauf le dernier, sont maintenant mon partage. Dans ces conditions, je prétends qu'il y a d'autres secours, outre ceux que j'ai indiqués : d'abord, considérer que tu pourrais être dans un plus grand besoin, si tu n'avais rien ; ensuite te hâter de trouver un Scipion parmi les tiens, par exemple une bru ou un parent éloigné (dans ce choix il convient de ne pas se méprendre) ; puis, comme si tu renaissais après tant de sottises, te donner tout entier à cette tâche.

Pour conclure brièvement, puisque dans cette vie tout est mesquin et vain, chaque circonstance de nos actions, même dans celles que l'on néglige, dépend de conditions passagères. Cela est surtout vrai en ce qui me concerne. J'en aurais bien d'autres exemples, mais je n'en ferai connaître qu'un seul. En 1562, le 15 octobre si je ne me trompe, j'étais à Milan et j'allais partir pour Bologne. Six jours avant environ, j'avais perdu la garniture de laiton des cordons dont je me servais pour attacher mes chausses au plastron, et je m'en étais d'autant moins occupé que j'étais plus pressé par mes affaires. J'avais pourtant fait acheter, la veille du jour où la garniture était tombée, six petits paquets de ces aiguillettes pour les emporter à Bologne. Au jour et à l'heure du départ, — ou plutôt juste au moment où je montais en voiture — j'eus envie d'uriner. Après avoir fini, quand je voulus rattacher mes chausses, je n'y réussis pas. Ennuyé du contretemps, je vais pour acheter de ces cordons dans les boutiques, — il y en avait trois, sauf erreur, au voisinage de ma maison ; — je n'en trouve nulle part. Embarrassé sur ce que je ferais, je me souviens des paquets. Je demande la clef à mon gendre, il me la donne, j'ouvre mon coffre dont la serrure allemande était difficile, je trouve les aiguillettes, et voilà que je remarque les tas de tous mes manuscrits, que j'y avais cachés avec l'intention de les emporter quand je partirais plus tard. « Je restai interdit, mes cheveux se hérissèrent et ma voix s'arrêta dans ma gorge. » Je les pris, je les emportai, je commençai mes leçons. Au début de décembre des lettres arrivèrent : pendant la nuit le coffre avait été fracturé, et tout le contenu emporté. Sans les aiguillettes, je ne pouvais enseigner, je perdais mon emploi, j'aurais mendié, toutes mes œuvres auraient disparu, je serais mort bientôt de désespoir. Et tout cela a dépendu d'un rien. Ô condition, ou pour mieux dire, ô misère humaine !

Pour connaître les caractères des hommes, leur goût pour les sciences et leur degré de culture, tu devras tenir compte de leur nature, de leurs lois et de leurs habitudes. Les ignorants sont simples et obstinés, à cause de quoi ils se tiennent aux extrêmes ; excellents quand ils sont bons, car ils ne se laissent pas corrompre ; détestables quand ils sont mauvais, ils ne sont ni gagnés par la raison, ni ébranlés par la persuasion ; à l'égard des plaisirs de Vénus ils sont abominables, et ignobles dans la gourmandise ; dans la colère ils sont impitoyables, les pauvres par cupidité, les riches par ambition ; par ailleurs ils sont indolents, grossiers, envieux, et, comme tels, malfaisants et avares. Parmi ceux qui sont sous l'autorité des tyrans, les puissants vivent en s'efforçant de s'emparer du bien d'autrui, les pauvres de garder ce qui leur appartient. Là où règne la cupidité, il n'y a ni amour, ni bonne foi, ni miséricorde ; l'audace unie à la colère rend cruels, la paresse rend dégoûtants, surtout associée à la gourmandise et à la luxure. La nécessité et l'habitude rendent laborieux, le dénuement ingénieux. Si les lois éloignent les hommes des sciences, que l'activité pratique soit honorée et que l'ambition ait une place, par exemple sous un gouvernement aristocratique, ils s'adonnent aux arts et aux métiers, surtout quand le pays a des ressources variées. Dans une république, et là où on recherche les richesses, on ne s'attache à l'honneur d'aucune manière.

J'ai apporté un exemple des faits dont j'ai parlé. J'en ajouterai maintenant un autre comme il en arrive par milliers. On rira et pourtant la vie et la mort ne tiennent qu'à si peu de choses. C'est arrivé aujourd'hui 8 avril 1576. J'allais au Forum et, pour trouver un joaillier, je devais passer par une rue étroite. Je dis à mon cocher, un endormi, d'aller au Campo degli Altoviti. Il répond oui, mais comprend un autre endroit, où il se rend. Je retourne, je ne le trouve pas ; je suppose qu'il est sur la place du Château ; je m'y dirige, chargé de vêtements à cause de ma précédente course en voiture[1]. Chemin faisant, je rencontre le musicien Vincenzo de Bologne, mon ami, qui remarque que je n'ai pas de voiture. J'arrive et je ne trouve pas le cocher. Aussitôt une grande inquiétude me prit, car il me fallait retraverser le pont, étant las, à jeun, couvert de sueur. Je pouvais demander une voiture au commandant [du château] mais il y avait trop d'inconvénients à ce parti. Je me recommandai à Dieu et je me dis qu'il fallait de la prudence et de la patience. Je revins sur mes pas avec l'intention de ne pas me fatiguer et de ne pas m'arrêter pour me reposer. Au bout du pont j'entrai chez Altoviti, sous prétexte de m'informer du change sur Naples, que je désirais connaître, et je pus ainsi m'asseoir. On me renseigna volontiers. Le commandant arriva, ce qui me fit partir aussitôt, et je vis sur la place mon cocher averti par l'ami que j'avais rencontré. Je montai en voiture, incertain sur la direction à prendre parce que j'avais faim. Dans ma sacoche je trouvai trois grains de raisin sec ; grâce à quoi je finis toutes mes affaires tranquillement et même avec plaisir. On peut voir quel

---

1. Cf. chap. VII.

concours de hasards : ma rencontre avec Vincenzo, celle de Vincenzo avec mon cocher, mon idée d'aller chez le banquier, le loisir où était celui-ci, le passage du commandant qui provoqua ma sortie où je rencontrai le cocher, et la trouvaille de ces grains de raisin. Soit sept rencontres, et si une seule avait avancé ou retardé le temps de prononcer à peine deux paroles, c'était ma perte, ou l'origine d'ennuis et d'embarras très grands.

Je ne nie pas que des aventures de ce genre arrivent à d'autres qu'à moi, mais elles ne dépendent pas autant du hasard, ne sont pas si pleines de grands dangers ou enveloppées d'énormes difficultés — ou peut-être les autres ne les remarquent-ils pas.

L. PROPOS FAMILIERS, QUI SONT EN DÉFINITIVE, DES OBSERVATIONS. CHANT FUNÈBRE QUI ÉCARTE UNE OPINION FAUSSE

Il ne faut faire que ce dont le souvenir ne sera jamais pénible à aucun âge, et pour la réalisation de quoi les moyens manquent aux hommes plus tôt que le désir. C'est dans la mémoire de ces actes que réside notre tranquillité ; et le mieux est que celle-ci n'exige aucun soin.

Parmi des maux contraires, il faut tenir pour le moindre celui qui, à long aller, apporte le moins de dommage.

Comme disait Soranus, il est honorable d'accepter de ceux qui offrent et de ne pas réclamer de ceux qui ne donnent pas.

Dans l'incertitude, choisis le parti qui est plus avantageux par nature : par exemple administre de préférence une pilule ; si c'est une potion il n'est pas possible de revenir sur ce qui a été fait. Dans l'incertitude tu seras déconcerté, et ta dignité en souffrira.

Qui ne veut pas agir suivant la raison est une bête : ou il mérite d'être battu, ou tu dois t'écarter de lui. Seul en effet l'homme se sert de la parole pour traiter ses affaires et les diriger.

Les gens chagrins, ceux qui sont intraitables, ou durs, ou inactifs font peut-être moins de tort dans une affaire importante que dans une foule d'autres ; aussi faut-il les éviter plus que personne.

Avec les puissants surtout, il suffit de parler ainsi, pour garder de la retenue : « Vous m'avez fait un tort », ou « J'ai à me plaindre d'une injustice ». Avec des parents ou des héritiers : « Est-ce ainsi qu'après ma mort vous voulez garder mes biens ? » Tu les embarrasseras.

À quelqu'un qui me reprochait le petit nombre de mes disciples je répondis : on vend plus de Donats que de Virgiles. Au reproche d'être seul de mon opinion : c'est sa singularité qui fait le prix de la licorne.

À un jurisconsulte, qui me reprochait le petit nombre de mes élèves, je répondis : la présence de quelques élèves fait honneur ; le départ d'un certain nombre d'entre eux est un sujet de honte.

À quelqu'un qui se vantait d'avoir beaucoup de malades, je répondis : ce n'est pas cela qui importe, mais si beaucoup d'eux sont guéris. À d'autres j'ai dit plus durement : c'est une grande honte qu'il y en ait tant qui meurent entre vos mains.

Pour éloigner un jeune homme de la fréquentation de malhonnêtes gens, je lui dis : je te montrerai un fruit qui a gâté tout un tas ; tu ne pourras pas me montrer un tas de fruits qui en ait guéri un gâté.

À ceux qui me reprochaient d'entretenir beaucoup de jeunes domestiques, je répondis : j'ai double mérite ; je fais une bonne action et j'en tire mauvaise réputation.

La sagesse comme les autres matières précieuses, doit être arrachée aux entrailles de la terre.

À quelqu'un qui me comparaît à d'autres savants, j'opposai ce vers de Virgile : « Et quoi ! puisqu'il disputerait la palme du chant à Phébus lui-même ».

J'ai souvent engagé à réfléchir profondément sur le seul point : Qu'est-ce qui est plus important ? Qu'est-ce qui l'est moins ?

C'est une grande preuve de sagesse que d'avoir un ami éminent.

À quelqu'un qui me reprochait ma vieillesse : il n'y a de vieillard que celui qui est abandonné de Dieu.

Les amis apportent un secours dans l'adversité, les flatteurs un conseil.

Il faut soigner le mal par le bien, non par le mal.

Je sais que les âmes sont immortelles, je ne sais pas comment.

Je dois plus aux mauvais médecins, parce qu'ils causent la perte de mes ennemis, qu'aux bons quand même ils sont mes amis.

Comme on me reprochait les erreurs de mes pronostics du temps où je me trouvais au milieu de méchants et d'incapables, je dis : Il aurait été étonnant que parmi de tels gens je pusse prédire correctement ou faire bien quelque autre chose.

Sur le point de faire une chose, réfléchis à l'état où tu te trouveras quand tu l'auras faite, qu'elle réussisse ou non.

Un homme remarquable doit vivre où vit le prince.

Reçois tes amis avec un visage riant, ils le méritent ; tes ennemis de façon à marquer ta supériorité.

Ceux qui écrivent des ouvrages confus sont comme ceux qui mangent des aliments crus : pour un léger plaisir ils s'exposent à de graves embarras.

Il faut mesurer la bonne foi des hommes à leur intérêt, à moins qu'ils ne soient d'un caractère absolument supérieur à la chose qui est en jeu.

Le plus important dans les actions des hommes est d'en trouver le terme.

Les hommes les plus humains de notre temps, pour être uniquement attachés aux biens présents et sensibles, sont d'un mot accusés d'impiété, d'ingratitude et d'ignorance.

Quand je dois renvoyer un domestique je lui dis : tu fais mon affaire mais je ne fais pas la tienne, c'est pourquoi tu es forcé de me quitter.

Quelqu'un me disait : Comment se fait-il qu'étant si sage, tu aies des enfants si fous ? — Parce que je ne suis pas aussi sage qu'ils sont fous.

Les hommes favorisés par la fortune sont semblables aux enfants qui sautent des marches d'un escalier : plus ils en franchissent dans un saut, plus ils sont contents, mais le danger et les risques auxquels ils s'exposent grandissent à proportion.

Il vaut mieux taire cent choses à dire qu'en exprimer une qu'il fallait taire.

Il faut obliger les enfants à une réponse immédiate, pour qu'ils oublient tout le reste et qu'ils ne répondent pas aux questions avec l'esprit ailleurs.

À qui me demande ce qu'on fait à Rome, je réponds : ce qu'on doit faire dans la capitale des villes et des choses humaines.

— As-tu été en prison ? Je réponds à l'un : — Veux-tu y aller aussi ? À un autre plus stupide : — Qu'as-tu fait pour en avoir peur ?

Il ne faut pas mettre dans ses livres ce qui n'est pas arrivé à une conclusion ou ce qui n'est pas digne de lecture.

Quand tu fais des mots d'esprit tu dois avoir la peau assez épaisse ; quand tu en entends, pense que tu l'as encore.

Dans les affaires pratiques il n'en est pas comme dans les arts, une connaissance générale ne sert de rien, il faut des notions exactes. Nous pouvons en effet faire du bien à un malade qui a une fièvre tierce en lui donnant de la rhubarbe même si nous ne savons pas la dose ; mais il vaut mieux se taire ou ne pas visiter un client si on ne sait pas mesurer le traitement.

Les larmes sont le remède de la douleur, la colère celui de la pitié, et la nécessité — l'histoire le montre bien — celui de l'une ou de l'autre. En général, pour toutes choses il est bon de pouvoir gagner du temps.

Dans tes affaires, oppose vice à vice : par exemple à l'indolence le soin des procès et le recouvrement des créances ; à l'entêtement la colère ; à l'orgueil l'injure et la faim ; et pour ceux qui font usage des poings au lieu de mots, dénonce-les sans tarder auprès des puissants.

Quand tu veux te laver, prépare d'abord la serviette pour t'essuyer.

Au moment de prendre une vieille servante demande lui si elle sait coudre, laver, faire le pain et commande lui de marcher et d'allumer le feu.

Tu te plaindras de n'avoir pas de vin. Tu lui demanderas si elle a des parents, comme si tu avais besoin d'eux, ou des amis ; comment elle a quitté son dernier maître ; combien elle a eu de maris et d'enfants. Ensuite ne l'engage pas ou du moins prends les précautions utiles.

La précipitation dans les paroles est détestable ; dans l'action elle est parfois nécessaire ; dans le conseil elle doit être modérée.

Ne réclame pas ce qui dépend d'autrui, surtout des seigneurs ; ce qui est à toi ne le demande pas sous conditions, emploie-le à ta guise mais avec mesure.

Avec les hommes ne dis pas ce que tu penses, mais sois bien plus attentif là-dessus qu'à connaître la personne à qui tu feras un prêt.

Dieu étant éternel, le temps ne nous donne que son ombre, mais cela même est impur, comme étant soumis au changement.

Dans les affaires dangereuses ou exposées à la calomnie, de leur fait ou du tien, si tu n'es pas certain de pouvoir prouver tes affirmations, il vaut mieux garder le silence : sur ce chapitre beaucoup de gens se trompent parce qu'ils ambitionnent trop la réputation de savoir beaucoup ou d'avoir été mêlés à tout.

Prends garde de ne pas remettre ton bien entre les mains d'un officieux : si tu le lui laisses, il s'en servira ; si tu le lui réclames, tu cours le danger de t'attirer sa haine, et, en tout cas, il te tiendra longtemps dans l'attente.

Efforce-toi de faire que ton livre satisfasse à l'usage, et que l'usage l'améliore. Ainsi seulement il est achevé.

À qui me disait : j'ai pitié de toi, je répondis : tu n'as pas motif de le faire.

Le mal est le défaut de bien ; le bien est en soi une vertu qui est en notre pouvoir, ou encore il est ce qui est nécessaire.

Si tu n'as eu ni richesses, ni enfants, ni amis et que tu aies d'autres biens, tu es heureux ; si le reste te manque aussi, tu n'iras pas loin.

Les arts sont nombreux, mais il y a un seul art qui domine tous les arts : c'est de parler par principes généraux, à l'aide de quoi on peut dire beaucoup en peu de mots, exprimer clairement ce qui est obscur, substituer le certain à l'incertain. Mais trois conditions sont nécessaires : que tous ces principes généraux concourent à cet art unique, qu'ils s'adaptent l'un à l'autre convenablement, enferment tout le sujet et le délimitent ; il faut aussi qu'ils soient propres à l'usage qu'on en veut faire, seule condition négligée par Aristote à cause de la pauvreté de la science de son époque. On se souviendra aussi qu'on peut donner quelque chose à l'agrément, dans l'histoire par exemple.

Beaucoup se plaignent à tort de la vertu en disant qu'elle est aux ordres de la fortune ; d'autres estiment qu'elle est maîtresse du bonheur. Voici des paroles dignes de l'orgueilleux : « La sagesse triomphe de la fortune. Mais nous dirons qu'ils sont heureux aussi ceux qui ont appris à supporter les maux de la vie sans secouer le joug... » Il y a là deux erreurs : la première est d'enseigner que la sagesse (si l'on entend la nôtre) est plus puissante que la fortune, quand chaque jour nous faisons l'expérience contraire ; la raison en est qu'en toute chose la fortune s'offre tout entière et déploie ses forces tandis que nous n'avons qu'une frêle petite pousse de sagesse. La fortune n'est donc pas plus puissante que la sagesse, mais notre sagesse, encore moins, triomphe de la fortune ; bien mieux, la fortune cède spontanément à la sagesse divine et n'ose mettre le pied là où elle flaire que celle-ci est passée. Je ne trouve pas justes les paroles de Brutus mourant : « Malheureuse vertu qui n'a que des mots à ton service, pourquoi dans ta conduite suis-tu la fortune comme une maîtresse ? » Quoique Plutarque apporte le témoignage d'Antoine, d'après qui Brutus aurait été seul à prendre part au meurtre de César pour la gloire du geste, les autres agissant par jalousie, peut-être les véritables raisons sont-elles différentes. On le voit d'après ce que dit Cicéron dans ses lettres à Atticus : Brutus supportait mal beaucoup d'événements, se chagrinait des conséquences, ce qui n'aurait pas été s'il n'avait eu que la gloire pour but. Il se plaignait injustement que la fortune eût préféré Antoine, qui avait passé toute sa vie à combattre, à lui qui s'appliquait tranquillement à l'éloquence. Les paroles des hommes courageux sont sans ordre et sans art, mais le sens en est vigoureux, suivant le mot adressé à Néron que rapporte Tacite. Aussi, quelle folie de la part de Brutus que de chercher dans la guerre civile une place à la vertu : quand on ne peut trouver un homme heureux dans une ville cernée par les ennemis, on le trouverait bien moins dans une ville où règne l'émeute. Et, bien que le bonheur ne se trouve pas dans la fortune mais dans la vertu, la fortune en s'opposant, dresse plus d'obstacles que la vertu n'apporte de secours.

Trois éléments surtout modifient le caractère : l'âge, la fortune, le mariage. Aussi prends garde : la fréquentation des hommes est comme un fer rougi ; tenu dans les mains, il n'est rien de pire, battu au marteau il procure un gain au forgeron, de l'utilité aux autres.

THRÈNE SUR LA MORT DE MON FILS

Qui t'a ravi à moi, mon fils bien-aimé ? Qui a pu causer tant de larmes à ma vieillesse ? Quelle âme fut si cruelle ? Cruels destins ! qui voulurent trancher cette fleur naissante ! Calliope ni Apollon ne t'ont sauvé. Que la cithare et les chants et les flûtes sonores se taisent, qui réveilleraient mes soupirs pour mon cher enfant : je me souviens des chants qu'il modulait d'une douce voix. À quoi t'ont servi le laurier qui t'a consacré médecin, tant de connaissances et un rare talent d'élocution en latin, si, d'un trait, le fruit de ces longs travaux est maintenant perdu ? À quoi t'a servi d'avoir sauvé les chefs espagnols ? ou tes concitoyens éminents, si un citoyen et un duc espagnol ont présidé au supplice où tu tombas ensanglanté sous la hache impitoyable. Hélas ! que faire ? Mon âme succombe, fils bien-aimé, quand, silencieux, je réfléchis à ton destin cruel. Et je n'ai pas pu exprimer mes pleurs dans un livre.

Ah quel crime ! On m'arrache mon fils, on ne me laisse pas le pleurer ! Et la gloire éternelle que je donnais en dernier hommage à ses cendres, et les causes de sa mort injuste, je suis contraint de les taire. Enfant, sous un prince qui ne manquait pas de douceur, tu as subi la terrible sentence du Sénat, d'après l'exemple affreux des anciennes lois, quand tu te hâtais pour mettre un terme aux crimes d'une courtisane perfide. Maintenant, sans être inquiétée, l'adultère insulte aux époux, et on châtie le noble jeune homme dont la droite est vengeresse. Hélas, fils bien-aimé, fidèle image de la vertu paternelle, tu étais digne de vivre éternellement. On ne te l'a pas permis, les Parques emportent tout bien vers les cieux et, ce qui brille, elles l'arrachent à la ténébreuse terre. Enfant, tu avais la vertu du cœur comme la gloire du sang et tu suivais ton père et ton aïeul dans le chemin de l'honneur. Lointain est le roi, espoir certain de salut ; Phébus et Phébé refusent leur lumière à la terre ; aucune étoile ne brille dans le ciel serein pour ne pas voir le sombre palais souillé par ce meurtre. Où irai-je ? quel endroit de la terre renferme maintenant tes membres, ta tête tranchée, ton corps déchiré ? Dis-le moi, mon fils, à moi qui t'ai cherché par les terres et par les mers. Et vous, cruels, tuez-moi si vous avez quelque pitié, jetez tous vos traits contre moi ; que je sois le premier que votre fer fasse périr. Ou toi, puissant père des Dieux, prends pitié de celui qui t'appartient, frappe ma tête odieuse et précipite-moi dans les Enfers, puisque je ne puis, autrement, mettre fin à ma cruelle vie. Ce n'étaient pas ces promesses, mon fils, que tu avais faites à ton père : tu devais être plus prudent en te confiant au cruel amour. C'est lui qui a perdu mon fils. Ô sainte femme, quel bonheur pour toi d'être morte et de n'avoir pas vécu pour souffrir ainsi. C'est moi, mon fils, qui ai taché ton nom d'un crime ; moi que la jalousie a chassé de ma patrie et du foyer paternel, je devais une expiation à ma patrie et aux haines des miens.

J'aurais donné moi-même, à travers toutes les morts, mon âme coupable ; en vivant j'ai triomphé des destins : pourtant ton nom, mon fils, vivra éternellement dans les siècles. Connu des Bactriens, connu des Indiens, tu n'es mort pour nous que pour vivre dans tout l'univers.

Nous mourons tous pareillement, dit Horace. Il ne survit de gloire que pour le mérite qui a trouvé un héraut, c'est-à-dire un divin et fameux poète : c'est pourquoi Alexandre souhaitait si fort d'avoir un Homère. Dans l'histoire, les exploits anciens s'effacent devant ceux des générations nouvelles ; les poètes font des contes, ce qui leur attire le mépris. C'est un grand prodige de la part d'Horace d'avoir, sans écrire l'histoire, espéré perpétuer son nom, car hors de l'histoire les écrivains ne peuvent charmer ; lui-même le déclare : « Il faut à la fois charmer le lecteur et l'instruire ».

Mais ce qui aurait nui à d'autres, je veux dire la décadence rapide de la pureté du latin, a fait de lui, à cause de ses rares qualités, un écrivain exceptionnel, unique et désirable. Il faut donc, pour qu'une action célèbre et glorieuse résiste au temps, que l'histoire en soit recueillie, amplifiée d'ornements poétiques, car un simple récit ne s'accommoderait pas d'un style pompeux. C'est l'explication de ce mot : « La Muse donna aux Grecs le don du langage harmonieux ». On doit mettre un soin religieux à embellir ces récits, de façon à observer tous les préceptes qu'Aristote a pu, à peine, enfermer dans un beau livre. Si ces quatre conditions sont réalisées, le nom sera éternel, autrement non.

— Mais où tend ce discours ?

Moi. — À montrer ce qui est nécessaire à une vie heureuse, et puisque le bonheur n'existe pas dans cette vie, éviter qu'en le cherchant nous ne nous heurtions à des obstacles et soyons plus profondément malheureux.

S. — Mais cela ne suffit pas. Il est faux que, comme tous les autres artisans, nous connaissions aussi le but à atteindre. Le forgeron, par exemple, sait faire et enseigne à faire des clous et des verrous, des enclumes et des marteaux ; les clous pour assembler les planches, les verrous pour fermer les portes, l'enclume pour recevoir les coups. Mais toi, dit-on, tu n'enseignes rien de tout cela : ni la nature du bonheur, ni son existence, ni l'usage à en faire. Assurément, le plus embarrassant pour nous est de ne pas savoir, avec tes propos sur le vide et la vanité des choses humaines, si ta science t'a fait trouver davantage et si vraiment il y a quelque chose dans ce vide. C'est pourquoi nous voudrions savoir quel profit espérer ou quel but atteindre. Si vraiment il n'y a aucune utilité, à quoi bon écrire, enseigner et apprendre ?

Moi. — Oui et non. Premier point : nous savons, comme je l'ai dit, que notre malheur est plus grand que le bonheur, qui est à peu près nul. Et, dans ce vide, il y a parfois quelque chose, mais petit et bref. J'ai pourtant ramené tout à rien, pour que nous sachions saisir à temps ce peu de chose et éviter le malheur. En ce qui concerne le malheur, il n'est, en soi, ni grand ni médiocre et, encore moins, excessif et extrême ; pourvu qu'il ne soit pas excessif par rapport à l'homme, comme il peut l'être, nous saurons l'éloigner de nous et le réduire à rien, tandis qu'en ignorant ces moyens tu seras malheureux.

S. — À ce que je vois, le profit est quintuple : d'abord alléger le malheur s'il n'est pas extrême ; deuxièmement, augmenter ce peu de bonheur qui appartient à l'humaine nature ; troisièmement, recueillir quelque chose de minuscule qui, pour un court moment, remplisse ce vide ; quatrièmement, savoir qu'il existe un bonheur, tout petit et court, qui consiste seulement dans la vertu que n'entravent pas de grands malheurs ; cinquièmement, que la durée de ce bonheur peut être augmentée un peu plus, car ses éléments et leur emploi peuvent être sensiblement prolongés, si on les rapporte à la brièveté de la vie humaine. Mais si la vie humaine durait cinq ou six cents ans, tout le monde y mettrait un terme par désespoir. Il en va de même du bonheur récent.

Moi. — Très bien et je te remercie d'avoir expliqué la question bien mieux que je n'aurais su la présenter. J'ajouterai encore ceci : ce bonheur, si petit et si grêle qu'il soit, ou mieux (pour parler clair) à peu près nul, a tout de même quatre degrés : le premier, quand le bonheur est actuel ; il est passager et semble être quelque chose quoiqu'il ne soit rien ; la preuve en est que, du consentement des philosophes, le bonheur n'est rien que le défaut de souffrance. Deuxième degré, le bonheur vient de passer et il en subsiste les conséquences et les effets de sorte qu'il paraît présent. Troisième degré, quand le temps s'est écoulé le souvenir persiste encore, mais comme une ombre qui n'a plus aucune substance. Quatrième degré, il ne reste aucune trace des événements heureux, ils sont devenus comme les accidents de chaque jour dont le souvenir même disparaît ; et, quand même nous en garderions la mémoire, elle ne s'accompagnerait d'aucun sentiment. D'où il résulte évidemment qu'il suffit de passer notre vie sans trop grands malheurs.

LI. EN QUOI JE ME SENS INSUFFISANT

Les Troyens arrivèrent tard à la sagesse. Il est impossible de ne pas se tromper, mais ceux qui recherchent les plaisirs commettent nécessairement beaucoup de fautes. Ma plus grande erreur fut l'éducation de mes enfants, car la puissance de l'éducation est grande. Mais je manquai des moyens d'agir : des enfants raisonnables, des frères, des sœurs, des parents, des amis, des richesses, de l'influence, des serviteurs sûrs. Je pouvais faire un choix, si j'avais voulu m'abstenir de tant écrire, contraindre ma nature et régler mes plaisirs, si j'avais été plus soigneux à cultiver mes amitiés, si j'avais attendu la décision du Sénat de Bologne : je tirai profit de n'avoir pas sollicité, j'en aurais eu un bien plus grand de ne pas presser l'affaire. Dans des cas de ce genre, où tes ennemis se dressent contre toi et où tes amis ne sont pas de force, il faut attendre le moment favorable[1]. Je ne condamne pas tellement ma passion pour le jeu de dés, mais j'approuve plutôt la pensée exprimée par Horace en ces mots : « J'ai vécu. Que demain le père remplisse le ciel d'une nuée noire... », en ajoutant : pourvu que ce ne soit pas un obstacle aux plaisirs à venir.

Mais, en outre, je n'ai guère appliqué mon esprit ni mes soins à être

---

1. Cf. chap. XVII.

modéré dans mon alimentation et à garder de la tenue. C'était peu de chose, si j'avais observé dans mes actions les sept principes de la conduite, mais pour quel avantage ? Je m'adonnai sans mesure à mes études ; la même constance m'aurait été utile dans mes autres occupations et elle n'aurait pas paru si étonnante dans le premier cas. Ce fut bien assez que tant de choses m'aient manqué : la mémoire, la connaissance du latin durant mon adolescence, une bonne santé, des amis et une famille capables de m'être utiles, pendant longtemps la puissance en amour, l'élégance et l'agrément de la physionomie, des enfants qui eussent au moins un peu de la sagesse commune. En revanche j'eus en partage un caractère craintif, de longs procès, des parents importuns, des temps troublés par les guerres et les hérésies. Mais, dira-t-on, tu pouvais profiter de tant de découvertes. La vérité ne doit faire de tort à personne : les découvertes des autres sont, ou je les ai trouvées fausses, pour la plupart, ou bien je ne les ai pas comprises, par suite je n'eus pas à les employer. Les miennes ont été plus utiles mais tardives ; si j'avais pu trouver à temps ce que j'ai obtenu par la suite, ou si j'avais connu ce qui avait été acquis par les autres, peut-être aurais-je moins souffert.

Néanmoins il me reste encore assez pour qu'à ma place un autre s'estimât heureux : la connaissance de tant de sciences, ma descendance assurée[2] malgré les atteintes subies, les livres que j'ai publiés et tous ceux qui restent à publier, ma réputation, les distinctions reçues, d'honnêtes richesses, des amis puissants, la connaissance de secrets et, ce qui est mieux, le culte de Dieu. Mais, comme je l'ai dit, un seul homme ne peut pas tout avoir ni exceller en tout genre ; s'il est vraiment supérieur ce ne sera que pour un seul objet et, là même, il ne pourra arriver à la perfection. Pourquoi rechercher en moi ce qui est refusé à tout le genre humain ? ou t'étonner des fautes que j'ai commises quand tous les autres se trompent aussi ?

---

2. Moins assurée qu'il ne le supposait, car son petit-fils Fazio semble n'avoir pas laissé de descendance. — On rapporte le propos suivant de Naudé : « Quand je fus à Milan, je m'enquis de la postérité de Cardan. On me dit qu'il n'y avoit plus qu'un certain Bonnetier lequel disoit que Cardan avoit été à Rome en intention d'y devenir Cardinal, et qu'il y avait été empoisonné. » (*Naudaeana*, 2e éd., Amsterdam, 1703, page 17).

LII. CHANGEMENTS APPORTÉS PAR L'ÂGE

L'âge change le caractère, la forme du corps, la complexion et l'allure extérieure.

Dans ma petite enfance, à ce que j'ai entendu dire, j'étais gros et rouge ; enfant j'étais maigre avec le visage allongé, blanc-rosé. Ma croissance fut si rapide qu'elle était achevée à seize ans à peine, et je paraissais aussi grand que maintenant. J'étais de tempérament mélancolique. Adolescent j'étais roux, d'un extérieur qui ne sortait pas du commun, moyennement emporté, gai, adonné aux plaisirs, surtout à la musique.

Dans mon âge mûr, de trente à quarante ans, je gardai les mêmes caractères. J'avais bien des motifs d'inquiétude ; j'étais pauvre ayant femme et enfants, et maladif ; mes ennemis étaient si acharnés que, lorsque j'eus guéri la noble dame Bartolomea Crivelli et ensuite son frère, celui-ci, convalescent, se moquait de moi et les autres riaient avec lui. Je leur dis alors : « Que feriez-vous s'il n'avait pas guéri ? » Aussi que ne devais-je pas attendre lorsque je commençai à respirer, vers trente-neuf ans ? Pendant toutes les quatre années suivantes, c'est-à-dire du 1er septembre [1539] au 1er novembre 1543, rien ne se fit ni publiquement ni dans le privé, mais je fus débarrassé de ces soucis et j'obtins de la considération.

La première année du changement de ma fortune fut donc la quarante-troisième ; entre cette année-là et mes soixante-dix ans passèrent vingt-sept années — la durée de la guerre du Péloponèse[1] — où je composai à peu près toutes mes œuvres ; car de soixante et onze à soixante-quinze ans il s'écoula quatre ans pendant lesquels je n'écrivis que douze ouvrages comprenant dix-huit livres. La plupart de mes livres restent à imprimer les uns composés d'après mon ancienne doctrine, les autres d'après la nouvelle. Pendant ce temps, je consacrai donc sept ans au plaisir, à la musique et à d'autres divertissements, surtout au jeu de dés et la pêche. Puis je m'exerçai aux disputes [universitaires] et ma santé s'altéra. Mes dents me firent souffrir et quelques-unes tombèrent. Je fus pris par la goutte qui pourtant ne me tortura pas : l'accès durait vingt-quatre heures puis déclinait. Jusqu'à soixante ans mes forces ne diminuèrent pas et il semble que ce soient plutôt les souffrances morales que l'âge qui les aient atteintes. Depuis cette année-là je donnai mes soins à l'administration de ma fortune. Mais j'ai eu à supporter tant d'adversités qu'il est étonnant que j'aie pu vivre jusqu'ici.

Si quelqu'un énumérait les peines, les soucis, la tristesse, les douleurs, les erreurs de mon genre de vie, le gaspillage de mes biens, ma crainte de la misère, les embarras d'estomac, les flatuosités infectes, le prurit et même la phtiriase dont j'ai souffert, sans compter la légèreté de mon petit-fils et les méfaits de mon fils, qui ne s'étonnerait de me voir vivre encore ? J'ai perdu plusieurs dents, et il ne m'en reste que quinze, qui ne sont ni en parfait état ni tout à fait solides. Et toutes les embûches, tous les pièges tendus devant moi, de vieilles servantes voleuses, des cochers ivrognes, tous menteurs, paresseux, perfides et orgueilleux ! Je n'ai eu personne qui m'aidât, un seul m'assiste à demi[2]. Six fois, ou environ, tous ces maux et mon mauvais régime de vie me firent croire, en allant au lit que je ne me relèverais pas et, à deux reprises dans une seule nuit, je crus mourir. Je n'ai pas encore fait le testament que je veux être mon dernier.

On dira : comment as-tu pu te tirer d'affaire ? La douleur fut le

---

1. De 431 à 404 av. J.-C.
2. Il a répété les mêmes plaintes dans *Norma uitae consarcinata* (I, 343).

remède à la douleur. J'opposai d'abord la colère à l'indignation, les études sérieuses à mon amour extravagant pour les miens, aux petits chagrins le jeu d'échecs, aux grands les espérances, mêmes fausses, et les inventions. Je ne déjeunais pas, et mes repas étaient réduits à ceci : le matin je me contentais d'un fruit cuit ou de quinze grains de raisins secs, sans vin, le plus souvent sans eau, et quand par hasard je buvais de l'un ou de l'autre c'était très modérément. Tout récemment j'ai pris une habitude qui me plaît et qui, je l'espère, est saine : je déjeune avec une sauce blanche de Galien[3] où trempe du pain et rien de plus. Le dîner est plus abondant. En toutes circonstances se présente à ma pensée le souvenir des principes que j'ai exposés dans mon livre *De optimo vitae genere*. Je me rappelais ce qui arriva au fils de Sylla que César ordonna de tuer avec sa femme parce qu'elle était fille de Pompée. Qu'arriva-t-il à Cicéron ? à son frère Marcus ? La fille mourut sans enfant, du vivant de son père, qui en perdit la tête. Un fils restait : il n'eut ni fils ni fille. Ainsi la malheureuse Terentia, ayant atteint cent ans, survécut à tous les siens, avec le souvenir d'une union autrefois si florissante. Ô destinée humaine ! Et que sont devenues les œuvres de Théophraste, si belles et si utiles ?

Mon dîner, après de longs essais, se compose de gros poissons, légers, bien cuits pour être nourrissants et facilement digérés, tout en offrant un aliment substantiel. Je prends de préférence des carpes, mais elles manquent à Rome et je les remplace par des carrelets et des turbots, ou par des brochets longs de neuf pouces et pesant une livre et demie, par des poissons légers et larges, ou encore par des rougets ; pour des raisons indiquées ailleurs, j'évite les carpes qui ne vivent pas en eau courante mais en eau stagnante et qu'on appelle *scardea*. J'aime encore le bouillon de bettes avec de l'ail, ou le bouillon de clovisses, d'écrevisses ou d'escargots avec des feuilles vertes de laurier ; au lieu de bettes je prends aussi du laiteron ou de la racine de chicorée ; les feuilles saines et la racine de bourrache me servent pour la salade. Un de ces plats peut être remplacé par des jaunes d'œuf frais, mais très

---

3. La composition en est indiquée ainsi par Cardan dans le *De sanitate tuenda*, I, XLII (éd. de Rome, p. 121) : *Galenus autem album ius dixit quarto de Tuenda sanitate, quod constat sale, oleo, anetho, porri modico, ut ad eundem numerum redeat res.*

souvent un seul me suffit. Je mange des viandes blanches, mais à part et bien cuites, des pieds de veaux, le foie de poulet ou de pigeon, la cervelle et tout ce qui contient du sang. Je préfère à toutes les autres les viandes grillées à la broche puis finement hachées ou coupées en tranches minces et longuement battues avec le dos du couteau, enfin enveloppées dans la graisse de chevreau et cuites au plat avec une sauce.

Quand j'ai les pieds glacés, je les lave, après quoi ils ne sont plus aussi froids. Je ne prends mon repas que lorsque les parties mouillées de mon corps ont été réchauffées et séchées. Après le déjeuner je ne me promène pas, encore moins après le dîner. Mais c'est par les connaissances que je me suis fait une âme plus calme et plus forte et non par la discipline d'un régime. Puisque la mort me paraît à bon droit redoutable, je la hais. Laissons ceux qui ne craignent pas sa venue courir au-devant d'elle, comme le Campanien devant le taureau, s'il ne leur suffit pas de l'attendre.

Mais je reviens à mon sujet. Au cours du temps, j'ai souvent trouvé dans mes affaires, même cachées, une telle variation qu'on dirait qu'un Dieu Lare est là qui bouleverse tout : de l'argent disparaît, augmente, change de place. Ne croyez pas qu'on se moque de moi ou que je perde la mémoire, et voyez ce qui m'est arrivé hier et qui continue (je n'ignore pas tout ce qu'on peut objecter à ce changement). Après avoir dîné assez gaîment j'ai été pris d'une telle haine de tous les livres déjà publiés, des miens comme de ceux des autres, que je ne supporte plus d'y penser et moins encore de les regarder. L'explication reste à trouver ; je reconnais qu'en moi la cause est analogue à la mélancolie, surtout quand ce sont les meilleurs livres qui me restent. Mais pour l'argent, l'explication est autre : ce n'est ni de la fourberie, ni de la folie, ni une erreur ; personne ne l'a soustrait. Qu'est-ce donc sinon une force mystérieuse ?

LIII. MES RELATIONS

Je sais que pour beaucoup de raisons, et surtout à mon âge, je suis peu propre au commerce des hommes. D'abord parce que j'aime la solitude. Je ne suis jamais plus près de ceux que j'aime avec ardeur que lorsque je suis seul. J'aime Dieu et mon bon génie. Dans la solitude je les contemple : Dieu, bien infini, sagesse éternelle, principe et créateur de la pure lumière, joie vraie en nous de qui nous ne redoutions pas d'être abandonnés, fondement de la vérité, amour volontaire, auteur de toutes choses, qui est heureux en lui-même et qui est la sauvegarde et le désir de tous les bienheureux, justice très profonde ou très haute, qui a soin des morts sans oublier les vivants. Quant à mon esprit, qui me défend sur l'ordre de Dieu, il est miséricordieux, bon conseiller, et, dans les malheurs, il me donne ses secours et ses consolations.

Quel homme peut-on me proposer, de n'importe quelle condition, qui ne porte pas continuellement au dedans de lui un sac d'excréments et un vase d'urine ? La plupart, même les plus considérés, ont le ventre plein de vers ; beaucoup d'entre eux, et, pour faire une distribution équitable, beaucoup de celles qui savent plaire, fourmillent de poux ou puent, qui des aisselles, qui des pieds, qui de la bouche. Quand je pense à cela, quel mortel pourrais-je aimer — en considérant le corps — ? Un petit chien ou un chevreau est beaucoup plus propre et plus sain.

Mais si je m'attache à l'âme, quel animal est plus fourbe, plus méchant, plus trompeur que l'homme ? Je laisse ces parties de l'âme qui sont sujettes aux passions et je veux aimer l'intelligence. Mais quelle intelligence est plus pure, plus haute, plus sûre que l'intelligence divine et peut, comme elle, enseigner le vrai ? Les bibliothèques sont pleines de livres, les âmes vides de science. On copie, on n'écrit pas : ce qui manque ce ne sont pas les dons de l'esprit, c'est autre chose. Que pourrais-je donc attendre de la société des hommes ? Ils sont bavards, avides, menteurs, ambitieux. Dans un siècle si prospère, avec l'invention si utile de l'imprimerie, montrez-moi quelqu'un qui ait trouvé la centième partie de ce qu'a trouvé Théophraste et je me rends. Bien plus, avec leurs sornettes à propos de οὗ ou de ὅν ils mettent du désordre dans ces beaux ouvrages bien conçus.

Mais ceci n'importe pas aux choses elles-mêmes : les découvertes en effet sont dues à la tranquillité, à la méditation calme et continuelle ainsi qu'à l'expérience, toutes choses qui s'accommodent de la solitude mais non de la société des hommes, comme on le voit par Archimède. Pour ce qui me concerne, de soixante découvertes peut-être que j'ai faites, je n'en dois pas vingt aux autres ou à la société ; je ne voudrais pas être accusé de mensonge si celles-ci sont un peu moins nombreuses. En mathématiques je reconnais en avoir reçu quelques-unes, mais très peu, de frère Nicolò [Tartaglia]. Mais combien d'autres ont été perdues ? Une grande quantité est due à d'autres causes, surtout à cette force encore cachée de la *splendeur*, ou à une autre meilleure. Qu'ai-je donc à faire avec les hommes ?

Autre motif : les heureux ne se soucient pas de ma société, je n'ai pas besoin des misérables ; à les caresser je ne guérirais pas leurs maux, si je les irrite ils le prendront en mauvaise part. En outre les vieillards sont quinteux, tristes, grognons, jaloux. De quel profit me sera leur conversation ? Il y a aussi la brièveté du temps : j'ai atteint soixante-dix ans, mes forces ne m'accordent pas de vivre plus de quatre-vingts ans. Il reste bien peu pour des bagatelles, et quelle part de mon temps leur consacrerais-je ? Le temps destiné à la contemplation ?

je serais injuste et impie. Celui que je passe à écrire ? je serais stupide de revenir aux misères que j'ai réussi enfin à esquiver et qui seraient la mort de mes loisirs. Sera-ce le temps que j'emploie à faire de l'exercice, à dormir ou à veiller sur mes affaires domestiques ? Et puis avec qui ? Avec mes amis ? ce serait inutile, ils recherchent mes soins et non ma conversation. Avec d'autres ? pourquoi faire ? Les gens instruits ? ils croiront peut-être savoir beaucoup plus que moi. S'ils sont vraiment savants, le débat portera sur la nature de nos colloques : que je veuille apprendre ? à quoi bon ? Si je veux leur donner des leçons ce sera de l'imprudence et ce sera aussi du gaspillage de prodiguer ma science pour n'y gagner que de la haine. Sera-ce avec un seul ou avec plusieurs à la fois ? Avec plusieurs, où trouver une limite ? un seul, sera-t-il un Dieu pour toi ? Tu exciteras encore la jalousie chez les autres et, de nouveau, tu seras contraint de t'avancer sur une mer orageuse : plusieurs parleront à la fois et, en secret, se moqueront de toi ; tu t'exposeras à beaucoup de hasards sans aucun profit. Mais le plus important, c'est-à-dire le charme de l'entretien, l'enjouement de la conversation, c'est ce qui est le plus éloigné de la nature et du caractère d'un vieillard. En tout ceci je n'invoque pas d'autre témoignage que celui d'Aristote.

Pour ces raisons, j'ai toujours été de fréquentation difficile, et ce fut une des causes qui me firent éviter les grands repas. Pourtant je ne repousse ni n'éloigne les gens honnêtes et bons, surtout les malheureux, ceux envers qui j'ai des obligations ou les personnes raisonnables.

Mais on dira : l'homme est un animal sociable, et que feras-tu quand tu renonces, en agissant ainsi, à toute action dans le monde, à tes amis ? que pourras-tu ? Tu tires gloire d'avoir des amis puissants. C'est donc une vaine jactance, et pour quel profit ? S'il y a des gens qui sachent leur plaire, pendant les repas, avec des plaisanteries et des jeux, pourquoi tes amis les laisseraient-ils pour s'attacher à toi ? À quoi te serviront tes études, s'ils s'en désintéressent. « Ton savoir n'est rien, si personne ne sait que tu sais. » Enfin, si tu manques de ce qui est nécessaire à la nature, tu souffriras beaucoup de désagréments.

Je sais qu'on peut me faire ces objections, mais je n'ignore pas que bien des choses paraissent pénibles et absurdes qui, à l'usage, changent d'aspect, comme, à l'inverse, des choses agréables et utiles au premier regard sont autrement absurdes et pénibles. Et ma façon d'agir m'a, le plus souvent, conservé ce qui est suffisant, les amis dont j'ai parlé et qui m'ont accueilli. Ils me suffisent en effet et ils sont pour moi plus utiles qu'une foule et plus sûrs.

LIV. ÉPILOGUE

Je crois donc être maintenant à l'abri du soupçon d'avoir menti. Moi qui ai vécu avec la passion de la vérité, à laquelle j'ai associé l'amour de Dieu, l'espoir des récompenses éternelles et la possession de tant de science et de sagesse, je ne veux pas tout perdre d'un seul coup. Laissons ceux qui se trompent par ignorance ou qui se plaisent à mentir, grossir ce qu'ils ont entendu, lu ou même vu, dans l'espoir d'en imposer. Mais, demandera-t-on, quel espoir de faire accepter ces histoires dont on ne croirait pas une seule si mille personnes appuyaient le témoignage de celui qui les rapporte ? Ce n'est donc rien autre que l'amour de la vérité. Mais les hommes sont bien différents entre eux, comme les oiseaux carnivores. Les uns, dégoûtants comme les corbeaux et les corneilles, vivent dans les débauches, les vols, les ruses et la cruauté ; les autres, de meilleure race comme les aigles et les faucons, brûlent d'orgueil excessif et de colère. Qu'y a-t-il d'étonnant si ces hommes ne remarquent rien de ce que je raconte, bien que des exemples analogues remplissent les livres de tous les historiens tant sacrés que profanes. Au lieu de ces hommes qui me sont contraires, j'ai pour m'approuver Dieu et le ciel plein de bienheureux et de sages ; j'ai pour moi les infiniment nombreux au lieu du petit nombre, les véridiques au lieu des menteurs, les sages au lieu des fous.

Les princes ne devraient avoir qu'un soin : à l'exemple des anciens infliger de justes châtiments à ceux qui se déchaînent contre les hommes honnêtes et savants. S'ils le négligent — sans compter que leur puissance sera abattue — un seul être leur demandera des comptes à tous pour toutes leurs actions. Ainsi donc ce n'est pas pour célébrer ma gloire que j'ai rapporté ci-dessus mes succès dans mon art (me croit-on assez déraisonnable pour vouloir reprendre le faix ?), mais pour faire comprendre aux hommes (tandis qu'ils ont les moyens de rechercher la vérité) l'homme que je suis, c'est-à-dire véridique et honnête et à qui un esprit divin a communiqué sa force. Les actions humaines sont réglées par l'habileté, la raison, le conseil, l'inspiration, l'occasion, l'élan et le hasard. L'habileté a des effets certains, quand elle est de la nature de celle du forgeron, par exemple. Le conseil des hommes est soumis à leur caprice : s'ils ne sont pas tes amis, rien ne peut les changer, ni aucun bienfait, ni de soudaines preuves de cruauté, comme le montre l'expérience. L'inspiration est un oiseau rare et n'a jamais suffi à personne dans tous les cas. L'occasion, surtout quand elle est prévue, est bonne, mais elle aussi ne luit pas toujours. La raison est la plus sûre chez les gens expérimentés et quand nous y avons appliqué nos soins. De même, le hasard est mauvais ; l'élan irréfléchi est le pire de tout, sauf parfois dans la bataille, parce qu'elle est stupide. Dans le domaine de la raison, je me guide d'après mon livre *Actus* ; pour les fonctions de l'esprit j'ai le don de la *splendeur*, que l'on peut indiquer mais non décrire ; pour tout ce qui dépasse les mortels mon esprit familier, qui ne peut être ni décrit ni indiqué et qui n'est pas en mon pouvoir.

Copyright © 2025 by ALICIA EDITIONS
Crédits image : Canva, Wikipédia Commons
https://commons.wikimedia.org/wiki/File:Girolamo_Cardano._Stipple_engraving_by_R._Cooper._Wellcome_V0001004.jpg
Wellcome Collection gallery : https://wellcomecollection.org/works/pcd969qu
https://commons.wikimedia.org/wiki/File:Jer%C3%B4me_Cardan.jpg
Tous droits réservés

www.ingramcontent.com/pod-product-compliance
Lightning Source LLC
LaVergne TN
LVHW092011090526
838202LV00002B/100